谨以此书（含配套纪录片《致奋斗的青春》）献给广东省石人嶂钨矿的几万名矿工和几十万名矿工子弟！

石人嶂钨矿矿本部全景（摄影：李江丰）

树在，山在，大地在，岁月在，我在，你还要怎样更好的世界？

——张晓风《我在》

《钨金岁月》 课题组

（从左至右：单小红、管卫军、官见全、张建明、赖小红、徐志文、谭国良、何樟树、谭汉强、钟县球）

赖小红　课题组组长，中共始兴县委常委、宣传部部长，始兴县人民政府党组成员。

徐志文　课题组副组长，《钨金岁月》课题（含配套纪录片《致奋斗的青春》）总策划，《钨金岁月》图片主要负责人、文字撰写（部分）负责人，始兴县社科联主席。

张建明　课题组成员，韶关市社科联一级主任科员。

钟县球　课题组成员，课题访谈联系负责人，始兴县社科联副主席。

谭国良　课题组成员，《钨金岁月》文字撰写主要负责人，原石人嶂钨矿子弟，现已退休。

谭汉强　课题组成员，《钨金岁月》配套纪录片《致奋斗的青春》主要负责人，始兴县广播电视台新闻部主任。

官见全　课题组成员，始兴县政协办副主任。

单小红　课题组成员，始兴县史志办主任。

管卫军　课题组成员，始兴县网络舆情信息中心副主任。

何樟树　课题组成员。

《钨金岁月》课题组 编

钨金岁月
——广东省石人嶂钨矿纪实

暨南大学出版社
JINAN UNIVERSITY PRESS

中国·广州

图书在版编目（CIP）数据

钨金岁月：广东省石人嶂钨矿纪实／《钨金岁月》课题组编．—广州：暨南大学出版社，2021.12

ISBN 978 - 7 - 5668 - 3314 - 3

Ⅰ. ①钨…　Ⅱ. ①钨…　Ⅲ. ①钨矿物—工业企业—企业发展—研究—广东　Ⅳ. ①F426.1

中国版本图书馆 CIP 数据核字（2021）第 253787 号

钨金岁月：广东省石人嶂钨矿纪实

WUJIN SUIYUE：GUANGDONG SHENG SHIRENZHANG WUKUANG JISHI

编者：《钨金岁月》课题组

出　版　人：张晋升

策划编辑：武艳飞

责任编辑：王莎莎

责任校对：刘舜怡　陈皓琳　林玉翠

责任印制：周一丹　郑玉婷

出版发行：暨南大学出版社（510630）

电　　话：总编室（8620）85221601

　　　　　营销部（8620）85225284　85228291　85228292　85226712

传　　真：（8620）85221583（办公室）　85223774（营销部）

网　　址：http：//www.jnupress.com

排　　版：广州市天河星辰文化发展部照排中心

印　　刷：韶关市新华宏达印务有限公司

开　　本：787mm×1092mm　1/16

印　　张：18.5

字　　数：386 千

版　　次：2021 年 12 月第 1 版

印　　次：2021 年 12 月第 1 次

定　　价：86.00 元

石人嶂钨矿记忆画

节日的矿本部

十五公里（凉口）茶亭

十八公里急转弯

石人嶂钨矿电影院

石人嶂坑口

师姑山坑口

梅子窝坑口

河口山坑口

石壁坑坑口

文政坑坑口

广东有色金属工业第一技工学校（现广东省岭南工商第一技师学院）

炸药加工分公司

机械分公司

梅坑 560 选矿厂

石人嶂钨矿车队

石人嶂钨矿直属选厂

石人嶂钨矿中学

石人嶂钨矿职工医院

石人嶂钨矿职工子弟学校

（作者：刘烈华）

序

当前，全省上下正在全面贯彻党的十九大精神，以习近平新时代中国特色社会主义思想为指导，深入贯彻习近平总书记视察广东重要讲话精神。省委提出，把广东建设成为践行习近平新时代中国特色社会主义思想、向世界展示我国改革开放成就的重要窗口和国际社会观察我国改革开放的重要窗口，是新时代广东发展的总目标，是新时代广东发展的总任务。

2018 年 4 月底，韶关市委通知开展弘扬工矿精神主题活动，高度概括了韶关工矿人努力锻造和始终坚守的工矿精神——"艰苦奋斗、甘于奉献、坚韧实干、追求卓越"。

始兴有不少工矿企业，广东省石人嶂钨矿曾经是其中的一个佼佼者。建矿初期隶属于国家重工业部有色金属工业管理局，是全省第一个采用机械化采选作业的有色金属矿，作为始兴唯一的央企，其在全国享有一定知名度而且属省内最大钨矿山国有独资企业。数十年来，石人嶂钨矿以高度的主人翁责任感、卓越的劳动创造、忘我的拼搏奉献，扎根于始兴的深山丛林中，创造出了不平凡的业绩，涌现出了一大批模范人物和典型事迹，充分展示了我国劳动者的风采。毫不夸张地说，石人嶂钨矿是展现中华人民共和国成立后始兴工矿企业发展脉络，凸显当年始兴工矿企业践行工矿精神的最佳标本。

进入新时代，站在新起点，面对新使命、新任务，中共始兴县委宣传部、始兴县社科联在中共韶关市委宣传部、韶关市社科联的亲切关怀和耐心指导下，坚持实事求是的思想路线，站在历史的新高度，以强烈的政治责任感、历史使命感和时代紧迫感，组织人员历时近四年，编撰出展现石人嶂钨矿波澜壮阔发展历程的《钨金岁月》（含配套纪录片《致奋斗的青春》），把石人嶂钨矿的探索史、进步史、发展史，全面真实地记录下来，原原本本地留给后人。

"历史积淀文化，传承繁荣文化。"编撰《钨金岁月》（含配套纪录片《致奋斗的青春》），既是致敬历史传承，更是强化使命担当。根植于这片热土的始兴工矿故事，是始兴先辈们用汗水、热血甚至生命铸造的精神财富，不仅是始兴过去的精神标示，也是始兴未来发展的精神动力。

希望通过这本书及配套纪录片，能够让更多的人认识到，中华人民共和国成立以来，始兴工矿企业典型标本的生动历程，始兴劳动者的精彩故事和品格风范；让更多的人深刻理解工矿精神的丰富内涵和强大力量，倡导发扬"艰苦创业、自主创新、奋发有为、拼搏同心"的石人嶂钨矿工矿精神，激励时人在新征程上积极进取、奋发图强。

同时，也希望能够让更多的人认识到，我们还要继续保持艰苦奋斗的优良作风，进一步明确我们肩负的重任，以时不我待、只争朝夕的精神，攻坚克难、奋发进取，坚决破解发展中遇到的各种困难和问题；要始终保持甘于奉献的高尚情怀，保持强烈的事业心和责任感，不忘初心、心无旁骛、专心致志地推动工作，为始兴的改革发展倾尽所能、拼尽全力，再造一个激情燃烧的发展年代；要保持坚韧实干的务实风格，按照既定的目标任务，咬定青山不放松，不驰于空想、不骛于虚声，一件接着一件办，一茬接着一茬干，早日实现始兴改革发展的宏伟蓝图；要保持追求卓越的崇高境界，进一步解放思想、改革创新，奋勇争先、争创一流，投身建设中国最美小城，奋力实现始兴高质量绿色崛起。

是为序。

目录
CONTENTS

第 一 章

钨与石人嶂钨矿

一、钨

钨，化学符号是 W，原子序数是 74，是稀有高熔点金属，属于元素周期表中第六周期（第二长周期）的 VIB 族。"钨"及化学符号"W"均来自德语 Wolfram。钨属于有色金属，是重要的战略金属，钨矿在我国古代被称为"重石"。

1781 年瑞典化学家卡尔·威廉·舍勒发现白钨矿，并提取出新的元素酸——钨酸；1783 年西班牙人德普尔亚发现黑钨矿也从中提取出钨酸，同年，用碳还原三氧化钨第一次得到了钨，并命名该元素。钨在地壳中的含量为 0.001％。已发现的含钨矿物有 20 种。钨矿床一般伴随着花岗质岩浆的活动而形成。冶炼后的钨是银白色有光泽的金属，熔点极高，硬度很大。

钨是非常硬、钢灰色至白色的过渡金属，含有钨的矿物有黑钨矿和白钨矿等。钨的物理特征非常强，尤其是熔点非常高，是所有非合金金属中最高的。20 世纪相当长一段时间里，钨精矿属国家控制的战略物资。

钨在冶金和金属材料领域中，属高熔点稀有金属或称难熔稀有金属。钨及其合金是现代工业、国防及高新技术应用中极为重要的功能材料之一，广泛应用于航天、原子能、船舶、汽车工业、电气工业、电子工业、化学工业等诸多领域。特别是含钨高温合金，主要应用于制造燃气轮机、火箭、导弹及核反应堆等的部件，高比重钨合金则用于反坦克和反潜艇的穿甲弹头。最常被提及的钨金属在军事领域的应用，莫过于穿甲弹。穿甲弹，顾名思义就是用来对付有防护甲的坦克装甲车等重型武器的。这些装备"皮厚"，一般的枪支弹药、火箭弹无法穿透表层装甲进行打击。早前坦克刚诞生时，外壳没有那么坚硬，普通的穿甲弹就能穿透它，但随着军事的发展，坦克装甲车的防御能力越来越强，这就需要更先进的穿甲弹了。所以，利用钨合金的穿甲弹应运而生，穿透能力是普通穿甲弹的 6 倍之多。

纯钨主要用在电器和电子设备上，其许多化合物和合金多在其他领域应用（最常见的有灯泡的灯丝，X 射线管和高温合金中也有钨的应用）。

二、石人嶂钨矿

九峰岩体之南，有一座山名叫莲花山，山下有座矿叫石人嶂钨矿，是具有百年开采历史的老矿，也是我国建矿较早、生产规模较大的重要钨矿山之一。

100 年来，石人嶂钨矿经历了无数的风风雨雨，从民采的无奈，到国营企业 50 年的辉煌，现今更受到了市场经济的冲击。

当年，有人乘坐罐笼到 3 号窿，走出 3 号窿后在海拔高度约 872 米的位置上，可看到很多石人（如下图）。

石人隐石人嶂（记忆画，作者：刘烈华）

据传说，民窿开采时期，在莲花山戏台棚左侧，原有多条较大的含钨矿脉，因周围岩石疏松，经长期风吹雨打而逐渐脱落，留下几座高达 10 多米的柱体，巍然屹立于沟谷边沿，其形状酷似巨人昂首挺立，人们因此称之为"石人"；又因这一带山高壁陡、峰峦叠嶂，人们就把这里称为"石人嶂"。由于这里的钨矿资源十分丰富，而且最早被发现，民采时规模较大、产量较高，所以在建立国营矿山时就用"石人嶂钨矿"来命名。后来，虽然"石人"被民工采矿时炸毁而荡然无存，但是"石人嶂"的名称被保留下来（1994 年，经省地名委员会审定，莲花山正式命名为"石人嶂"）。

石人嶂钨矿以石人嶂钨矿区（点）为中心，由多个分矿区（点）（约相当于一个矿务局的规格，也称"坑口"）组成。矿本部（机关）设在深渡水乡窝洞，距离县城约 20 公里。

二十世纪六七十年代，该矿规模最大，其时有石人嶂、梅子窝、师姑山、河口山、文政坑、罗坝（由石壁坑、南山坑合并）等六个采选坑口，分布在始兴县的深渡水、澄江、司前、罗坝等乡镇，总占地面积约有 450 万平方米（20 世纪 50 年代末始兴和南雄并县时，南雄的棉土窝矿曾是广东省石人嶂钨矿的一个坑口，即棉土窝坑口）；矿区在职干部职工最多时达 3450 人，居住人口最多时为 8000 人左右；鼎盛时期，采掘总量达到 67.4 万吨/年，掘进总进尺为 1.8 万米/年，钨中矿（含量 25%）产量达 5660 多吨/年，工业总产值为 3020 万元/年（以 1990 年不变价格计算，下同），实现利润为 259 万元/年。

石人嶂钨矿的矿床类型，均属于"岩浆期后高温热液裂隙充填石英脉三氧化钨（WO_3）矿床"。矿床都赋存于高山地区，地形陡峻，矿脉急倾斜，脉幅厚度从几厘米到一二米，一般延伸较长。这些共同特点，对通风、排水及矿石运输皆十分有利。因此，各坑口均采用平窿、溜井、盲竖井、盲斜井联合开拓方法。

酷似"石人"的矿脉柱体

采掘顺序是：先掘进（先打穿脉掘进，再打沿脉掘进），后采矿；采矿从上到下，从里到外。每个坑口都先打出一条或两条交通运输的主平窿，各坑口主平窿标高：石坑先为 598，后为 410；梅坑先为 760，后为 560；师坑为 380。

石人嶂坑口 340 中段（摄影：陈晗）

梅子窝坑口 760 窿口（摄影：徐志文）

幽深的坑道（左图为梅子窝坑口，右图为师姑山坑口）（摄影：徐志文）

　　各坑口先后作业的中段，海拔标高分别是：石坑 758 至 340 等 9 个中段；梅坑 924 至 600 等 10 个中段；师坑 380 至 260 等 4 个中段。中段高度 40～50 米居多，少数在 40 米以下和 50 米以上，最高不超过 60 米。

　　石人嶂钨矿的主产品是钨矿砂，生产 25% 的钨中矿和 65% 的钨精矿，副产品有锡、钼、铋、铜、硫砷铁和水晶石等。均是初级产品，主要为有关企业提供深加工的原料。矿的管理体制是矿—坑口—工区三级管理，矿—坑口实行两级核算。

　　矿产资源是不可再生资源。经过 50 多年的大规模开采，该矿资源濒临枯竭。据地质资料统计，截至 2001 年末，矿区累计开采钨矿 10.15 万吨，约占已探明总储量的 94%（据当年探矿资料），保有工业储量约有 6400 吨，是名副其实的资源枯竭型矿山，这也是该矿政策性关闭破产的主要原因。

视野

一种军事用神秘合金

　　对于大多数人而言，它是一种神秘合金，因为对它不熟悉，甚至没听过。然而，它早在 20 世纪 30 年代即已问世，至今已有近百年的历史！

　　它就是以 W 为基体（W 含量为 82%～98%），并加入 Ni、Fe、Cu、Co、Mn 等元素组成的合金，因具有一系列优良特性而被广泛地应用于航空航天、兵器、核工业等军工业中。它就是钨合金！

　　钨合金的优良特性包含：高密度（>2 倍钢的密度）；高强度；良好的射线吸收能力（比铅高 30%～40%）；良好的机加工性能；良好的导电性、导热性和低的热膨胀系数；良好的可焊接性以及表面电镀性；良好的塑性、耐腐蚀性和抗高温氧化性能等。

　　那么，钨合金在航天航空工业中有哪些应用？比如，陀螺仪、平衡块、减震器等。

众所周知，导航陀螺仪是导弹、火箭、潜艇、飞机、卫星以及鱼雷等导航和控制系统的心脏部件。虽然目前国际上早已涌现出各种先进的导航技术，但是作为惯性制导的陀螺仪仍然是世界上应用最为广泛的一种导航仪表。

据文献记载，以前多采用铜或钢作为陀螺的外缘转子体，其精度和稳定性都比较低。美国在"二战"中已经采用钨镍铜合金（90W–6Ni–4Cu）代替铜（或钢）作外缘转子，其角动量提高了70%以上，仪表的精度与稳定性显著提高。而我国也于20世纪60年代开始研究钨合金在航空航天工业中的应用。目前，我国诸多项航空航天用钨合金的指标均已达到国际先进水平。

钨合金在兵器工业中又有哪些应用呢？这就有点儿多了！

例如，大口径动能穿甲弹弹芯、机枪脱壳穿甲弹弹芯、杆式动能穿甲弹弹芯、战术导弹的杀伤破片、聚能弹的药形罩、枪弹和航炮弹用的弹头、子母弹及导弹（数百公斤）的钨合金弹丸或（上万发）钨合金小箭弹乃至鱼雷、舰艇、坦克等兵器的陀螺外缘转子体、配重等。

装配穿甲弹弹芯的导弹

最后，我们再来看看钨合金在核工业中有什么应用？

金属铅以前是人们广泛采用的屏蔽材料，因为铅的密度为 $11.3g/cm^3$。考虑到金属材料吸收 X 射线及 γ 射线的能力与其密度成正比，密度达到 $17g/cm^3$ 以上的钨合金自然具有更为理想的射线吸收能力。

研究表明，钨合金对射线的屏蔽效果是铅的1.5倍以上。而且，铅质软，易被划伤，甚至可以用刀切开，而钨合金硬度较高。更重要的是，铅是一种重金属，会污染环境且对人体有害。所以，钨合金成了理想的核燃料贮存器与防辐射的屏蔽材料。此外，具有高熔点、高塑性、低屈服强度以及良好的冲击韧性的钨镍铁合金和钨钽合金已经被用于制造一种薄壁形大链套壳体，以在原子能爆炸时保证仪器的正常工作。

（本文刊于"中钨在线"，2020 年 4 月 8 日）

第二章

筚路蓝缕

——石人嶂钨矿百年回顾

一、国营建矿前时期（1917—1952 年）

据《广州民国日报》记载，早在 1917 年，地质专家便在石人嶂发现了钨矿石，此后两年间，附近农民相继在石人嶂、罗坝、清化（司前）、梅子窝等地发现了露出地表或冲到山沟里黑色闪亮的钨砂，于是纷纷上山用手工挖采和淘选，然后运到始兴县城卖给商人。二十世纪二三十年代，是这一带民工采矿的高峰期，先后有开源、宝兴、和合、天源、三江、惠民等 10 多家民营公司从事钨砂生产经营，民工多达 800 余人。1949 年前夕，民营公司纷纷关闭，民工采矿陷入低潮。

1949 年 9 月 25 日，始兴县全境获得解放。中华人民共和国成立后，党和国家为了迅速恢复国民经济，制定了"优先发展重工业"的方针和鼓励民工采矿的政策，十分重视钨矿等有色金属的生产经营。在中南军政委员会重工业部（后改称中南重工业部）有色金属工业管理总局的直接领导下，1950 年 5 月至 1951 年 6 月，先后设立了广东办事处曲江钨砂收购站、北江分理处始兴钨砂收购站、北江管理处始兴管理站、广东分局北岭管理处石岭分处等管理机构。

当时石岭分处设在始兴县城解放路（包括钨砂精选厂），其管辖范围包括两个采矿场和两个管理站：石岭矿场和姑岭矿场；罗坝管理站（下辖梅子窝、文政坑、石壁坑、南山坑以及上岗、良源、高埂背、鱼子湖、小铁寨、轩洞等采矿点）和清化管理站（下辖河口山、椒子斜、沟子坑、黄竹山等采矿点）。

1952—1953 年，根据中共中央和广东省委的统一部署，中共粤北区委组织民改工作队分批进驻姑岭、石岭民采矿场和各民窿管理站进行民主改革。民改的主要任务是宣传党的民改政策，清理民工队伍，整顿民采秩序，组建互助合作性质的民窿矿业社，进一步发展采矿业，为建立国营矿山做好政治、思想和组织上的准备。

由于党和国家方针政策正确，管理措施得当，有效地激发了民工采矿的积极性，促进了采矿业的发展。当时仅石岭、姑岭和罗坝等采矿场的民工人数，就从 1949 年前夕的不足 100 人，猛增到 600 多人（民工的来源除了当地和本省其他地方外，还有不少来自江西、湖南等省）。据统计，建矿前的 1950—1952 年，仅石岭矿场就收购加工钨精矿 904 吨，约占当时广东全省钨精矿产量的四分之一。

二、国营初创时期 （1953—1957 年）

中华人民共和国成立初期，百废待兴，有 156 个重点建设立项，中央决定集中力量勘探几个大型钨矿。广东分局向中央有色局介绍各矿山地质情况时说，石人嶂（主要指石人嶂坑口）有 4 条大脉，共 7 万吨钨砂储量，中央有色局于是下决心在这里进一步探明储量。

石人嶂成为国家重点勘探单位后，得到广东分局、广东省、韶关地区和始兴县的大力支持，中央有色局一决定勘探石人嶂，广东分局就要求测量人员测绘 1/2000 的大面积地形图，又画出始兴到石人嶂的公路路线草图。

1953 年 1 月，分局撤销后，又将几十名干部调到石人嶂。始兴县政府借了一个 5 层大炮楼（在县城高营，围楼名：汇川别墅）给矿本部作办公室，借罗家祠堂（县城实验小学校内）作家属宿舍，一个小炮楼作工作人员单身宿舍，一处祠堂作食堂。省、地又先后派了副矿级、科级干部多人。1953 年 2 月 1 日，在国家开始实施国民经济和社会发展第一个五年计划之际，国营石人嶂钨矿正式成立，隶属于国家重工业部有色金属工业管理局，关开兴任矿长，程希仁等任副矿长；当时矿机关设在始兴县城北郊高营的一座碉堡（围楼）内。

石人嶂钨矿的办公地点——汇川别墅（摄影：徐志文）

石人嶂钨矿的家属宿舍——罗家祠堂

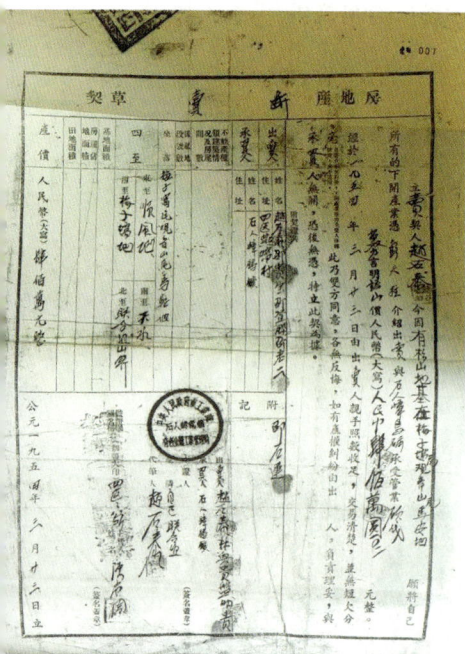

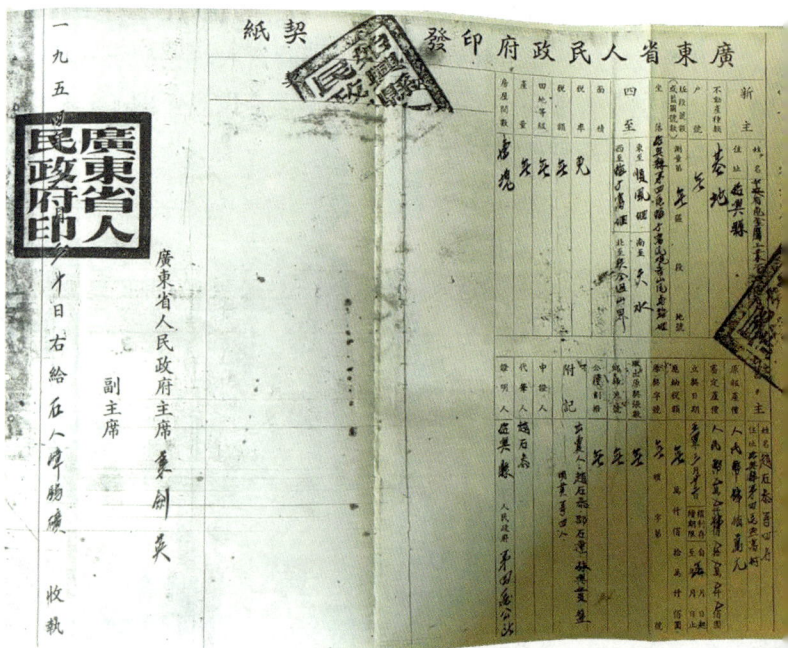

石人嶂钨矿梅子窝坑口征地部分资料（左图有"中央人民政府重工业部有色金属工业管理局"
印章；右图有时任广东省人民政府主席叶剑英签名）

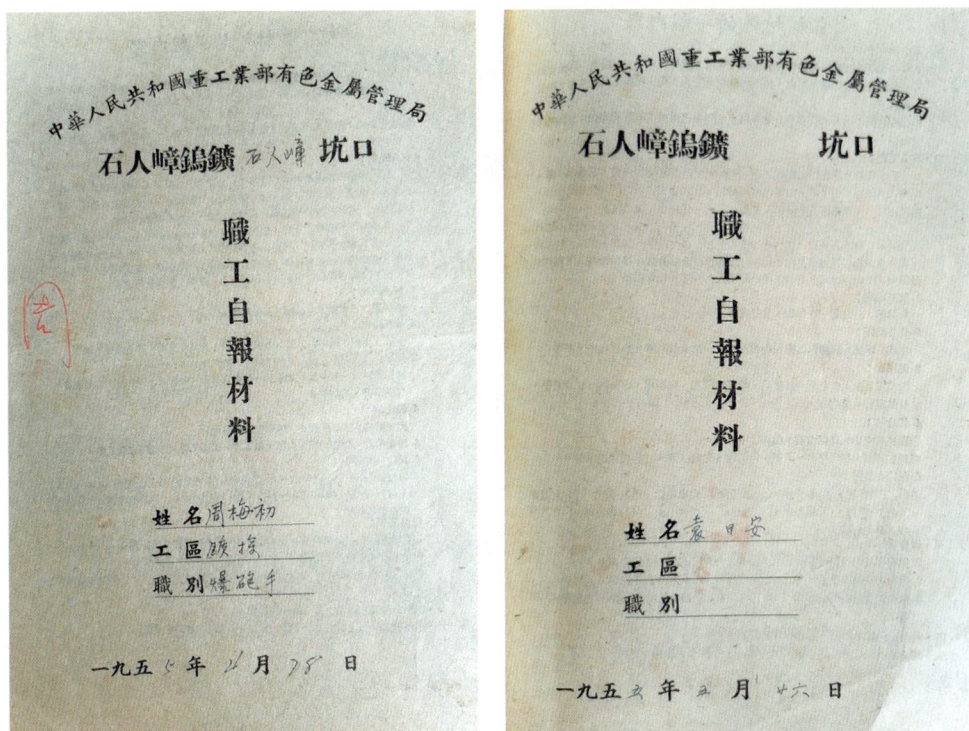

建矿初期干部职工的部分档案材料（左为周梅初，右为袁日安）

1953 年 3 月至 1954 年 7 月，石岭、姑岭、河口山 3 个民窿采矿场和罗坝、清化、南雄 3 个民窿管理站先后被收归国营（南雄管理站下辖棉土窝、青嶂山、目龙埂、亚姐寨、凉伞寨等采矿点，1958 年初划归地方政府管理）。

1955 年，坑探基本结束。矿党委决定石人嶂坑口尽快转入生产，着力抓好两项关键工程。一个是 160 米高溜矿井的建设，以转运上部的矿石；另一个是在距主平窿口约 150 米的小山脊上顺山势建一个"手选厂"，并要求这两项工程从 8 月末开始设计，到 11 月建成。

1955 年 8 月底，在矿生产科直接领导下设计兼施工组成立了，年轻的技术员即搬到坑口（矿本部在始兴县城）进行现场设计和施工指导。他们抱定了不辜负上级的期望，以不完成任务不下山的决心，不分昼夜地工作。从现场勘查、地形测量、选矿试验、图纸绘制、厂房建设到设备安装，只用了 70 天时间，于 11 月中旬提前完成了任务，建成厂房 284 平方米，安装了老虎口、对辊机、摇动筛、地中衡和全套试料加工设备；制造了匀分槽、铺布淘汰盘等木质细泥处理设备；还建成了容积 10 万立方米的尾矿库。一座日处理 10～120 吨合格矿石、部分机械化的选厂顺利投产，与 10 多天前已完成的高溜井配合，形成石人嶂坑口的生产能力。这个选厂在石人嶂通常被称为"手选厂"，以区别于心目中期望的机选厂。

选厂投产后，选矿回收率达 75%，粗精矿送到设在始兴的精选车间，与其他矿山坑口及收购民窿的毛砂一并处理。省内一些矿山曾多次派人来参观学习。

"手选厂"的生产，使石人嶂坑口有条件进行生产探矿，扩大储量，并积累了比较丰富的选矿经验和资料，为后来机选厂的建设提供了条件。这个"手选厂"对石人嶂钨矿的建设起到了积极作用。

这时，三个收回国有的采矿场，分别命名为石人嶂坑口、师姑山坑口（1990 年闭坑）、河口山坑口（1978 年闭坑），各坑口分别下设若干生产工区，并相应建成三个坑口的选矿厂。1958 年又收回文政坑坑口（1976 年闭坑）、梅子窝坑口。

1956 年前，石人嶂钨矿隶属中南钨矿局，1957 年以后，改由广东省冶金局领导。建矿初期的干部来源主要包括：原石岭分处及各矿场、管理站骨干转来，主管上级机关调来，民改工作队一些队员留下来，当地政府调来，上级分配来的大中专毕业生和部队转业干部等。当时工人来源主要包括：原民窿矿业社民工转正，从江西和湖南等地矿山调入，从社会上招收学徒工，接收归国华侨和部队退伍复员军人等。

建矿初期，干部职工的艰苦奋斗、无私奉献精神非常突出。在百业待兴、困难重重而且报酬很低、生活艰苦的条件下，凭着"解放翻身做主人，开发矿业献青春"的高度责任感和满腔热情，人拉肩扛，风餐露宿，废寝忘食。虽然工作和生活条件异常艰苦，但是大家毫无怨言，一些同志还为开发矿业受伤致残甚至献出了生命。

石人嶂钨矿 1954 年开始安装柴油发电机，1955 年逐步实行电灯照明、风钻凿岩、井下矿车轨道出矿、地表索道钢斗运矿、机械化选矿等采选作业，是当时广东省第一个采用机械化采选作业的有色金属矿。1955—1956 年，石人嶂钨矿曾改名为"中南钨矿局第六钨矿"。由于钨矿属于国家战略资源，钨企业被列为对外保密单位，因此该矿当时对外公开的通信地址是"广东省始兴县第一邮政信箱"。

国营矿山成立后，党、工、团组织也随之建立健全起来。1953 年 6 月 23 日，中国共产党石人嶂钨矿委员会正式成立；3 月，中国新民主主义青年团石人嶂钨矿委员会（1956 年后更名为中国共产主义青年团）成立；7 月 15 日，石人嶂钨矿工会委员会正式成立。

1957 年国家第一个五年计划结束时，始兴至石人嶂公路开通后，矿机关才搬到县城东南方 20 公里的深渡水窝洞。至此石人嶂钨矿基本完成了艰难创业的任务，生产经营已形成一定规模。据统计：当年全矿在职职工总数达到 1642 人；生产 25% 钨中矿 4394 吨，折合 65% 钨精矿 1668 吨（其中自产 1002 吨，收购加工 666 吨）；采掘总量达到 254604 吨；采矿量达到 211889 吨；掘进总进尺 4321 米；原矿处理量达到 184533 吨；实现工业总产值（1952 年不变价）1000.21 万元，实现利润 43.2 万元；在职职工年均工资 763 元。1953—1957 年累计生产钨精矿 5628 吨，实现利润 339.4 万元。

井下采出钨矿石（矿原石）运输到选厂后，即可进行机械化生产，其主要流程为：

原矿卸矿

格筛分拣

废石和合格矿石分流

手工初选

圆磨机破碎

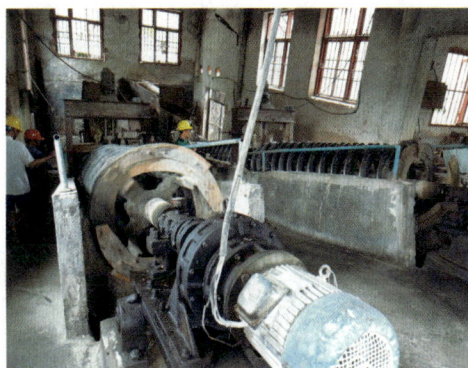

螺旋机分离

皮带运输　　　　　　　　　　　　　　摇床淘选

再进行药物浮选和精选烘干后，生产出的产品如下：

黑钨精矿和白钨精矿（摄影：徐志文）

1957 年 4 月，石人嶂钨矿的广东省第一条采用机械化采选作业生产线模型在首届广交会展出。

井下采出的钨矿（块钨）

（1957 年 4 月，采出的 1.2 吨单体钨矿石在首届广交会展出）

梅子窝坑口采掘的原矿标本（摄影：徐志文）

三、辉煌发展时期 （1958—1985 年）

石人嶂钨矿注重干部职工思想教育和生产技术革新；严抓管理，出台了系列奖励措施，取得了良好的成效；此外，还通过建章立制、全面加强安全生产基础设施建设以及加大宣传等多种方式，使安全事故发生率大大降低。

从第二个五年计划开始，至第六个五年计划结束，即从 1958—1985 年（期间包括1963—1965 年的三年调整期），前后共计 28 年，是石人嶂钨矿的辉煌发展时期。

这一时期，石人嶂钨矿所辖范围（单位）进一步扩大。1958 年先后把梅子窝和文政坑两个民窿采矿点收归国营，成立梅子窝坑口和文政坑坑口；1962 年又将罗坝坑口（含石壁坑和南山坑）收归国营。当时全矿共设六个生产坑口（各坑口分别设立掘进、采矿、选矿、机电等工区和机关部门），还设立一间

组织老矿工给青年干部讲矿史

直属机选厂、一间发电厂、一间烘砂厂（即原始兴精选厂）。

与此同时，还陆续建立了一批辅助生产单位，包括汽车队、机修厂、炸药加工厂、韶关转运站、地质队、广州办事处等；建立了一批文教卫生等后勤服务单位，包括职工医院、子弟学校、技工学校、幼儿园、电影院、文化室、职工食堂、职工澡堂、有线广播站、电视差转台等。

石人嶂矿梅坑子弟学校首届初中毕业生合影（1969 年 12 月 20 日）

同时，地方政府也先后在矿区设立了一批派出机构和单位，包括商店、粮站、食品站、邮电所（局）、银行分理处、公安派出所、税务所、工商所等。这样，便形成了企业办社会的局面。

在石人嶂钨矿 50 年的国营建矿过程中，有无数光辉事迹和英模人物！尤其是每一个单位［如各坑口和汽车队、炸药加工厂、机修厂（机械分公司）、选矿厂、精选厂、发电厂、烘砂厂、转运站、油库（加油站）、学校、医院、有线广播站、电视差转台、商店、银行分理处、粮站、食品站、邮电所（局）、派出所、税务所、工商所、电影院、文化室等］的创立以及每一条道路的建设，都是一部创业史、一部探索史、一部奋斗史、一部进步史、一部发展史、一部血汗史、一部辉煌史……

奋战在石人嶂钨矿的工人们朝气蓬勃、满怀豪情地去上班（《南方日报》，1971 年 4 月 18 日头版）

做好矿工思想工作，为大打矿山之仗营造良好的舆论氛围（摄影：李远培，摄于20世纪70年代初）

张化良（左）和助手张汉华在工作中　　　　矿工使用风钻进行平巷掘进工程

发表在《南方日报》的新闻（1972年6月5日）　　发表在《安全通讯》的新闻（1971年12月22日）

矿工定期巡查清理尾砂坝排洪道内外淤泥废石，确保排洪顺畅安全（摄影：李远培，摄于20世纪70年代初）

矿工在尾砂坝面上挖坑填土复绿，保持水土不流失（摄影：李远培，摄于20世纪70年代初）

石人嶂坑口安全生产标语（摄影：徐志文）

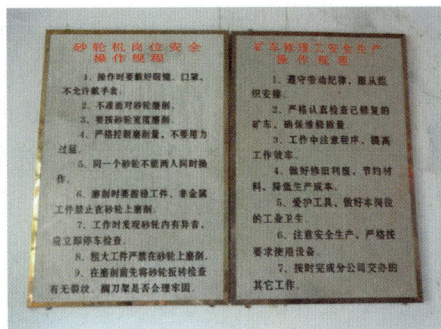

梅子窝坑口的安全生产标语与操作流程（摄影：徐志文）

矿机关领导深入坑口检查指导工作（摄影：李远培）

这一时期，该矿和全国各地各单位一样，也经历了"反右倾""大跃进""四清运动""文化大革命"等政治运动，经历改革开放的初期阶段（放权让利阶段）。由于受到极"左"错误路线的干扰，生产经营曾受到一定影响。在"大跃进"下，为了追求高产"放卫星"，盲目扩大生产规模，一些民窿矿场的资源尚未探清就仓促收归国营，结果是收归之后不久就因资源枯竭而闭坑。例如：收回的罗坝坑口，仅生产两年即转为民采；文政坑坑口建成机选厂后，因矿石供应不足，几乎没有一天能够完成处理量任务，勉强维持四年后闭坑；师姑山坑口也因资源储量不清而"两上两下"，造成了一定浪费和损失。

在"文化大革命"期间，受到无政府主义的影响，矿领导班子一度处于瘫痪状态，矿区秩序混乱，工作效率低下，生产经营明显下降。

但从总体上看，这一时期全矿的生产经营仍然呈现发展的态势。经过拨乱反正、治理整顿、扩大企业自主权和开展"工业学大庆"运动，各项管理逐步得到加强，基础设施建设进一步完善，技术革新取得较大进展，产量和功效不断提高，增收节支取得成效，因此，这一时期的28年中，有22年实现了赢利。

这一时期，矿实行的领导体制是矿党委领导下的矿长分工负责制。矿党委先后召开了第二次至第六次党代会，产生第二届至第六届矿党委。矿工委员会先后召开了第二次至第九次会员代表大会，并主持选举和召开了第三届至第十届职工代表大会。矿团委先后召开了第三次至第十次团代会。20 世纪 80 年代，还分别成立了职工思想政治工作研究会、职工技术协会、企业管理协会、计划生育协会等群众学术团体。

这一时期，技术革新方面取得了较好进展，逐步采用了一些当时较为先进的技术设备和工艺，并取得了一批科研成果。1958 年以后，分别建成了石坑、梅坑两座跨四个中段高度各为 160 米的升降设备（即罐笼）；石坑、梅坑、师坑、河坑四个坑口逐步推广风动凿岩机、电动装岩机、电机车、掘进台车、牙轮钻机、振动放矿设备、爬罐掘进机械以及重介质选矿技术和光电选矿工艺等。这些科研成果有效提高了机械化程度和劳动生产率。石人嶂钨矿技术人员与有关科研单位合作，进行技术攻关，先后取得了人造白钨、双水内冷柴油发电机组、直径 500 毫米牙轮钻头、矿车卸矿扒车器、非电导爆破装置、化学注浆凝固陷落巷道技术、高黏度乳化油炸药及其装药机、选厂磨矿筛分工艺、缓倾斜薄矿脉向上分层胶结底板分采充填采矿法、中心拉槽爆破快速掘进技术等多项科研成果，其中有些项目获得了省（部）厅级科技成果二、三、四等奖。

1958 年，精选车间试制人造白钨成功。

1973 年，研制推广双水内冷柴油发电机，两台 675 匹马力柴油机提高出力 33%。

1975 年，石人嶂坑口组装并推广 TY2－500K 牙轮钻机，钻孔直径 500 毫米，对井下通风起到了良好作用，1982 年获广东省技术革新三等奖。

1977 年，石人嶂坑口改进推广翻罐卸矿和螺旋格筛，并研制矿车扒车器取得成功，使原矿卸矿、洗矿、选别形成一条龙作业线，废除了笨重的人工扒栏。

1982 年，推广非电导爆系统成功，保证了爆矿安全作业。是年，与中南工业大学合作，井下振动出矿工艺技术试验成功，1984 年获中国有色金属工业总公司科技进步三等奖。

1983 年，与长沙矿冶研究院合作，试用木铵化学注浆材料在梅子窝坑 121560 主平巷陷落区注浆成功，获中国有色金属工业总公司科技进步四等奖。

1984 年，与长沙矿山研究院合作，高黏度乳化油炸药试制成功，1985 年获中国有色金属工业总公司科技进步三等奖。同年与矿山研究院及上海化工机械厂共同研制 RXB－Ⅰ型乳化炸药小直径药卷包装机，1985 年获中国有色金属工业总公司科技进步三等奖。

1984 年，梅子窝坑口 375 吨/日选厂迁建设计（从 760 标高搬至 560 标高）对磨矿产品先进行筛分，其筛上产品（＋2 毫米）用胶带运输机给入螺旋分级机，取代砂泵的闭路返砂，节省了钢材、电量。

1987 年，与中南工业大学合作，石人嶂坑口北组缓倾斜薄矿脉向上分层胶结底板分采充填采矿法工艺试验成功，获广州有色金属工业公司科技进步二等奖。①

---

① 节选自《始兴县志》。

左为当年韶关仅有的 4 米龙门刨，右为归国华侨郑佛发明的减轻矿山工人劳动强度的设备

发表在《人民日报》的新闻（1972 年 9 月 18 日）

发表在《南方日报》的新闻
（1977 年 7 月 16 日）

20 世纪 80 年代中期矿本部直属选矿厂（左）和梅子窝坑口（右）夜景

这一时期，矿区基础设施建设也得到了较大发展，职工工作和生活条件进一步改善。在公路建设方面，除了原有的始兴—石人嶂、顿岗—师姑山（共 47 公里）公路外，从 1959 年起，先后开通了罗坝—梅子窝（18 公里）、司前—河口山（4 公里）、罗坝—石壁坑（6 公里）、罗坝—南山坑（2 公里）、梅坑—600 中段（6 公里）、梅坑—560 选厂（2 公里）等新公路。至此，全矿自建自管公路达 85 公里（后来部分公路移交地方管理）。

在文教卫生基本建设方面，1968 年新建了石人嶂钨矿中学（初中至高中），1975年开办了广东有色金属工业第一技工学校（代管）。二十世纪七八十年代，建立了罗坝职业病防治院、矿工会俱乐部大楼、职工培训中心，此外还组建半脱产的职工文艺宣传队和男女篮球队等。在职工住房建设方面，分别在矿本部、始兴县城（原精选厂址）、梅坑、罗坝等处新建了一批职工宿舍楼，并对矿本部和各坑口的旧住房进行了全面改造维修，从而有效地改善了职工的居住条件。

这一时期，在石人嶂钨矿住房是分配的，用电费用是很低的，职工看病是免费的；住房费用每月一块多至几块钱，行政科还有专人负责维修（捡瓦背、修门窗、换玻璃等）；平时家家户户不用锁门，基本上达到了"路不拾遗，夜不闭户"的良好状况。

20 世纪 70 年代，石人嶂钨矿成为全省"工业学大庆"的先进典型。时任副省长刘田夫等领导来矿视察时，充分肯定了该矿学习大庆发扬艰苦奋斗精神、加强管理和思想政治工作的经验；《南方日报》曾整版发表此类经验性专题报道和评论。当时比较出名的还有"井下青年女子台车掘进队"，创造了同男职工一样的高工效；家属创办的"五七妇校"，集体经营种养和服务项目，为职工生活服务。这两个集体都曾多次受到上级表彰并派代表赴各地介绍先进经验。

这一时期，创造了石人嶂钨矿历史上两个文明建设的十多个"最"：

（1）行政和党群组织管辖的单位（组织）最多——二级单位（党总支或直属支部、二级工会和团组织）达 16 个，矿机关职能部门科室近 30 个，三级单位（工区、党支部、工会分会、团支部）达 80 多个。

（2）矿级领导成员职数最多——"文化大革命"期间正副矿级（处级）党政领导干部多达 14 人（含部队支左干部）。

（3）矿区居住人口和在职职工人数最多——1979 年矿区居住人口约 8000 人；1980年在职职工总数达到 3458 人。

（4）矿区学校规模最大——二十世纪七八十年代共办子弟小学 6 所（其中附设初中班的 5 所），完全中学 1 所，技工学校 1 所；各类在校学生共计 2400 多人，教职员工150 多人。

（5）采掘量最高——1975 年达到 67 万多吨（最低的 1968 年也达到 17 万多吨）。

（6）采矿量最高——1975 年达到 47 万多吨（最低的 1963 年也达到 11 万多吨）。

（7）掘进总进尺最多——1975 年达到 18801 米（1971—1985 年每年都达到 10000 米以上）。

（8）年处理合格矿石量最多——1980 年达到 61 万多吨。

（9）主产品 65% 钨精矿产量最高——1978 年达到 2060 吨（全部自产）。

（10）附产品回收品种和数量最多——钼精矿（75%）1958 年达到 81 吨多；锡精矿（100%）1972 年达到 80 吨多，铜精矿（75%）1978 年达到 54 吨多；铋精矿（50%）1974 年达到 35 吨多。

（11）实现利润最多——1958 年实现利润 259 万元，1958—1985 年累计实现利润 3579 万元，减去其中 6 年亏损总额 777 万元后，净利润共计 2802 万元。

（12）落实政策的人员最多——1978—1980 年，根据党中央和上级主管部门的部署，矿里专门成立落实政策办公室，对"文化大革命"期间及以前历次政治运动中受处理的人员共 380 多人进行全面复查，对符合有关政策规定的给予平反并恢复有关待遇，共为 290 多人解决了历史遗留问题。

广东省冶金工业局第一技工学校第五届三班毕业生留影

梅坑子弟学校少先队全体队员合影

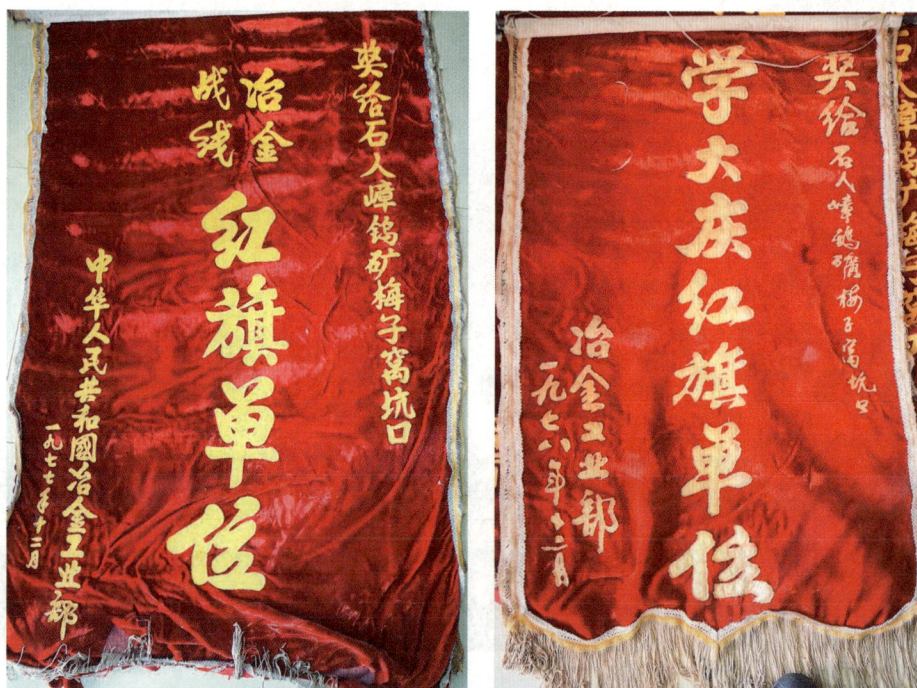

梅子窝坑口连续两年荣获冶金工业部授予的"红旗单位"称号

石人嶂钨矿受上级表彰的集体、个人情况（部分）登记表

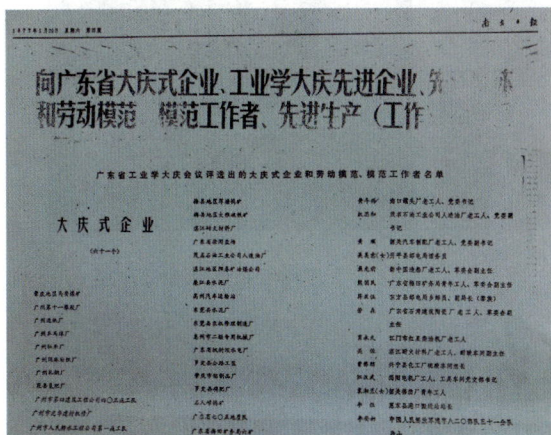

发表在《南方日报》的新闻（1977 年 1 月 29 日）

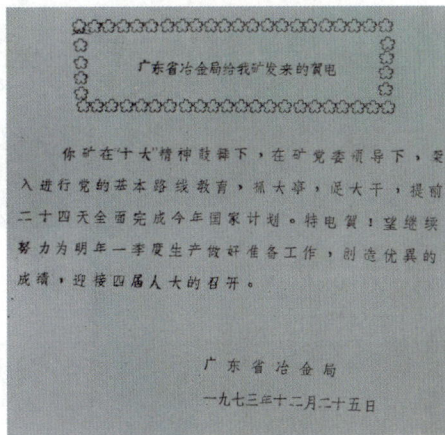

省冶金局发来的贺电（1973 年 12 月 25 日）

石人嶂钨矿计划生育宣传画（选入省经验材料汇编）

坑口团干工作会议

矿工勤学苦练时的会心一笑

石人嶂钨矿政工人员外出参观留影（1965年6月）

出席矿本部第九次团代会的办事后
勤代表合影（1972年6月7日）

矿政工系统干部合影

矿党委宣传部干部合影

矿工会全体工会委员合影

矿计划生育协会成立大会合影

朝气蓬勃、敬业奉献的矿友合影

梅坑子弟学校的老师与学生分别在选厂废石运输轨道处（左图）和选厂前（右图）合影

20 世纪 80 年代初石人嶂坑口宣传队合影

石人嶂钨矿会计培训班合影

国庆值班医护人员合影

白衣天使的休闲照

在石人嶂钨矿罗坝职业病防治院举办的中南五省讲座（二排左六是矿党委书记叶瑞湘，左八是矿长钱海山；前排右二是邹瑞珍医生）（1979 年 2 月）

爱岗敬业、无私奉献的石人嶂钨矿医护队伍

师徒情深（右图为梅子窝学校校办工厂的林炳炎老师和学生肖梅峰）

白衣天使"战斗在一起"

姐妹情

出席矿第九次团代会师姑山坑口全体
代表合影（1972年6月7日）

劳模座谈会合影留念（1996年5月1日）

矿教育科副科长邵桂婉（左二）与部分教师
在矿机关大楼前合影

梅子窝学校师生合影

梅子窝坑口留念（1975年底）

奋斗铸就的青春友谊（1975年）

石人嶂钨矿第一期团训班合影（1962 年 9 月 8 日）

石人嶂钨矿职工子弟学校高中毕业留影

石人嶂钨矿技校同学合影留念（1960 年）

幸福的石人嶂坑口幼儿园小朋友

刚毕业分配到矿山的大中专毕业生（左摄于石人嶂坑口，右摄于梅子窝坑口）

1980 年的团干培训班合影

20 世纪 80 年代的坑口团干部合影

组织坑口青年团员游丹霞山（1982 年）

20 世纪 70 年代的矿工全家福

矿三代在选厂前拍摄的全家福

矿举行文明单位和个人表彰合影

矿领导和矿机关篮球队员合影

矿计划生育协会成立大会筹备组全体成员合影

老师与团干代表合影

石人嶂钨矿代表团参加总结表彰会

四、转制困难时期 （1986—2002 年）

1986—2002 年 17 年间，是石人嶂钨矿连续发生亏损的困难时期。按生产经营等方面的情况，又可大体划分为三个阶段：

（一）前期阶段（1986—1990 年）

该阶段属于正常生产经营阶段。在这个阶段中，虽然生产规模逐渐缩小，河口山、师姑山两个坑口因资源枯竭，于 1978 年和 1990 年相继闭坑。然而，由于建成了梅坑新选厂和直属选厂精选车间，相应扩大了梅坑、石坑的生产规模，全矿的生产经营仍保持正常状态，钨精矿产量每年保持在 1000 吨以上（其中 1986 年达到了最高值 1454 吨，1990 年达到最低值 1175 吨）。但亏损的趋势已不可逆转，困难处境越来越明显。从 1986 年开始，上级主管——中色广州公司对石人嶂钨矿实行定额亏损包干责任制。这个阶段各年度的主要大事有：

中色广州公司在矿本部举行的全省有色系统计划统计工作会议代表合影（1986 年）

1986 年，矿党委于 6 月份召开第七次党代会。同年四季度，矿党政工组织作出决定，给予在本矿工作满 20 年的职工颁发矿山职工荣誉证和一次性奖金，以鼓励职工安心在矿山工作，当时享受此荣誉的职工共 1430 多人。这一年，本矿驻广州办事处招待所大楼竣工并投入运营。

1987 年初，中色广州公司下发文件，决定石人嶂钨矿实行矿长负责制，并贯彻执行中央制定的"三个条例"，即《国营企业党委工作条例》《国营企业厂长（经理）工作条例》《国营企业职工代表大会工作条例》。矿里分别制定了贯彻"三个条例"的实施细则。同年 7 月，矿重点基建工程——梅坑 560 中段日处理合格矿石 375 吨新选厂竣工投产。这座新选厂 1983 年开工建设（包括 560 中段主巷道、公路、尾砂坝、住宿楼等配套工程），主要依靠本矿技术力量和自筹资金，历时 4 年多，累计投资 1400 多万元（其中本矿自筹资金 1100 多万元）。它的建成投产，为梅坑加快深部开拓、扩大生产能力和延长服务年限，打下了坚实的物质基础。是年，矿里还提炼出"奋起、拼搏、创新、自强"的企业精神，并集体创作了《石人嶂矿工之歌》。

石 人 嶂 矿 工 之 歌

1=G 2/4　　　　　　　　　　　　　　　　集体词曲

进行速度 坚定有力

（ 05 13 | 5— 55 1.3 | 6— 62 67 | i.5 40 | 30 25 | 67 | 155 55 |

01 23 ） 5— 3.2 | 1.1 22 | 30 10 | 6— 4.3 | 2.2 6 | 2— |
我 们 是 石人嶂的 矿 工，战 斗 在 粤北深 山。

5 1.2 | 3 3 | 5 4.3 | 2 60 | 2.2 65 | 4.3 21 | 5— 5.0 |
唤 醒了 千年 沉睡的 宝藏，开发 矿业不畏 艰 难。

5.3 3 | 2.3 3 | 1.1 23 | 1— 6.2 2 | 2 26 | 2.2 54 | 3 — |
汗 水晶 莹钨金闪 亮，奋 起拼搏 创新自 强。

1.1 6 | 6— 5.4 35 | 2— 5.5 12 | 30 30 | 6.5 432 |
企业主人 永当先 锋，让我 有色 矿山 焕发荣

1.1 4 | 4— 3.2 12 | 6— 5.5 12 | 10 10 | 2.2 12 |

5— 5— | 6.5 23 | 31— 10 |
光！ 焕发荣 光！

3— 3— | 2.2 7 5 | 1— 10 |

（说明：原曲创作于 1987 年 8 月，此曲是 1991 年 1 月修改。）

——这既是石人嶂钨矿干部职工芳华岁月的缩影，也是石人嶂钨矿工矿文化的总结，更是石人嶂钨矿工矿精神的升华！

广东省冶金工业局第一技工学校第十届毕业班留影（1987年）

　　1988年，石人嶂钨矿与韶关西联镇合办的建材联营公司（含采石场和红砖厂）建成投产。但由于多方面原因，联营公司经营严重亏损，难以为继，于1990年4月停办。

　　1988—1989年，分两期建成了直属选厂精选车间。该项目完全依靠石人嶂钨矿自身的技术力量和采用职工集资方式建成，共投资115万元，结束了该矿长期以来只能生产钨中矿（运到韶关精选厂加工成钨精矿）的历史，为当时和以后本矿渡过难关发挥了关键作用。该项目建成一年后就收回了全部投资，还清了职工集资款和红利，取得了显著的经济效益。1989年，全长1280米的石坑尾矿库排洪涵洞顺利开通使用，从而解决了该尾矿库的一大安全隐患。同年7月24日，矿工会原副主席、享受厅级待遇的老红军战士乔国章同志因病逝世，享年80岁。

转制困难时期的矿党政领导班子成员合影

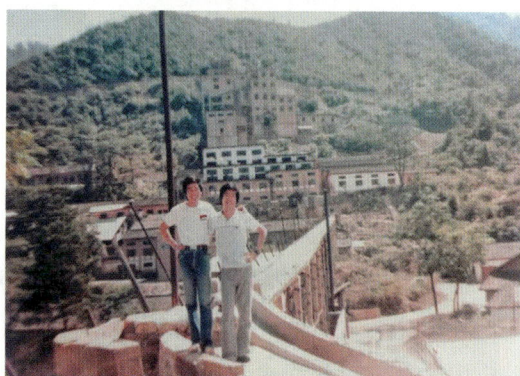

20 世纪 80 年代的坑口年轻人

1990 年，石人嶂钨矿党组织关系重新划归韶关市企业工委管理（1980 年前直属韶关市工交政治工作部，此后转到中共始兴县委）。

（二）中期阶段（1991—1998 年）

该阶段是石人嶂钨矿探索多种经营和转产接替阶段。由于钨产品国内国际市场销售价格大幅下跌，加上历史包袱沉重等多方面原因，亏损越来越严重，生产规模进一步压缩，在岗职工大量富余。因此，从 1991 年开始，国家财政开始对石人嶂钨矿实行年度定额亏损补贴。中色广州公司针对当时面临的严峻形势，于 1991 年通知所属钨矿山大幅度压减钨精矿产量，1992 年 11 月初正式下发《关于钨矿山全面停止采选生产的紧急通知》，要求所属钨矿山全面停止正规化采选作业，转为民采方式回收残矿。

1993—1997 年，在转产思路指导下，石人嶂钨矿先后办起了鱼腥草饮料厂、

矿汽车保修厂厂长黄苏华在始兴县汽车驾驶员（修理工）培训班上课（1992 年）

空调机配件厂、建筑装修材料厂、毛衣织造厂和种养项目等小型转产项目，并筹划论证其他转产项目。由于客观和主观多方面原因，转产均未能成功，所建项目均在几年后相继关闭或出售。但 1992 年 5 月—1993 年 11 月该矿对外承包的广东省龙门县上苍铅锌矿主平巷掘进工程（共 2095 米），取得了较好的经济效益和社会效益。石人嶂钨矿从建矿伊始，不仅在文教卫生等方面坚持"矿地融合、服务地方、方便群众"的宗旨，还在技术培训、技术服务等方面为当地农业生产、经济发展做出了较大贡献。

1993 年，矿机关于 6 月份完成了机构改革任务，职能科室由 27 个精简为 16 个，机关干部总数由 130 多人精简为 60 多人。

1994 年 3 月底召开的全矿"双代会"上，矿党政领导打破往年惯例，表彰和重奖全矿唯一的先进单位——炸药加工厂，颁发奖金 1 万元，此举在全矿引起良好的反响。同年第四季度，按照上级有关政策和部署，全矿进行了由原等级工资套改为岗位结构工资的分配制度改革。

1995 年 3 月，中色总公司副总经理朱雷率队进行资源枯竭矿山转产调研

矿领导和抗日老战士留影（1995 年 9 月 3 日）

1995 年，根据中国钨矿山产销联合体协调小组扩大会议商定的"停产、限销、促储、保价"调控措施，经矿职代会主席团审议通过，全矿从 7 月中旬起全面停止正规生产（保留民采和深部开拓）。此措施坚持两个月后，又恢复了正常生产。

1996 年，石人嶂钨矿于 2 月下旬遭受近 30 年来罕见的冰冻灾害，重灾区梅子窝、石人嶂两个坑口的生产、生活基本陷于瘫痪，其他单位也不同程度受灾，直接经济损失约 200 万元。灾情发生后，各级领导身先士卒，带领职工群众积极抢险救灾，经过半个多月的连续奋战，基本恢复了生活和生产秩序。7 月，石人嶂钨矿认真贯彻《中华人民共和国劳动法》，实行全员劳动合同制，职工个人与矿长签订了劳动合同，矿工会与矿行政签订了集体合同。同年秋，经上级批准，广东有色金属工业第一技工学校从矿本部搬迁到翁源县官渡经济开发区新校址。同年 12 月，矿党委召开第九次（也是本矿最后一次）党代会。年底，全矿基本实现电话通信程控化和电视接收有线化。

1997 年，全矿开展了"庆祝党的生日、喜迎香港回归祖国"的系列活动。这一年，面对产量减少、销价下跌、资金紧缺、亏损增加的严峻形势，全矿实施了生活区白天停止照明供电、减发在职职工部分工资和退休人员部分养老金、严格控制办公费用等应急措施，动员全矿上下共渡难关。

1998 年，由中色总公司副总经理郭声琨及中色广州公司经理冯秋明带领的调研组，于 2 月 18 日来到石人嶂钨矿进行"三年摆脱困境情况"专题调研活动。同年 7 月 1 日，该矿三年脱困的重点工程——已停产多年的直属选厂日处理合格矿石 125 吨粗选系统复产工程竣工投产。同年 9 月 1 日起，该矿 1400 多名离退休人员的养老金由中色广州公司统筹计发改为广东省社保局统筹计发（并于次年实行社会化发放）。

（三）改制前最后阶段（1999—2002 年）

该阶段是石人嶂钨矿继续坚持生产自救和准备、实施关闭破产阶段。这一阶段各年度的大事主要有：

1999 年，该矿年初被国家有色金属工业局列为等待关闭破产的末期矿山，挂靠在刚成立的中国有色金属工业三大集团公司之一的中国铜铅锌集团公司。当年全矿工作的总体要求是"生产自救、控制亏损、共渡难关、保持稳定"。经过艰苦奋斗，基本达到预期目标，其中钨精矿产量恢复到了 783 吨，为该矿 1993 年以来的最高水平。同年 5 月，该矿被韶关市人民政府授予"连续 5 年'重合同、守信用'单位"称号。下半年，全矿开展了丰富多彩的系列活动，庆祝新中国成立 50 周年。

2000 年，国家有色金属工业局局长张吾乐（正部级）率领的慰问团，春节前夕到石人嶂钨矿进行慰问活动。这一年，党和国家出台了一系列与石人嶂钨矿前途有关的政策性文件：一是全国企业兼并破产和职工再就业工作领导小组办公室于 2 月份发出了《关于下达部分资源枯竭矿山破产项目的通知》，正式将石人嶂钨矿列入破产项目计划；二是国家经贸委于 3 月份发出有关通知，提出有色金属资源枯竭矿山的关闭破产工作暂停，亏损补贴不变；三是国务院于 5 月份发出《关于调整中央所属有色金属企事业单位管理体制有关问题的通知》，决定撤销中国有色金属工业三大集团公司和国家有色金属工业局，将大部分原中央直属的有色金属企事业单位下放给各省管理；四是中共中央办公厅、国务院办公厅于 6 月初联合发出《关于进一步做好资源枯竭矿山关闭破产工作的通知》（中办发〔2000〕11 号），为下放各省管理的煤炭、有色金属和核工业矿山的关闭破产工作制定了具体的政策，并提出了明确要求。经过努力，全矿较好地实现了年度生产经营目标，其中钨精矿产量达到 831 吨，再创本矿 1993 年以来的最高水平。

2001 年，根据上级的部署，石人嶂钨矿的主要任务是继续搞好生产自救，并实质性地进行关闭破产的前期准备工作。由于钨精矿销售价格大幅上升，全年钨精矿产量达到 841 吨，销售量达到 884 吨，销售收入（含附产）达到 2160 多万元，均创该矿近十年来的最高水平，在岗职工收入也随之大幅增长。5—6 月份，该矿代管的广东有色金属工业第一技工学校，经上级批准，更名为"广东省岭南工商第一技工学校"，邀请省人大常委会主任朱森林题写了校名，并举行了隆重的新校名揭牌庆典活动。5—7 月份，全矿开展了丰富多彩的系列活动，纪念中国共产党成立 80 周年。下半年，全矿进行了医疗制度改革的前期准备工作。年末，石人嶂钨矿被中色总公司评为 2001 年度扭亏工作先进单位。

2002 年，根据上级工作部署和本矿实际情况，全年工作的总任务是：坚持一手抓生产自救，确保关闭破产前在岗职工工资的正常发放；一手抓关闭破产的准备和实施工作，确保矿区的安全稳定。经过不懈努力，上述目标基本实现。2002 年大事主要有：一是从 1 月 1 日起，全矿停止执行旧的即由企业全包的劳保医疗制度，正式实行新的即属地统筹的职工基本医疗保险制度。二是从 5 月份起，原由石人嶂钨矿代管的广东省岭南工商第一技工学校，改由中色广州公司直接管理并升格为副处级单位，石人嶂与该校办理了移交手续。三是关闭破产前期准备工作任务基本完成——关闭破产费用测算方案、职工安置方案、确保稳定预案均已获上级审查通过；职工档案清理工作、"三个提前五年"退休或退养人员名单已获初审通过；关闭破产工作宣传提纲已印发给职工人手一册，有关政策学习宣传工作已广泛深入进行，由上级派出的本矿关闭破产清算组于 12 月中旬来矿开展工作。

在整个困难时期（1986—2002 年），群众组织建设也取得了较好进展。矿工会先后召开了第十次至第十三次工会会员代表大会和第十一届至第十六届职工代表大会（每年召开一次全体代表会议）。共青团矿团委先后于 1987 年、1990 年和 1997 年召开第十一次至第十三次团代会。1993 年新成立石人嶂钨矿归国华侨联合会。

经初步比较分析，在整个困难时期，也创造了石人嶂钨矿历史上的十个"最"：

（1）在册职工人数最少——截至 2002 年 12 月，全矿在册职工只有 586 人（不含技校教职员工）。

（2）离退休人员最多——2002 年末达到 1680 多人（含关闭破产时提前退休人员）。

（3）矿级领导成员职数最少——2002 年只有 3 人（含退休返聘 1 人）。

（4）矿属学校在校学生人数最少——2002 年新学年在校小学和初中学生只有 252 人（其中小学生 158 人，初中生 94 人），仅为二十世纪七八十年代学生最多时 2400 多人的 10.5%。

（5）分流富余人员最多——全矿在册职工从 1986 年的 2789 人，减少到 2001 年的 815 人，共减员 1974 人，除了退休、死亡和除名的以外，约有 800 多人是通过外调或自谋职业等渠道分流出去的。

（6）职工子女就业的人数最多——本时期的 17 年中，通过读书、参军、统一分配和自找门路等多种途径，在本矿和外单位找到就业岗位的本矿职工子女，共约 1100 人（其中仅技校分配的就达 700 多人）。

（7）矿产品销售收入最高——2001 年主产品钨精矿和附产品锡精矿、硫砷铁矿的销售收入达到 2160 多万元。

（8）在职职工年均工资最高——2001 年达到 12600 元。

（9）矿办内部刊物《党群工作信息》坚持最久和出版期数最多——此刊物由矿党委办公室主办，自 1986 年 7 月创刊以来，一直坚持到该矿关闭破产前夕，前后 16 年多时间，共出版了 210 期，累计 150 多万字，印发 1.6 万多份，较好地实现了"传达上级有关指示、交流本矿党群信息、指导本矿基层工作、积累本矿历史资料"

的办刊宗旨（石人嶂钨矿以前曾办过《石人嶂工人报》《宣传工作动态》《联播节目选编》《工会工作简讯》等内部刊物，但都没有坚持下来，出了十几期或几十期就停刊了）。

（10）各类捐款的次数、人数和金额最多——自1990年以来，由矿党群组织发动、职工群众自愿参与的公益、救灾、帮困、助学等捐款活动共计19次，参捐人数累计18320多人次，捐款金额累计达146500多元。

据不完全统计，50年来，国家对石人嶂钨矿的投资累计约6600万元，本矿生产和销售主产品钨精矿累计6.6万多吨，回收和销售附产品锡、钼、铋、铜精矿累计约4000吨，硫砷铁矿累计4.5万多吨，实现工业总产值累计5.5亿多元，上缴利润和税费累计约4600万元，为国家经济发展和国防建设做出了一定贡献。

同时，还为国家培养输送了大批两个文明建设的有用人才，仅在该矿任职、评聘后调到上级及外单位的副科级以上干部（含中级专业技术人员）就有160多人，其中处级干部30多人。

1953年2月建立的国营有色金属中型老矿山——广东省石人嶂钨矿，因"资源枯竭、长期亏损、扭亏无望"，于2000年2月被国家列入关闭破产项目；2002年8月下旬经全国企业兼并破产和职工再就业工作领导小组办公室审查批准，同意进入破产程序，9月上旬，经韶关市中级人民法院审理裁定，宣布进入破产清算程序；12月中旬关闭破产清算组正式来矿工作，开展了几个月依法依规工作，于2003年3月前后基本完成关闭破产的主要工作任务。

至此，历时50载，在全国享有一定知名度而且属省内最大型钨矿山的国有独资企业——广东省石人嶂钨矿，顺利完成其使命，永远成为历史。

梅子窝学校1999届六年级毕业留念

梅子窝学校2002届六年级毕业留念

梅坑子弟学校师生合影

少先队队旗伴我苗壮成长

矿山小学教师开心迎"六一"

矿山师生憧憬美好未来

石人嶂矿职代会暨工作会议全体代表留影（2002 年 3 月 13 日）

手选厂的女工在工作

难忘当年情

梅子窝学校组织学生参观钨矿生产

五、转型改制时期 （2002 年 12 月以后）

石人嶂钨矿实施政策性关闭破产后，为解决职工再就业问题，原上级公司和原石人嶂钨矿部分职工共同出资，通过回购有效资产的方式，按照现代企业制度重组了韶关石人嶂矿业有限责任公司（简称石人嶂矿业公司）。2009 年 1 月，上级公司将石人嶂矿业公司的国有资产（60% 股权）注入了广晟有色金属股份有限公司，成为该公司的控股子公司。

新成立的石人嶂矿业公司在社会主义市场经济的风浪中迎接新的机遇与挑战，开始了新的历史征程。同时，新成立的"始兴石人嶂有色金属离退休人员管理处"，担负起原石人嶂钨矿离退休人员和家属等社会管理服务的职责。

（一）2002 年 12 月—2006 年 11 月

新成立的石人嶂矿业公司在市场经济的大潮中，以"借鸡生蛋"的方式引来社会资金，参与公司建设（2004 年 8 月，石人嶂矿业公司和党委举行挂牌庆典仪式）。在此期间，公司员工由国营时期的 815 人减为 128 人，管理机构大为精简，下辖 2 个采矿分公司，以及选矿分公司、机械分公司、炸药加工分公司各 1 个，共 5 个分公司。矿机关设立综合部、贸易部、企管部、财务部。经过 3 年的齐心协力、共同努力奋斗，在"拼搏同心"的精神指引下，克勤克俭，奋发勇为，累计生产 65% 钨精矿 1948 吨，实现净利润 2100 万元。

2006 年 11 月，在党中央以人为本精神指引下，为切实规范非煤矿山的经营和管理，避免因投入不足和管理不到位造成安全事故，石人嶂矿业公司按广晟有色金属股份有限公司的要求，清退工程承包队，采取自组队伍、自主经营的方式组织生产，同时原属石人嶂矿业公司管辖的梅子窝采矿分公司，分立成为韶关梅子窝矿业有限责任公司（简称梅子窝矿业公司）。

（二）2006 年 11 月以后

2006 年 11 月以后，石人嶂矿业公司克服因生产调整带来的资金、生产规模及员工队伍建设等方面的困难，逐步按国营生产期间的要求恢复正规生产，从业员工 275 人，到 2017 年，经过 11 年的不懈努力奋斗，按国家非煤矿山政策的要求，逐步完善了井下安全生产八大系统，妥善处理了历史遗留下来的各种农矿矛盾，精心组织了员工队伍，从而保证了企业的正常经营和生产。2002—2017 年，石人嶂矿业公司累计上缴税金 8000 余万元，为国家做出了贡献。

石人嶂矿区和梅子窝矿区均被评为国家级绿色矿山试点单位

期间经历的主要大事有：

（1）2015年7月，原石人嶂尾矿库顺利闭库。

（2）2016年10月，对原石人嶂尾矿库废水处理站进行了升级改造，投资560万元，采用生物制剂环保技术，对正常生产用水和尾矿库浸渗水进行处理，确保达标排放，切实履行企业社会责任。

（3）2017年10月，采用生态修复技术，投资400万元，对闭库的尾矿库进行生态恢复治理。

（4）采用智能选矿机、出矿耙碴机等先进工艺和设备，实施机器代人，切实减轻员工劳动强度，提高劳动功效和选矿实收率。

（5）为切实做好和保证企业的长周期正常生产，投入近千万元对石人嶂矿区12线以东进行探矿并取得初步成效，为企业的发展打下坚实的资源基础。

（6）按广晟有色金属股份有限公司安排，石人嶂矿业公司和梅子窝矿业公司于2019年6月重新合并为石人嶂矿业公司。

今日石人嶂（摄影：徐志文）

石人嶂坑口选厂尾砂坝的油菜花（摄影：徐志文）

石人嶂矿业公司办公楼大门（摄影：徐志文）

梅子窝矿业公司办公楼大门（摄影：徐志文）

　　100 年的开采历史、50 年的国营建矿，在人类历史长河中是短暂的，对一个企业来说是值得深刻总结和继承的。以此简要回顾，向为广东省石人嶂钨矿的峥嵘岁月和辉煌发展做出突出贡献的几万名矿工和关心、支持广东省石人嶂钨矿的几十万名矿工子弟以及社会各界人士致以崇高敬意！

逸 趣

石人嶂建矿的曲折道路

水建皋

1952年10月，北岭管理处从瑶岭矿场借我去参加编制1953年基建计划。后来，广东分局通知，计划集中到北京编制，于是北岭管理处主任关开兴就带领李宝安、宋泰美、肖群、游寿棉、卢峰和我到了北京。我对全盘安排一无所知，只带了瑶岭手掘坑探打2条窿共500米长的计划。到北京后才被广东分局和北岭管理处安排在粤北石人嶂、八宝山、师姑山和牛屎沥4个矿山进行机掘探矿，加上我提出的瑶岭手掘，一共是5个矿山。

据此，我们开始编计划，当时基建计划非常烦琐，既要分工程项目编工程计划，又要列出每个工程项目的国控物资需要量，以及人工费、机械使用费、其他使用费等，还要详细写明工程项目的作用、效果。那时没有预算定额手册，一切工、料都要自己计算。我们用了一个多月时间，编出北岭管理处的全套基建计划，总投资850亿元（旧币）。

一天晚上，我们在大木仓重工业部有色金属工业管理局审查计划。在一间屋子中，摆着一张长桌，一边坐着局领导（我只认识高杨文、李华两位），一边是广东分局及北岭管理处的人。由我汇报，我先讲了要开发5个矿山，总投资850亿元，再详述各矿山的具体工程项目，当讲了还不到一半时，高杨文局长就站起来，拍了一下桌子说："完全不了解中央政策！"于是汇报会结束了。我们几人走回住处，街上已寂无行人，我们都很奇怪，什么是中央政策。

过了两天，局里派我们这组的联络员来告知我们，要我们集中力量编一个石人嶂机掘坑探的计划，我们这才知道中央的方针是建设156个重点项目，集中力量勘探几个大型钨矿。广东分局向中央有色局介绍各矿山地质情况时说，石人嶂有4条大脉，共7万吨钨砂储量，所以中央有色局决定在这里勘探。

我们没有人去过石人嶂，也没有带广东省地图。手中仅有的是分局给我们的一张1/5000平板测的矿区图。小组研究后决定从四个方面着手：一是按边探边摸底的原则，打4条平窿及一些沿脉；二是机掘必需的动力、压风、供水、机修等；三是除工业建筑外的一些临时性办公室、仓库、宿舍；四是从始兴到石人嶂的公路。说起这条公路很有意思。当时分局有人说，全长要40公里。于是我们照此编好计划送审，之后又有人说，不经过罗坝只要20公里，怕钱提得多了中央不批，我们便找联络员说，公路可改为20公里。他说："你们这公路是橡皮筋，可长可短？"另外公路的投资，我们查了一下概算定额，分为每公里12000元、10000元、8000元三种，没考虑到这是平原地区的概算。我们怕定得太高了不批，于是折中取了个10000元/公里。后来实际有2公里开石方，每公里50000多元，最后2公里上山，全是挖方，不能利用填方，边坡高10余米，用了90000余元/公里。最终修公路用了将近50万元。

矿领导带头清扫积雪（中间为首任矿长关开兴）

石人嶂成为国家重点勘探单位后，得到广东分局、广东省、韶关地区和始兴县的大力支持，有色中南分局也大力支持，1953年春节一过就派吴方楼、蔡承伦等工程师及李燊、王少白等多名技术员组成工作组上山工作。

1979年度全省冶金工作会议冶金系统劳动竞赛优胜单位代表合影（前排左三为首任矿长关开兴，1955年底调任广东省冶金厅厅长）

1953 年 3 月末的一天，吴、蔡两个工程师找我谈话，说经过他们这一阵跑山，发现矿量没有那么多，至多有精矿 10000 吨。他们想要将当前的情况报告给有色中南分局，于是我立刻给关矿长写了一封信，要通讯员急送始兴。我没想到，第二天一早关矿长就步行来到山上，当即找吴、蔡工程师开会。最后决定，当前情况不能作肯定，还要以勘探结果为准，于是以蔡承伦为主做了勘探设计。

4 月，有色中南分局在赣州召开赣南粤北勘探大队成立大会。会上由苏联专家切普乔夫介绍坑探设计的规范，我们据此修改了设计。在会上有色中南分局又告知我们，因为抗美援朝，设备材料不能解决；赣州仓库有一批前善后救济总署及资委会留下的设备，愿要者可以去看，我去选了几台移动式柴油压风机、发电机、风钻等。后来决定设备全部给大吉山。石人嶂就改手掘，有色中南分局工作组给设计以 80 米为段高，在一个垂直面上的 3 个主平窿，作为将来机掘坑探的基础。工程从 5 月开工，30 多个工人分 3 组，用以民窿下去或沿矿脉开斜巷下去的办法，进尺 500 米，巷道规格优良，得到有色中南分局的赞评。在这方面，叶大正、李兆魁、黄时庆等起到很大作用。手掘一直持续到 1954 年。

这时，矿本部就集中全部力量修建公路。有色中南分局派公路工程师肖毓等来协助工作。他考察了一次就决定将原广东分局所测的线路最后一段进行修改，将公路终点延长近 200 米，直到坑口。他又指导矿本部技术人员进行正规的公路设计，提出了尽量多用篾管涵以节约成本的建议，他对石人嶂这条公路的建设，确实起了很大作用。

有色中南分局指示，石人嶂继江西五大名山之后改称第六钨矿，为了保密只能称石人嶂矿，通信改用"广东省始兴县第一邮政信箱"，这样更提高了石人嶂的地位。作为国家重点勘探单位，促使始兴县党政领导积极支援矿山建设，矿长关开兴作为中共始兴县委委员参加县委会。为修公路征用农田土地完全无偿。始兴县征集民工修路，自带锄头工具，矿场每天只补给给民工每人 2 角 8 分伙食。在地方支援下，公路建设真是又快又好，到年底，完成了 20 公里，仅余上山的一段，不足 2 公里，还修成了顿岗、良口 2 座桥。

1953 年 12 月，中央有色局在北京召开一小型勘探计划审批会，副局长范子纪主持。会上由李洪谟工程师汇报石人嶂地质情况（记得当时已有 211 队一个小组正式测的地形地质图，上面有标定的若干条矿脉），及原有色中南分局工作组的勘探设计。苏联专家米涅耶夫听取了汇报，同意勘探方案，于是范副局长决定给石人嶂 2 套捷克斯柯达厂的 240 千瓦柴油发电机组。当时我不敢作主，因为计划上原只列了 2 台 200 千瓦机组的投资。范副局长说："给设备自然给钱。"矿里知道有了洋设备，也很高兴，哪知这种柴油机设计的连杆螺丝过细，使用不久便先后发生连杆螺丝折断打烂机壳的事故，直到加粗连杆螺丝才解决问题。这是后话。

韶关地委要求我们在"七一"开钻。在中南设计组、中南建筑等的大力支持下，工程顺利进行。地委也积极支持，动力车间缺十多米三芯电缆，地委要乌石电厂给解决，我们没考虑到动力车间应该配有应急的小发电机组，导致无法启动柴油机给高压气罐充气，县委要粮食局加工厂专门开动他们的柴油机给充气。"七一"下午五点，电厂发电，全矿欢腾。压风机发动试车，想用锻钎机锻出几条钎子打钻。哪知一开机，锻钎机摇把就断了。我找了机修工段长——印尼归侨老工人张联章。他说可以烧铜焊。由他亲自动手，把摇把焊好，七点多时终于开钻，在598中段打了一轮炮，进行了第一次机掘的爆破，这标志着石人嶂也是全广东机掘的开始。这也是我们几个月来以实际行动向党献礼，对各级领导的支持的回报，也表现了我们坚决贯彻上级要求的决心。

在211驻矿小分队具体监督指导下4个探窿的机掘探矿顺利进行，我们又利用多余的机掘能力，在原民窿采区（民工习称戏台棚）开了790、820两个中段，用供应凿岩用水的多余能力，在各窿口处理附产矿石，矿山呈现一片兴旺面貌。

到了1954年6月，近4000米探矿巷道全部完成。小分队认为探矿效果不好，进尺就不再增加。7月间他们通知，经初步核算石人嶂只有工业矿量2400吨，品位0.28%。这比吴、蔡两工程师估计的还要少，对我们而言无异于泼了一盆冷水。

石人嶂，从矿到坑口都已具备规模。那时又早已收回师姑山、河口山2坑口，还有4个民窿管理站，管理着始兴、南雄两县10多个矿山，石人嶂坑口机械化程度最高，应该成为生产主力。

石人嶂，地势险峻，我们把它比作电影《智取华山》中的华山。峭壁挺立，只有一条小路曲折上山，山上又无一块平地，在高山上搞生产是没有可能的。我向关矿长提出从598平窿和一个溜矿井到758中段，把790、820两中段的生产矿石集运下来，再在598中段侧面一条小山脊上顺地势建一个部分机械化选厂集中处理矿石，经矿党委讨论后，关矿长限我一个星期内搞出溜井设计及预算，报中南钨矿局审批。我知道机掘巷道，断面大、进度快，但石方多、进价高。溜井的通过能力，在一般情况下不受什么限制，于是我找了几个风钻工，在地上画了个1.6米直径的圆圈，叫他们两个人站在圈内，再用席子围上。问他们能不能打钻，他们都说可以，于是我决定选用1.6米直径的断面。5天内绘图和预算都搞完了。关矿长派了矿山唯一一部老爷吉普车送我去赣州，走时，他说："中南不批，你就不要回来。"

我带着溜井和选厂的图纸和预算，到了中南钨矿局，第一关就遇到生产处的胡锡禄工程师，他说："老水，80米一段的溜井，你打得上去吗？前一阵我们批了湖南某矿一个溜井，他们打了10多米就打不上去了。"我一问方知，他们的规格太大，支护有一定困难，于是我又去找康文清、郭仕民两位副局长，再三说明石人嶂的情况和这两项工程的必要性。后来我就用"申包胥哭秦庭"的办法，天天抱着图纸等在局长办公室门口。一天，郭副局长出来，看到我在门口，就说："你不要这样，我们正在开会讨论，会批的，你再找胡工程师谈一下，要他先同意。"又过了几天，康副局长通知我，局里同意了。

于是，8 月上旬就开始施工。坑口是全力以赴。东北来的风钻工提出用吊盘法掘进。经坑口研究，决定 598 — 678 用吊盘法，上一段 80 米仍用支护法。在掘进中，坑口又吸收了一些合理化建议，如利用风管在放炮后喷洒石灰乳，以消烟除尘；加挂安全防护网，等等。关矿长对安全工作抓得非常紧，记得有次安全科科长段志德去检查安全，发现支护不够稳，向他汇报后，他立即下令坑口停工一周，并派我去坑口督促他们进行处理，直到我向他汇报处理经过后，他才下令复工。10 月 5 日，经过 55 天奋战，用了 1.6 万元，两段溜井顺利贯通，放矿闸门格筛也架好，没有发生任何事故。次日关矿长和党委书记晨光、副矿长程希仁等到坑口验收。大家站在 758 中段格筛旁，个个笑容满面，石人嶂又有了新的起点。11 月中简易选厂也投产，石人嶂坑口正式投入生产。

石人嶂的建设一环扣一环。1955 年第四季度关矿长调走前，211 队已提交了正式地质报告，为建设选厂提供依据。石人嶂矿就提请长沙有色金属设计院进行建厂设计。当时长沙有色金属设计院认为此矿山矿量大少，达不到服务年限，就初步提出设计一个 125 吨/日选厂。苏联专家却认为矿山品位低，处理量小，会长期亏损，不如扩大规模，缩短寿命，还可盈利。于是设计院把规模定为 250 吨/日，寿命为 8.5 年（自投产之日起）。一切设施全按临时性考虑，于是我们提出加设手选皮带以降低成本，设计院认为这会进一步缩短寿命到 6 年以下，也不予考虑。

1956 年 6 月收到设计方案，9 月中南钨矿局召开基建会议。会上宣布了建厂的八个条件。但有一项例外，就是有了设计方案，外部条件、动力、压风已具备一定能力，建厂投资不多，可以考虑进行建设。这个"例外"对石人嶂很适合。还有一件事，就是当年中南钨矿局基建投资有余，于是提出哪个单位第四季度可以完成 100 万元投资额，就可补列入计划，石人嶂矿管基建的副矿长徐庆富去参加会议，认为这是千载难得的机会，就一口答应下来。他回矿后，大家得知这消息都是又喜又忧，忧的是哪里有能力一个季度完成 100 万元投资。矿长程希仁连日召集会议，讨论怎么办，算运力、算人力、算材料，真是困难重重。算到最后，发现只要完成全部土石方工程和坑内基建掘进工程，还有尾砂坝工程，就接近 100 万元。于是，到湖南找来宁乡工程队，开始建厂工程。

矿的基建科在自营土建工程中发挥了积极的作用，他们监督质量，一丝不苟。尾砂坝填土，坚决按填 30 厘米夯到 20 厘米的要求。索道支架基础混凝土要求不能用酸性水，他们在每个基础位置放上大木桶，引来坑内的酸性水后，加石灰处理过才使用。细矿仓立柱及筛分楼立柱要一次浇灌成，他们就在工地 24 小时指导施工。1957 年 8 月，全部采、选工程项目都高质量地完成，一次试车成功，顺利投入生产，广东有了第一座 250 吨/日机选厂。

在原来的设计中，这是个亏损的矿山，要避免亏损，唯一的方法是提高进厂矿石品位，于是机选厂一投产后，我们就在索道起点站处自行设计和建设一条手选皮带，还将洗矿涮下的泥染水用近2公里长的木槽引到机选厂集中处理。为了降低水费，又从选厂山后一条山沟中用木槽把水引到选厂高位水池从而减少扬水量。通过处处精打细算，终于使精矿成本下降，有了盈余。

石人嶂坑口，经过不懈的生产探矿和地质探矿，到1991年末，累计探明工业储量20854吨。到1990年末，共生产钨精矿18031吨。30多年来石人嶂钨矿向广东省内各厂矿输送了大批干部，也为兄弟厂培训了一批批的技工。在技术革新方面，也做出了很大成绩。从20世纪60年代初期的小型机械化开始，相继有双水内冷发电机、机械化掘进作业线、天井钻机、木铵化学注浆、高黏度乳化油炸药、振动放矿等较重大的成果。石人嶂钨矿对广东钨业有相当大的贡献。

当年，如果地质工作做细一些，工业储量绝不会这样少。由于矿量少，矿山寿命短，矿山的工业和民用建筑全按临时性的条件设计，一切因陋就简，全矿干部和工人就是在这样艰苦的生活条件下工作了近40年，这种苦干的精神，令人敬佩。

（作者退休前是有色金属工业广州公司教授级高工；此文刊于《钨业的崛起》，1993年）

我在石人嶂钨矿工作的回忆录

郑薰荪（又名：郑宝卞）

1953年，是建设新社会第一个五年计划开始之年。中央为统筹全国，先择重点进行，于1952年末即预先声明：凡指调之人员、各单位机关均不得私自留难。1953年元月，中南钨矿局调瑶岗仙主任矿长熊以锭及我火速来省。瑶岗仙是不愿我离开的。旋该矿副矿长陈有和、基建科科长朱名栋均来省要我仍返原矿。我说："驾轻就熟，实所凤愿；今既调局，只能服从上级分派。"他们又向局内要求，领导谓瑶岗仙之建设，目前已有基础，现中央规划之重点尤重于瑶岗仙，实难如请。即派我赴广东石人嶂开办新矿，并说明中央已派长征干部关开兴任主任矿长，派南下干部程希仁任副矿长，率部属八九人于去年从事该矿之筹备。

我抵广东后，见石人嶂钨矿办公处暂设始兴，距矿山尚有四五十华里，而两矿长均精明朴素，对我颇为热忱。当晚关矿长向我详细介绍，谓："石人嶂经多次勘探，确是丰富之宝藏，惜现在山上仅一土筑之破旧碉堡。所谓'筚路蓝缕，以启山林'，还未开始。目前急待举办之工程，一为始石公路（始兴至石人嶂），一为民用建设，如公路不通，则山上之给养无法接济；如民用建设不开始，则山上之职工无处安身。至于公路方面，已于去年由此间原有之游寿绵队工程师勘测数次，继而中南钨矿局又派工作队测量，游曾当队长，可能对该路情形较熟，拟由游协办该路工作。盼你休息数日后即赴矿山开始民用和工业建设。"我当即表示如命。翌日忽遇中南钨矿局派来之旧同事肖毓工程师，他乡遇故知，倍感亲切；当承他邀我在始兴酒店互叙离怀，始知他专为始石公路而来，到此才一星期。他说此次来此背了一个大包袱，目前该路路线尚有许多地段根本不能用，改之不胜其改，独木难支大厦之倾。今幸遇你老友，盼大力帮忙云云。我说："我已分派山上工作，缓日能否协助，容后再商，暂只有请你多费一番心力吧！"是时日已偏西，遂各依依分袂。

　　越二日，我上矿山，首将生活急需之临时厨室及寝处问题解决后，一面进行临时建筑，一面会商中南派来之探矿、采矿、地质各工程师，在深山密林、峭壁悬岩之矿区中，履巉岩、披蒙茸进行调查研究，以备总体设计。除此之外，还要选择民用建筑基地以备开工。至工业建筑之发电厂、压风机房、锻钎机房、机械工厂、工人休息室等地址，更须研究择定，以备为机械化开采打好基础。时将麦秋，关矿长忽来急信，谓："公路任务紧急，艰巨工程尚未着手，兹命游工程师来山接管民用建筑，盼你速来公路专负工程之责等情。"旋肖工程师亦赶来邀我即赴公路，谓："本路在十六公里以上全系艰巨工程，路线多在岩石触天侧临深溪之危岩中经过，原选之线实近儿戏。尤其建在河心2000余公尺之碛岸地段更不合理，倘遇山洪，定必全遭冲垮。其余尚须修改之处实难枚举，至各桥涵种类、地址等，均请重新考虑。目前我的全力，只能贯注顿岗大桥；十六公里以上的工程全赖老友主持。时促任重，我亦当协助"云云。言词之中，颇露愤慨之状。我说："事已如此，只有大家日夜淬砺，克服困难吧！"肖工程师对工作素认真，对朋友颇诚挚，对我尤为尊重。我查十六公里以上的工程确实困难。见容易地段大多开工，都是乱七八糟不合标准；且路线须修改处更不知几几。当号召全体施工人员发挥艰苦奋斗的精神和建设祖国的红心壮志，全心全意负责到底。我即在各开工处赶紧改线布置施工；至艰巨地段进行大规模改线之时，先在实地查勘，往返不下十余次，沉思默想，数夜未曾安眠，再三研究，进行三次改测，邀肖工程师实地会商，认为甚妥。正式施工时，我又修改一次，原拟建在河心2000余公尺之碛岸全部取消。新改路线，合计不过三四百公尺的零星碛岸；较原线缩短了距离，路基巩固了，河流畅通了，行车顺利了，尤节约了经费。至各桥涵之地址和大小，或移前、或推后、或加大、或缩小，综计全部修改，多达百分之六十。尤感滑稽的，路线在21公里零290公尺处，左侧靠紧山冲冲口通过，仅设30cm×40cm小石涵一道；不顾冲内小溪有长达2000余公尺之水源，还有800余万平方公尺之山面水，倘山洪一发，不独石涵冲毁，即该段路基大半定遭冲垮，可断言也。当报知领导，领导视察骇然，决改为长达3公尺的石墩桥。旋施工掘脚，脚深无底，我查冲口左右两岸，一系土山，一系石山，始悟人多欺善怕恶，水亦欺柔怕刚。水流湿，火就燥，数十万年来，水沿土山岸边冲洗，故溪底越洗越深。遂将桥位移靠石岸，不仅桥基有底，且利用天然石岸凿直修平作一边墩，无形之中节约了150余立方公尺之毛石砌体。工竣验收，验收人员尚称此桥质量良好，尤其天然岩石之边墩利用更妙云。

本路线从21公里零650公尺起，测两"之"字弯上山，此处系第一"之"字弯道。沿弯道前后两段之路线，一来一往几乎平行；两段之路基，一低一高相差颇巨。两段横距之间，地势颇陡，地质极松；前段建碌岸护基；后段建碌岸护土；护基底脚无法载重，向下崩裂，险象环生。再三思维，补救乏术。焦急之时，忽忆昔在鄂北修建公路时，陈崇武先生（系留学美国土木建筑师，是我的恩师好友，也是湖南爱国将领陈明仁将军的胞弟）常以"常识"二字启发我们，遂将护土碌岸改低作基础，沿着横距间的地势修建毛石斜撑三道；每道底宽五公尺，顶宽三公尺，厚一公尺，紧密嵌砌于护土、护基两碌岸之中。此种通权达变之措施，竟解决了转危为安之护基碌岸。"常识"二字，安可忽乎哉。

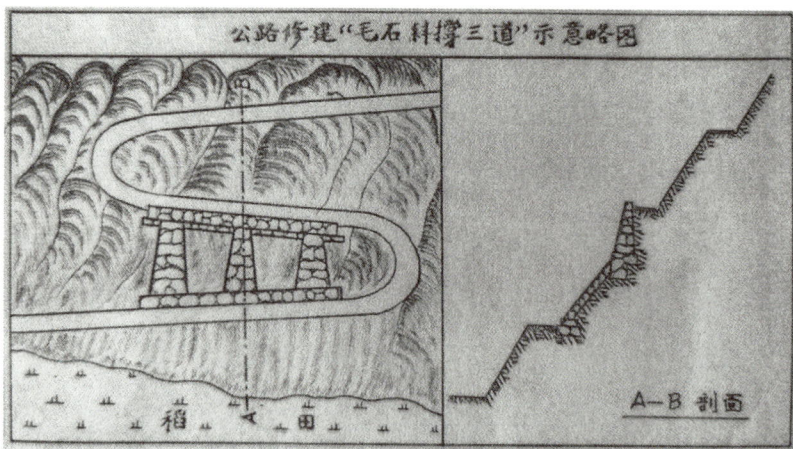

公路修建"毛石斜撑三道"示意略图

我于1953年5月，参加修建始石公路，至翌年三月结束，历时十一余月，有时尚须兼顾矿区工程。天晴汗流浃背，天雨沐雨栉风；每日朝出暮归，非午后六时无法返寓，每夜设计核算，非十一点以后无法安眠。倘遇紧急工作，常子夜三四时才能休息。在艰巨地段常冒险爬越高达20余米的危岩。精疲力竭，寒暑饱经，常因公而病，力疾从公不下三四次。总算工程顺利告竣，运输如期通车。举行通车典礼之时，沿途高搭牌楼以志庆祝。最后牌楼正映石人嶂第一高峰莲花顶，莲花顶乃石人嶂之宝藏，领导命我撰联题于牌楼：

事在人为、人力胜天，任它顽石崎岖，都成康庄大道。

工竣欢腾、欢声震地，喜看莲花献宝，畅通全国资源。

　　1954 年春，本矿自开办以来第一次评功表模，尚以工作模范评我，还奖以金钱、钢笔、衣履等物。自问对工作上总稍尽了一点螺丝钉的职责；然回顾长征战士，爬雪山、越草地、抛头颅、洒热血，以建祖国之丰功伟绩，大有深愧焉。

　　本矿所辖坑口，除石人嶂本山外，其他如师姑山、河口山、梅子窝、棉土窝、文政坑、南山坑等概归所辖。星罗棋布，互隔十余华里或六七十华里不一，均拟机械化开采，或加机械化选矿与运矿。步骤当按重点依次进行。石人嶂坑口之始石公路既已通车，第二步急需工程，如动力发电厂、压风机房、锻钎机房、机械厂、冷却池、油库，以及第一批宿舍等，均由中南第一工程公司承包施工。订 1954 年 4 月开工，限本年全部完成。其余工程概由本矿自营。

20 世纪 50 年代初人工开凿的石人嶂悬崖峭壁公路（摄影：徐志文）

梅子窝坑口的"竹海"路（摄影：徐志文）

梅子窝坑口山路十八弯（摄影：徐志文）

蜿蜒曲折的师姑山坑口山路（摄影：徐志文）

1955 年，本矿所辖各处工程，无论基建或技措，都是自行设计和自营。单位多、工程难、改变多、设计繁，全年工程承领导之谆谆指示，经同事之全体努力，总算尚少贻误。适用、经济、美观，固是我们的目的。至云尽如人意，难免不有怀疑。在我个人，也只有俗所谓"总求无愧我心"而已。

"顿岗"是石人嶂地区汽车交通之中心，顿师公路（顿岗—师姑山）是师姑山贯通中心之要道，领导对此路线颇为重视。1954 年夏，即命测量科组织 30 余人从事该路之测量，历时半载始告竣事。1955 年 11 月，中南第二工程公司与本矿签订承建师姑山 80 吨/日选厂，及压风机房、锻钎机房与动力发电厂等工程。订 1956 年春开工，是年秋完成。唯机器运输由本矿负责，故顿师公路之修建，刻不容缓。领导将原测该路之成果交我审核开工，我按成果审核一遍，复赴实地检查一番，心甚骇然！查该公路之地势固属险恶，而原测成果：有坡度 38°以上者；通过杨洞岩石山坳有拟切深 20 公尺、切长 700 余公尺，而坡度仍是 20°以上者；有一来一往的"之"字弯道，两线相隔仅二三公尺者。此种测量设计，我诚不知实地如何施工，汽车如何行使。报明情况，领导亦感惊讶。遂商定如作公路重测，则时间不许；只有权作交通路线修筑，暂利机器运输。本此意旨，领导命我即赴赣州向中南钨矿局商妥后，遂于 1956 年春节起，一面测量，一面开工，遇地形可作公路者，即按公路规章修建；倘地势只便人力运输者，即作交通路施工。且力求捷径，以免浪费。但值此春节，原有工人多回乡度岁，现留工地者不过二三十人。

正若赶工乏人之时，领导忽于农历新正初九薄暮专来急信，谓："有民二三千人，只允从明早起工作三天，人多时促，恐工地一时布置不及，不知你意如何？"我见时机难得，当复信"拟今晚准备通宵，明早定可开工"等情。随即召集已有工人及技术员三人会商，拟从顿岗起至桩号 2700 百公尺止，分成十小段，每段长度按工程大小分配，在原有老工人中挑选经验丰富者十人负各分段之责；技术员负各分段技术指导，我则除负全线指导之责外，准今宵将各桩号的填切标高数字及填切和借土横距之数字，详细核算列表，交各工段应用。计划宣布后，即激励各员工能否有此毅力完成此次之急务？皆曰："能。"本来事在人为，翌早三更造饭、五更出工，群情激昂，歌声震天。结果：3000 民工之中，除因农事紧急仅工作三天外，其余农事较缓者竟工作了七八天。综计完成土方 22000 余公方，其中包括修改河道一段，节约小桥 2 座，抢修即将灌水的水田路基 700 公尺。对整个工程确起了伟大奠基之作用，还减少了许多困难问题。谚云"众志成城"，殊非虚语。本年 5 月，交通路线全部将完之时，领导又以师姑山建厂工程派我任技术指导之责。是时我患头痛之疾甚剧，只得力疾从公。中秋工竣，病仍未愈，恐误要公，欲避贤路。领导不允，慰暂休养。

时至 11 月，念及交通中心之顿岗对师姑山正式公路仍无法通车，颇感遗憾。拟提前将该路路线选通，工作未及数日，至是月 16 日，领导忽于一日之中两次专函命我暂停选线赶赴石人嶂坑口工作。缘以前中央冶金部规定：凡国营厂矿企业之工程，概须中南工程公司承做；故石人嶂坑口 250 吨/日选厂工程亦交中南第二工程公司承办。但该公司所做师姑山的工程已亏十余万元，不允再试；且见此间工程之大和困难较师姑山超过三倍，更不敢尝试。呈报中央，中央批命本矿自营，领导命我兼基建第一工作站副站长。是时前任矿长关开兴同志已调广东任冶金厅厅长，他闻知此事，也很替我们担忧。其实我对选厂工程也乏经验，事已如此，只有竭尽庸驽、日夜淬砺以赴。深幸矿内领导有方，同事努力，至 1957 年 5 月末，除安装工程外，所有机选厂、架空索道、蓄水池、蓄水坝、尾砂坝，以及附属建筑各工程，均大致完成。但师姑山公路工程，领导仍盼我主持，希在本年通车。故本月底，我仍赴该路，一面选线，一面设计，一面施工，常在群山万壑、密林高山之中，不避骄阳酷暑，不避暴雨狂风，总幸全部路线选通，工程进行不少。时至 7 月，基建站函我速回，参加试车工作。遂于当月 14 日返站，从 15 日起进行架空索道试车，继而选厂各分段试车，经十天之努力，本矿区全厂试重车；均感质量良好，可即投入生产。我于 25 日仍返公路，展开全线施工。近数年来，我因疲劳过度，寒暑屡侵，至 8 月 18 日，忽头痛腹胀，神智昏迷，病倒工地。当送始兴疗养所诊治，一连卧病 50 余天，打针 60 余次，服药无数。旋病情稍好，屡请出院，主任医师坚不许可；至 10 月 12 日因公路工程万分紧急，始配备药品，权允暂回工地。我将未完的技术设计全部完成，困难问题全部解决，交同事雷君振声接管施工。并于是月底，将请求退休的文件呈报领导，领导派车接我回矿休养，旋见病情颇重，退休情殷，始允所请。除派专车送韶关医院复诊外，还嘱仍暂住矿。

《我在石人嶂钨矿工作的回忆录》部分手稿图

　　1958年2月1日，矿内召开首届第二次全矿职工代表大会及评功表模大会，我被选为代表之一。今年为跃进年，生产任务增加54%，基建任务亦骤加甚巨，如文政坑、梅子窝各建125吨/日选厂，师姑山由原选厂扩建为250吨/日，概须本矿设计和自营。领导仍坚留我再任职一年，我再三思维，以社会主义建设，是人人应尽之天职，况党常以树雄心立壮志的精神教导我们，革命老前辈在金戈铁马的革命战争中度过了一生，现年已耄耋者犹辛勤工作不倦。我又何人，能不遵从意旨，竭尽毕生之天职耶？今年的任务是艰巨的，因各坑口情况不同，选厂设备亦异，还有许多工作尚须摸索前进。今年的口号是：干劲加技术加走群众路线；节约方面，不仅"摘西瓜"，还要"捡芝麻"。我将师姑山选厂扩建工程首先设计完成后，一面派员施工，一面赶赴该山布置工作，并核定各种机座单价，解决各项困难问题后，即协助设计文政坑选厂工程。时至6月，参加反右斗争半月。7月5日，全科人员迁文政坑工地，以利文政坑、梅子窝两处设计和施工，兼顾罗文（罗坝—文政坑）、文梅（文政坑—梅子窝）两公路之修建。今年的口号固是正确的，但我认为不宜胶柱鼓瑟；应通权达变，理论联系实际；应高瞻远瞩，不违反质量常规。所以我对文政坑工程，有关这些方面感到不满，曾争论数次。对梅子窝选厂地址问题，也感到考虑欠周，结果该选厂本年仍未完成。所幸其余各工程，均顺利竣事。

　　同年10月16日，本矿召开第二届职工代表大会，我又被选为代表之一，特于开幕前一日回矿。查今年生产任务之完成较去年同期超过60%，单机掘进达到10.5公尺，基建投资亦自动节减四五十万元。还就明年的生产和基建任务作了详细的规划，本年未完的基建任务跨年度完成作了周密的安排。所幸本矿基建，除梅子窝选厂须加设计，文政坑选厂须完成结尾的安装工程外，其余均已机械化生产。我因年衰脑痛之疾，亦遂退休之愿。

　　光阴似箭，我到石人嶂不觉6年。回顾初到之时，仅一摇摇欲坠之破旧碉堡；山深岭峻，路恶羊肠，人烟荒芜。现在公路四通八达，每日班车达三四次之多。银行、粮店、邮局、书店、卫生所、幼儿园、子弟小学、百货公司、电影礼堂等，应有尽有。昔日人迹罕见之区，变成了今日熙来攘往之繁荣市镇。忆去年国庆节，本矿报刊主笔屡向我征诗，我对诗词一道本属门外汉，勉成《咏石人嶂》打油诗一首，以资补白。

咏石人嶂

莲峰高耸石人嶂，宝藏丰饶发掘忙。

万火金光闪山岳，千幢万栋焕平阳。

矿机活跃如狮舞，索道循环若鸟翔。

不尽资源工业化，更祈祖国日荣昌。

由此可见新中国之建设，飞速巨变。真不愧为伟大的党，伟大的人民，伟大的中华人民共和国。

我于1959年春退休回湘，此番在石人嶂历时总不甚长，也不甚短。承组织之关怀，真是无微不至；在矿内办公，经党政决定不限时间，因事外出派专车送接，寝食方面亦特别照顾。我对工作方面，无论每年或每季度评模，总均得工作模范或先进工作者之称号以资报答。而党政如此优厚，实愧贡献少、受惠多，真惭感无既。党委书记兼主任矿长程希仁同志对我尤关怀倍切，举行饯别之时，发表了许多感念之词和希我仍助之语。尤其临别前夕之欢宴会上，再三谆嘱，仍须时常来矿协助。翌早依依惜别之顷，我拟四言，以答器重之雅意：

<blockquote>
顶上莲花长挂云，窝前梅子久飘香。①
即无遵嘱频相助，也应常来共赞襄。
</blockquote>

（作者是石人嶂钨矿建矿初期的工程师、基建科科长、公路修建段长、重大工程项目修建技术专家等；此回忆录撰写于1965年国庆，全文为毛笔小楷所写）

父亲在石人嶂钨矿创业时期的惊险故事

周国金

我的父亲周梅初在风华正茂时，自觉服从组织安排，1953年首批一行36人，从湖南锡矿山调到广东省始兴县石人嶂钨矿工作。从此扎根在坑口千米井下，奋斗拼搏积劳成疾至身染三期矽肺病而退休。

父亲是一名风钻工，更是一名出色的爆破手。虽出生在旧社会，大字不识文盲一介，却在新社会孜孜以求、求学上进，因在当时爆破技术上有创新发明的突出贡献，曾到广州出席过省劳模大会。那时的我很小，记忆最深刻的是，家里木板房的墙上那两张醒目的奖状。毛笔黑体字写着父亲的名字，奖状的右下方盖着广东冶金工业厅字样的大红印章，及同样的毛笔黑体字写着矿长、工程师程希仁的大名，以及一

周梅初在石人嶂钨矿留影

---

① 莲花顶、梅子窝，是本矿产钨最丰富之矿区。

个保存了很久印着毛主席、朱德总司令头像的硬壳笔记本。

50年代建矿初期，井下工作环境非常艰苦、恶劣，父亲是爆破手，有时放完炮后，因质量或其他因素导致炮不响，排哑炮的事司空见惯。父亲几次排哑炮，死里逃生，也曾多次听他抚今悼昔、百感交集、感慨万千。

从湖南锡矿山调入石人嶂钨矿工作的部分同事合影
（1953年，其中前左一为袁益云，后左四为周梅初）

第一次在井下作业时，父亲按操作规程在现场放了三发炮，结果只响了两发，一发未爆，在耐心等待规定的时间过后，父亲即前往哑炮位置，那时用的全是火雷管。引线一经点燃后，随着滋滋的响声就会自然左右移动。一般都是就地取材，捡个小石头压在引线上做固定。那天，父亲小心翼翼地刚把哑炮引线上的小石头轻轻挪开，意外发生了，还有丁点火星（未完全熄灭）的引线头，随着石头的移开瞬间又死灰复燃，且火点离炮口仅有几厘米。情况万分危急！哪怕你有通天本领，此时也在劫难逃。父亲当时脑海里一片空白，屏住呼吸、双眼紧闭，只剩一个念头：完了，粉身碎骨，必死无疑！空气似乎凝固了。

几秒钟过去了，几分钟过去了，该发生的一切没有发生，父亲闭着的眼睛慢慢睁开，怎么啦，是在做噩梦？使劲用双手把眼睛再揉揉，两脚试着往前迈一步，低头仔细一看，原来引线在爆破前又不可思议的奇迹般灭了。天助我呀！突如其来的巨大惊喜使父亲当即倒地，瘫坐如泥。

　　那时我们的父辈多苦呀！井下作业连起码的供电需求都无法保障。每天要自备必不可少的手提电石灯。父亲每天上班前，把拳头大、呈浅蓝色、石头般硬的电石，一块块敲碎，装入黄铜做的电石灯里。电石一接触水就滋滋作响，冒出气泡，气味刺鼻，这样的情景至今仍深深烙在我的脑海。

早期的电石灯和矿工帽（摄影：徐志文）

矿原石（摄影：徐志文）

　　惊心动魄的生死劫还有一次——与往常一样，这天放完炮，顺利地完成了一天辛苦的工作，下班返回途中，手中的电石灯像有意捉弄人似的自动灭了，父亲多次说到，那时井下作业生产设施、安保防护极其简陋落后，泥湿水漫的地面通行道纵横交错，四周险象环生，潜在的隐患无处不在、防不胜防；初来乍到的人进入窿洞，即使有照明也根本看不清前后左右。此时眼前一片漆黑，别无选择，只能仗着天生的无畏勇气，凭着日复一日的穿梭往返，对路况的熟悉，一路摸索着艰难前行。走着走着，一个趔趄，突然脚下一空，踩入了倒矿石的天井，来不及倒吸一口凉气，本能强烈的求生欲望让父亲在命悬一线、千钧一发的刹那，不容思考，机智果敢，如同顶级武功高手般两手奋力向前往上一攀，奇迹再次出现——仅存的一根半截木头终被他死死抓住了。否则从万丈深渊般无底洞的天井掉下去，可是连骨头渣都捡不回呀！

　　今天，我再次回忆父亲两次与死神擦肩而过的惊险历程，仍心有余悸、冷汗涔涔。

　　可亲可敬的父亲，悲哉！壮哉！幸哉！您艰苦创业、勇往直前、无私奉献的崇高品德将永远激励、永远感召我！

　　永远怀念我们的父辈！

守望家园的矿友妻儿合
影（右二为周梅初妻子）

周梅初全家福（后排中为本文作者周国金）

（此文刊于《韶关日报》，2019 年 2 月 24 日）

廖迈父亲的回忆录（节选）

廖　迈

　　1954 年 1 月 3 日，车抵韶关已是下午，从这里要转汽车去始兴，我们就在车站附近找个小旅店歇宿。旅店老板是湖南人，见了老乡非常热情。汽车站离火车站很近，次日就乘汽车去始兴（65 公里），中途站叫平甫。到达始兴站雇了挑夫把行李送到离车站一里多路的一座 5 层楼的大碉堡内，这就是石人嶂钨矿的矿本部办公室。

　　我们到人事科报了到后，由行政福利科派一个青年小伙（冼绍豪）带领我们到对面的罗家祠宿舍挑选房间。这祠堂规模很大，有正厅，有左右厢房，3 行又分上中下 3 栋，全部由矿山租用。看了一圈，最后我还是选定正厅中栋右侧的一大间，这就是我们四人的宿舍。

　　安顿下来后，我马上去县城观光：哎，真够呛！猪、鸡、鸭满街跑，百货公司门面不到 3 米宽，邮局在一个麻石高门槛的旧屋里……由首都北京来到始兴，无异是从天堂来到地狱！这反差也太大了吧！

　　我对淑君说：始兴始兴，也许我们的家庭和工作从此开始兴旺吧！就这样聊以解嘲……

难忘的足迹（节选）

唐贤才

搞勘测　几赴石人嶂

1953 年上半年，我先后和彭达义、王治平及采矿科的饶武岳、姚珍治、彭源本等同学参加设计组，出差广东石人嶂钨矿进行勘测设计。那时出差矿山要自带被子等全套生活用品。自己买好油布，打好被包，局里用车送到火车站托运。到达终点后，没有公路，只能步行上矿山。

当时，石人嶂钨矿只是一个筹备处，设在韶关。矿山是一片群山密林，尚未开发建设，没有房屋，没有公路，没有供水和供电。首先的任务是测量和设计始兴到石人嶂钨矿的公路，我和王治平参加了这项工作。住宿和办公在始兴县城的一座土筑墙的碉堡式房子里（即县城高营的围楼——汇川别墅）。据说这种房子是解放前有钱人家的，土墙约有 50 厘米厚，分层埋有竹筋，没有窗户，外墙上只有小小的墙洞，据说是防土匪用的枪眼。夏天室内较热，夜间照明用煤油灯。

从长沙出发时天气还很寒冷，到了广东，气温虽然高一些，但我们外出测量仍然穿着冬装，公路经过水稻田，我们脱去鞋子，挽起裤脚，下到水田里，拉尺、打桩，如此循序渐进，把纵横断面和桩点的水准标高全部测量完以后，在周工程师的指导下做公路设计。计算、制图、描图、晒图全过程都在碉堡式房子里完成。

公路设计接近完成时，局里派来了有丰富施工经验的肖工程师，指导公路施工，新修的公路掩盖了我们这些年轻测量者的足迹，可惜，公路修通后，我再也没有去过那里。

第二项任务是进行石人嶂钨矿矿区地形的测量。当时，矿山要搞勘探、开发建设，地形图的测绘迫在眉睫，在袁队长的指导下，姚珍治、彭源本等同学都是这项工作的主力。为开展工作，山上临时搭建了简易的宿舍兼办公室、厨房和食堂，请广东的民工做饭，他们做出的饭菜都比较生，我们吃不惯，当然谈不上吃饱吃好了。我们每天背着仪器和测量工具，早出晚归。清早天蒙蒙亮起床吃一点饭就出发，每天在一个又一个的山头和山谷间爬上爬下。没有水喝，也没午饭吃，一直工作到天黑才回营地。

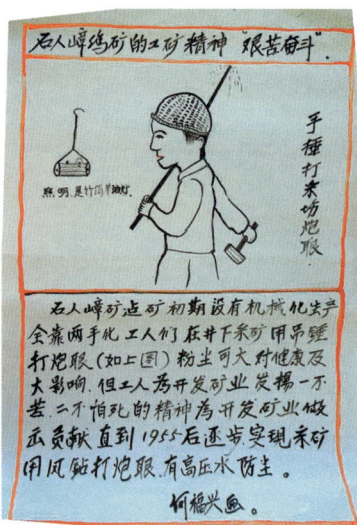

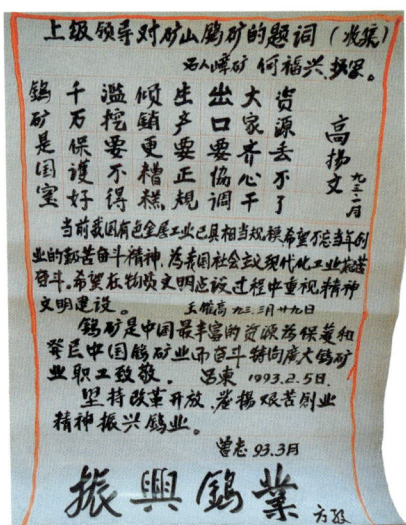

矿友何福兴手绘石人嶂钨矿的工矿精神和部分上级领导对石人嶂钨矿的题词

　　在群山密林的矿区测量地形，最大的麻烦就是树木阻挡仪器视线。解决的办法就是要专人去扫除障碍。彭源本肩负起了这一重任，他每天身带钢皮尺和一把斧头，扛一根5米长的塔尺，我们在这个山头上摆仪器观测，他就在那个要测的山头上立尺，多是爬上大树，对着我们所在的方向把大树枝砍断，树枝倒下，就是联通信号。待我们看清目标，观测他竖立在树上的塔尺读数，记好后，以双手合拢高举头顶向他示意。这时，因塔尺是立在树上的，他还要把从塔尺底到地面的一段高度量准记好。所以说，野外工作辛苦，彭源本比我们更辛苦。晚上一起做内业、计算、勾绘，直至后来通宵描绘好地形图，这当中，姚珍治从做控制网开始到测绘地形等高线，做了大量计算工作。我们终于以集体的辛苦和智慧，圆满测绘好了石人嶂钨矿矿区的第一张地形图。

　　之后，设计组选定了一块宿舍用地。梁涛楫工程师（当年设计锡矿山文化官的建筑师）设计了一批单身宿舍，要我测绘那块地的地形图并做总平面施工图。我测好1/500地形图，布置好单身宿舍，完成了石人嶂钨矿的第一张单身宿舍总平面施工图。

　　公路和矿区地形图的标高都必须是海拔标高。我奉命与两名测量工一起，从距始兴约10公里的地方，将海拔标高引测到始兴祠堂的石阶上。

　　设计组工作结束后，石人嶂钨矿筹备处在始兴招待我们，为我们送行。记得当时只有餐桌没有凳子，大家站着用餐，我与饶武岳在同一桌，他的幽默风趣在席间引起阵阵笑声。

（此文刊于《中南军政委员会工业部第五工业学校风云录》，2008年）

我的选矿生涯

袁日安

我 1932 年出生，湖南隆回人。

1949 年 12 月从湖南新化高平中学毕业，1950 年春考入湖南省立"新化高工"，1951 年夏考入中南五工校，学习采矿专业。20 世纪 60 年代在中南矿冶学院函授部选矿专业学习。

1952 年底从中南五工校毕业后即在广东石人嶂钨矿从事选矿技术工作，先后在选矿车间、生产技术科、技术监督科、五六零工程设计组、总工程师室任技术员、工程师、高级工程师，主管选矿技术工作，一直到 1992 年退休，一生都献给了石人嶂钨矿的选矿事业。

20 世纪 50 年代参与设计、施工了多个半机械化选厂；60—80 年代主持设计、施工了日处理 125 吨、250 吨、500 吨矿石的不同规模机械化选厂，其中 1970 年 125 吨/日机选厂设计、施工得到了广东省和冶金部的好评。

工作期间，我曾多次参加省、部选矿学术会议和冶金部、中央有色局的选矿年评。其间撰写的论文《原矿自动卸矿—圆筒筛洗矿分级—皮带选矿的一条龙作业线》，刊于 1983 年《有色金属》期刊上。《解放思想鼓足干劲，多快好省建选厂》一文编入广东有色局主编的《钨的崛起》一书。还编写了《广东有色金属》中的钨铜选矿部分、《始兴县志》中"石人嶂钨矿开发史"以及《石人嶂钨矿矿史》。退休后，应聘设计施工了广东平远日处理 50 吨珍珠岩及广西柳州宣武铜选厂技术改造工程，提高了铜的回收率和精矿质量。

（此文刊于《中南军政委员会工业部第五工业学校风云录》，2008 年）

记石人嶂钨矿的"手选厂"

袁日安

石人嶂坑口是石人嶂钨矿的主要矿区，1953 年石人嶂钨矿成立后，将它收归国营。1955 年 7 月结束基建坑探，转入生产。

石人嶂地形陡峭。最低的探矿平窿和原来民窿生产区"戏台棚"之间高差近 300 米，仅有一条不足一米宽的曲折小径可通行。全靠肩挑背扛运送材料，而且山上缺水，生产条件非常困难。

基建坑探的一年多时间，处理附产矿石和整理民窿采区所产矿石，只是在各窿口方不足丈的小坪上，矿石用竹箕在矮桶中冲洗一下，然后倒在木板上，捡出花砂，就地锤碎、桶洗，得到的毛砂再从窿口挑下来。这时，手工处理矿石能回收多少算多少，没有办法提高回收率。

1955 年 7 月，坑探结束，探获储量不多，不能再增加探矿作业量，而且整个矿山建设也成了问题。那时石人嶂钨矿已形成几个坑口组成的矿山，但只有石人嶂坑口是有机械化采矿能力的矿山。为了维持整个矿的存在，矿党委决定石人嶂坑口尽快转入生产，矿长关开兴果断地决定抓好两项关键工程。一个是 160 米高溜矿井的建设，以转运上部的矿石；另一个是在距主平窿口约 150 米的小山脊上顺山势建一个"手选厂"，并要求这两项工程从 8 月末开始设计，到 11 月建成。

在 20 世纪 50 年代，"计划就是法律"，"上级决定必须坚决完成，只能提前，不许拖后；只能搞好，不能做坏"的观点深深印在我们的头脑中，必须克服困难完成两项工程建设任务。1955 年，石人嶂钨矿的技术主力是 1952 年从湖南新化锡矿山工校毕业的 5 个采、选、机电、土木技术人员。是年 8 月底，在矿生产科直接领导下成立了设计兼施工组，我们这几个年轻人即搬到坑口（矿本部在始兴县城）进行现场设计和施工指导。我们抱定了不辜负上级的期望，不完成任务不下山的决心，不分昼夜地工作。我们通力合作，互相商讨。从现场勘查、地形测量、选矿试验、图纸绘制、厂房建设到设备安装，只用了 70 天时间，于 11 月中旬提前完成任务，建成厂房 284 平方米，安装了老虎口、对辊机、摇动筛、地中衡和全套试料加工设备；制造了匀分槽、铺布淘汰盘等木质细泥处理设备；还建成了容积 10 万立方米的尾矿库。一座日处理 10～120 吨合格矿石、部分机械化的选厂顺利投产，与早 10 多天完成的高溜井配合，形成石人嶂坑口的生产能力，顺利转入生产。这个选厂在石人嶂习称为"手选厂"，以区别于心目中期望的机选厂。

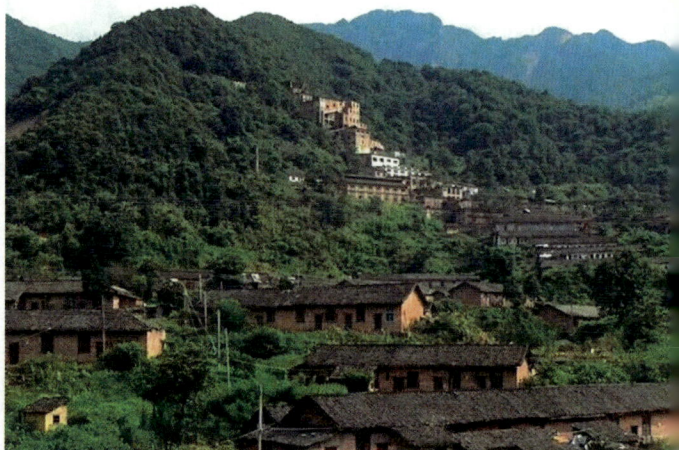

石人嶂坑口选厂

选厂投产后，为了加强管理，成立第一选矿车间，与石人嶂采矿坑口并列，直属矿本部领导，使坑口、车间互相监督，互为促进。1955 年又按中南钨矿局的部署，成立技术监督科，车间设技术监督站，配备专门人员从事进厂矿石的计量、取样、化验等工作。从此，选厂认真贯彻技术规程和操作规程；开展了回收率按班测算，定期的流程查定；按月进行金属平衡，管理水平稳步提高。

我们在"手选厂"设计时就考虑到三项基本要求，即流程先进，生产指标好；方便操作，减轻体力劳动；因陋就简，节约资金。根据流程先进，生产指标好的要求，我们采用的流程是废石早丢多丢，金属早收多收，分级选别，细泥归队，分别处理。特别是细泥处理，推广了中南钨矿局 1954 年在湘西钨矿召开选矿会议时推荐的木质设备。根据方便操作，减轻体力劳动的要求，我们尽可能利用地形高差，自溜自流，连续作业。这样，废石用溜槽自溜到废石场，尾矿自流到尾矿池，减轻劳动强度，节约劳动力。对 2~20 毫米的矿石使用手摇跳汰桶代替竹筛桶洗，改善了劳动条件。设计的厂房尽可能采用木柱、板墙、杉皮顶。除了破碎设备外，自制了摇动筛和细泥处理的木质设备，全部投资仅用 2 万余元。

选厂投产后，选矿回收率达 75%，粗精矿品位达到 WO_3 45 度的粗精矿送到设在始兴的精选车间，与其他矿山坑口及收购民窿的毛砂一并处理。省内其他矿山曾多次派人参观学习。

1956 年初，我们根据印尼归侨工人张松龙画的一张印尼砂锡矿用的罗奥斯型跳汰机草图，试制了一台每室 200×200 毫米的双室小型跳汰机，试用效果很好。于是，又做了两台每室 600×600 毫米的生产用机，每小时处理 4~6 吨矿石，钨作业回收率达到 60% 左右，取代了手摇跳汰桶。此后，这种设备又推广到师姑山、河口山，省内有些矿山也仿制使用。

一些退出坑内作业的轻度矽肺工人或老龄工人，在操作铺布淘汰盘和匀分槽过程中，以高度负责的精神，实行一班之中各个槽轮流不断的清洗和分段清洗，工作不停，大大提高了回收率和产品品位，他们又提出用灯芯绒代替白布用于铺布淘汰盘。此后，又取消用布，改在盘上刻槽，既节约了布料，又提高了产品质量。

随着"手选厂"管理水平的提高，工人操作技术也更熟练，设备和工作环境也在改善，1957 年，增加了处理 2 毫米以下的矿砂摇床。选矿流程不仅达到中南钨矿局生产处 1953 年提出的 30 吨选厂建议流程的要求，而且增添了细泥处理部分的工艺。在国务院于 1956 年召开防止厂、矿企业中矽尘危害会议之后，又对厂内粉尘点进行喷雾洒水，对石料加工设备进行密闭防尘。

通过加强管理、革新技术，生产指标不断提高，三班仅有 45 名工人作业，日处理 120 吨原矿，粗精矿的回收率达到 78%~80%，年产粗精矿 320 吨以上，规模为 250 吨/日的机选厂于 1957 年 8 月投产，到 1961 年末，一共生产粗精矿 1600 吨。

"手选厂"的生产使石人嶂坑口有条件进行生产探矿，扩大储量，并积累了比较丰富的选矿经验和资料，为后来机选厂的建设提供了条件。这个"手选厂"对石人嶂钨矿的建设起到了积极作用。

（作者是石人嶂钨矿选矿高级工程师，此文刊于《钨业的崛起》，1993 年）

由赣南粤北到海南——我的勘探之路（节选）

吴启丰

广东探宝"五层楼"

不久，我调广东冶金地质勘探公司（以下简称"广东公司"），在广东省从事地质勘探工作十四年……

1962—1965 年对始兴石人嶂钨矿进行补充勘探，经过三年的工作与研究，首先提出黑钨矿脉状矿床垂直"五层楼"的找矿模式，在此基础上发现了西部大断层，从而找到南组主矿带向西延展 100 多米的未经开采的处女矿带；并回过头来，对南组主矿带细脉带（最具工业意义矿带）上部进行加密工程（坑探）；与此同时，对新矿带的勘探工作发现新增加了储量，从而，石人嶂钨矿由一个生产危急矿山变为一个大型钨矿床。"五层楼"找矿模式不仅在相邻的梅子窝钨矿以及锯板坑钨矿得到进一步认证，而且在江西省漂塘、木梓园矿区也得到了认证。

（此文刊于《中南军政委员会工业部第五工业学校风云录》，2008 年）

难忘蕉树窝　铭记地质队

谭康发

石人嶂钨矿由于历史及多年开采等原因，当时也面临资源枯竭的问题。要延长矿山的开采时间，就必须要寻找新的矿源。因此，矿山成立自己的地质队，就是为了围绕矿区外围寻找新的矿源点，增加矿产储量，延长矿山寿命。

石人嶂钨矿地质队（记忆画，作者：刘烈华）

1976 年底，100 多名青年男女从四面八方聚集到石人嶂钨矿地质队新建的办公大楼报到。他（她）们都是本矿干部职工子弟——有的是省冶金工业局分配到地质队的大中专毕业生，有的是从本矿各个科室抽调的工程技术人员及各坑口的生产骨干，还有的是从湖南、江西及广东各个地方而来的老矿工后代，年龄最小的还不到 16 岁。1976 年的招工，是石人嶂钨矿有史以来规模最大的一次。目的就是解决本矿职工子女就业问题，这是老矿工们多年想解决而又无法解决的实际困难。因此，石人嶂钨矿成立地质队这个新的机构，是深受广大老矿工欢迎与支持的。这批新工人入队后，通过短期培训及老工人传帮带，很快就熟悉了自己的岗位与操作技能。就是这样一支共 100 多人以年轻人为主组建的队伍，他们不畏艰苦，翻山越岭，毅然来到荒无人烟的蕉树窝安营扎寨。于是，才有了石人嶂钨矿地质队的故事。

蕉树窝，是典型的荒山野林，历来很少人涉足过这个地方；方圆十公里内没有村庄，没有村民；距离石人嶂钨矿的梅子窝坑口最近处也有约五公里。这样的环境，谈不上有公路，当时就连一条简易的山路便道都寻找不到。

经过地质组、测量组攀崖爬山多次考察与选点，最终将钻探基地设立在蕉树窝。一二十吨的钻探设备、各种材料、所有生产配套设施等，如何能顺利地从梅子窝搬运进蕉树窝呢？这是他们要面对的第一道难关——开辟道路。经过测量组翻山越岭勘测与选点，多种方案的比较，最终绘出由梅子窝通往蕉树窝的线路图。方案确定后，以修路班为主、其他班员为辅，全凭一把柴刀，披荆斩棘，一把锄头，一锄一锄地挖掘出一条崎岖的山路。山路区区六七公里，不算长，也不算宽，却凝聚着他们的聪明智慧，浸透了他们的青春汗水。整条山路，翻越过无数的山峰，穿越过无数的野林，经历了二十一道弯。从此，山不再高，路也不再远，大大地拉近了梅子窝与蕉树窝的距离。有了这条山路，就从根本上满足了钻探设备、材料、生产配套设施的搬运及后勤保障的一切需要。

机台搬家——人扛肩抬搬运大型设备

翻山越岭、跋山涉水进行测绘

地质队员住的简易工棚　　　　　　　　地质队队员合影

　　石人嶂钨矿地质队要面对的第二道难关——高强度的体力劳动。地质队下设技术组、槽探班、修路班、搬运班、机台班、维修加工班等班组，他们既有明确的分工又有通力合作精神。但不管哪个班组、岗位的劳动强度与辛苦都是常人难以想象的。如笨重的钻探设备、钻塔、钻杆、套管、住房配套设施等，从梅子窝搬进蕉树窝的过程中，全靠人挑肩抬，挥汗如雨。笨重的主要设备通常由八个人来抬，每前进一步，都要耗费惊人的体力。他们就是用这种坚强的意志，艰难地将这些设备、设施、材料抬（扛、挑）进蕉树窝的。而且，个个干得苦中有乐，乐中充满着艰辛；个个都要出大力、流大汗。技术组的同事也不例外，他们每天背上背包，里面装有各种仪器，手拿一把锤子、一把柴刀，翻山越岭、攀崖走壁，寻找第一手资料；维修加工班的同事则日以继夜地加工机台所需的材料、工具。遇到机台搬迁时，笨重的钻探设备、钻塔全部要拆卸下来，从这个机坪搬运到新的机坪重新安装，搬运过程中全靠人扛肩抬，别无选择。

难忘队友情

皑皑白雪覆盖了地质队员住的简易工棚

技术员刘向红（前）和吕锦霞

地质队充满青春活力的女队员合影

恶劣的工作环境，艰苦的生活条件——令常人很难相信竟有一支这样年轻的团队在这里工作、拼搏、生活了几年。他们住的是用杉皮、毛竹搭起来的简易工棚，既不能挡风又不能遮雨。雨天，外面下大雨，屋里下小雨；夏天，外面烈日炎炎，屋里酷似火炉；冬天，外面大雪纷飞，屋里空气凝冰。白天，石人嶂钨矿地质队队员风里来，雨里去，翻山越岭，风雨无阻，迎旭日东升而出，随日落西山而归；一身整洁的工装出去，带回一身汗水、泥水。虽然经过一天的劳累，但他们身上仍然散发出青春般的活力。晚上，既没有电也没有任何娱乐设施，但他们自弹自唱，苦中作乐。歌声、欢乐声、笑声在整个山沟里回荡；唱累了，乐累了，笑累了，夜也静了，各自怀着一天的快乐与疲劳，才慢慢地进入梦乡。

地质队最大的收获是在梅子窝外围深部打出了一个钨含量很高的岩芯，取得这个样本，对560选厂的建立起了决定性的作用。因为原来评估梅子窝储量的资料不够支持梅子窝外围的开发，现在证实建560选厂是对的。

经过几年的努力，该打的孔已打了，该挖的槽探已挖了，地质队队员才结束在蕉树窝外围的所有钻探工作，全部撤离。因为，这支队伍要搬到新的基地，迎接新的考验，开始新的工作与生活。

地质队，从成立到解散历时十四年之久。十四年来，队员们东奔西跑，风雨同舟，同甘共苦，患难与共。他们将人生最美好的青春年华无私地奉献给了地质队。

时光与青春不能复返，但他们当年那天真的笑脸、年轻的心态仍然常在！回忆是美好的追思与怀旧。忘记过去，人生中就缺少了一段经历。只有记住岁月留下的点点滴滴，才能学会感悟和理解人生。

难忘蕉树窝，铭记地质队！

2016 年 5 月 16 日

（作者是石人嶂钨矿地质队副队长，此文刊于《韶关日报》，2020 年 8 月 2 日）

坚持合理规章制度不放松

——师姑山坑口老区采矿十四年安全生产

石人嶂钨矿师姑山坑口广大职工坚持执行合理的规章制度，实现了老区采矿十四年没有发生重大伤亡事故。从1963年以来，这个开采了六十多年的老坑口，年年月月超额完成国家计划。

青年干部上门虚心向老工人请教

部分受表彰的省部级劳模（先进工作者）

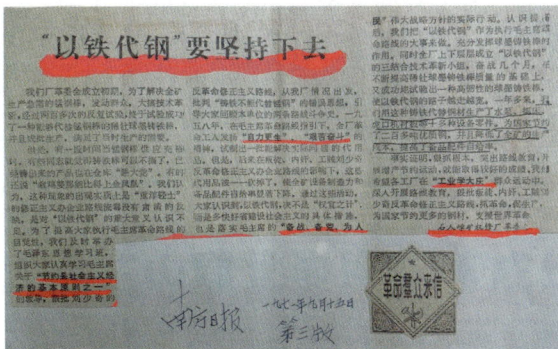

发表在《南方日报》的新闻（1971 年 9 月 15 日）

发表在《南方日报》的新闻（1971 年 9 月 21 日）

　　这个坑口的职工在实践中认识到：要做到安全生产，就必须坚持安全生产的制度。长期以来，这个坑口建立了每周有一天安全活动日，每月有一次安全重点检查，每季度进行一次安全大检查的制度，收到了很好的效果。揭批"四人帮"的斗争开展后，坑口党组织领导大家批判"四人帮"鼓吹的"要建立没有规章制度的企业"等反动谬论，使大家进一步提高了坚持岗位责任制和遵守安全操作规程的自觉性，使开展安全工作实行了多年的五个"不放松"的活动搞得越来越好。这五个"不放松"是：

　　安全教育不放松。每当新工人进矿时，就组织他们学习党的有关搞好安全生产的方针和安全生产的基本知识。新工人开始工作时，都先由老工人带班。新工人能单独操作后，如果要到情况复杂的地方作业，先由值班班长交代工作中要注意的事项，并指派老工人给他们当安全顾问。

　　事故分析不放松。去年，由于联络信号不明，发生了一次管道班的材料车与电机车迎头相碰的事故，他们便先开现场分析会，弄清来龙去脉，然后在管道班和出矿班，以及在工区和全坑口开会进行分析，由管道班和出矿班汇报事故发生的经过，开展批评和自我批评。这样，是非分得清，责任分得明，危害挖得深，教育了全坑口职工。

宣扬先进典型不放松。井下管道工汤启余，二十年无违反规程、无伤假。坑口领导便广泛宣传他的先进事迹，使全坑口涌现出很多实现安全生产的新人新事。他们还总结了支柱班长、共产党员范青山工作一丝不苟，认真负责，当好不脱产安全员的事迹，促进了安全工作队伍的建设。对违反安全生产制度的也抓住不放。有一个装岩机工，不遵守安全操作规程，连续三次打坏齿轮。他们便组织班组骨干找他谈心，同他一起学习开装岩机操作规程，并由机电技术员到现场帮助他寻找打坏齿轮的原因，引导他学习兄弟单位的先进操作方法，使这位工人深受教育。此后，他再也没有打坏过齿轮，去年还被评为先进生产者。

消除隐患不放松。时间紧任务重、赶进度、转班之前、多人多工种大会战以及节假日前后，这些时候都容易放松安全工作。因此，每当遇到这些情况，领导就先把思想工作做在前头。多年来，在大会战前、节日放假前，他们都开展群众性安全生产大检查活动，堵塞漏洞，消除隐患，有效地防止了麻痹思想的产生。

总结安全生产经验不放松。坑口每打一条坑道，每开一个采场，都认真总结经验，从中摸索了一些老区采矿的办法。例如，为了防止采矿过程中出现地压现象及其连锁反应，他们总结了群众创造的"短采场、快采、快放矿"的经验。为了确保在矿脉断层多的情况下安全生产，他们又总结推广了"严格控制采幅，合理布置炮眼，多留矿柱"的操作方法。依靠群众不断摸索规律，注意总结经验，最终掌握了安全生产的主动权。

（此文刊于《南方日报》，1977 年 11 月 7 日）

巨大的鼓舞 强大的动力（节选）

——记石人嶂钨矿干部和工人学习四届人大文件的几个小故事

咚咚起、咚咚起、咚起咚起咚咚起……

随着一阵阵喧天的锣鼓声，欢呼四届人大胜利召开的献礼台上又增添了一批捷报。其中有一张大红喜报，上面写着"革新新成就，增产又节油，再创新成绩，欢庆人大开"二十个大字，下面写着"采用优选法，改装柴油发电机喷油角度和控制喷油压力获得成功"。

原来，石人嶂电厂有两台 20 世纪 50 年代的柴油发电机，在迎接四届人大召开的日子里，这个厂的"三结合"技术革新小组决心自己动手把老式柴油发电机（675 马力）

改装成双水内冷式的发电机。就这样，工人、干部、技术人员（含部分归国华侨）团结战斗，日夜奋战，终于在四届人大召开前夕成功地改装了这两台老设备，使发电功率由原来的450kW提高到750kW，增加了67%，耗油定额降低不少，达到了全国先进水平……

（此文刊于《韶关报》，1974年1月30日；《南方日报》，1974年2月28日）

南粤矿山展新图（节选）

——翻天覆地的变化

广东省从五岭山麓到南海之滨，到处蕴藏着丰富的矿藏，特别是稀有金属和有色金属，品种多，储量大，质量好，被誉为"稀有金属之乡"。可是，千百年来，全省丰富的矿藏一直沉睡在地府下。中华人民共和国成立前夕，全省没有一座像样的矿山，一些零星的民营矿山也奄奄一息。某些帝国主义的"权威"曾经预言我们无法开采我省的宝藏！

最近，我们调查了粤北和海南岛部分矿山的历史和现状，用翻天覆地来形容矿山的变化，是非常恰当的。这个变化，具体体现了社会主义制度的无比优越性。

石人嶂钨矿可以说是我省最老的一座金属矿了。可是1949年前，这里只有几个乱七八糟的窿洞。资本家勾结国民党反动派，在这里开设"收矿站"，强迫民工开矿，作业条件十分恶劣，矿工光着膀子在窿洞里采矿，一不小心就会掉到一二十米深的井下。矿工的生活更是牛马不如。采不到矿石，连稀粥也喝不上。采到了矿石，到"收矿站"交售时，资本家用压低品位、大秤称入等手段，进行巧取豪夺。解放后，矿工才真正成了矿山的主人。在党的领导下，他们以坚定的信心，重建矿山。今天的石人嶂钨矿，那条过去设关卡的小道不见了，代之以四通八达、平整宽阔的公路；昔日狭窄而潮湿的茅棚消失了，到处是一簇簇工人新村；手工作业的落后生产面貌改变了，全矿基本实现了采、运、选机械化……石人嶂钨矿2000多名职工，十年如一日，不畏冰雪严寒，不怕岩层坚硬，夺取了一个又一个胜利，实现了十年学大庆，十年超额完成了国家计划。

25年来，我省所有矿山都像石人嶂钨矿和海南铁矿那样，在日新月异地发展着。毛主席关于"开发矿业"的伟大教导，鼓舞广大矿工创造出一个又一个奇迹。现在，我省开采的金属矿品种，已从1949年初的5种发展到26种，矿石年产量增加近百倍。

（此文刊于《南方日报》，1975年4月14日第3版）

石人嶂钨矿粮食定量的真实故事

陈梅发

广东石人嶂钨矿的井下工种，据不完全统计有采场风钻工、掘进风钻工、天井风钻工、爆破工、装岩机工、管道工、推车工、支柱工、电车工、清理工、倒毛工……

这是一个真实的故事，发生在20世纪60年代粮食定量时。当时粮食定量，井下最高的工种是风钻工，地面最高的工种是铸造工和外线电工；干部是27斤/月，家属是23斤/月，小孩是7斤/月（每增长一岁加一斤）。

某日，始兴县粮食局局长到石人嶂钨矿石人嶂坑口调查粮食定量情况。先由坑口有关部门作了简单的情况汇报，汇报完后县粮食局局长稍微浏览了一下各工种的"粮食定量表"，当看到风钻工的定量为53斤/月时，马上就大声说："风钻工的定量太高啦！太高啦……"

当时在场的人员都没有吱声，气氛很是尴尬。于是，矿领导提议"没有调查，就没有发言权"，还是现场察看为好；县粮食局局长勉强同意了。矿领导决定由我带县粮食局局长等人到井下视察。

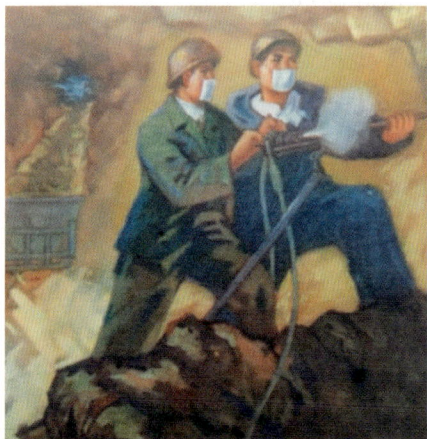

井下尖兵（记忆画，作者：刘烈华）

矿原石（摄影：徐志文）

从坑口办公室到一号窿口，再到竖井口，最后走平巷到采场，走了足有四公里才来到一个有近十部木梯高的采场。县粮食局局长看到风钻工操作100多斤的钻机挥汗如雨，浑身是泥浆水和汗水；亲身感受到因现场的噪音和水雾很大，近距离大声喊叫都难以听见，且彼此看不清；此外，风钻工还有随时受伤的危险。风钻工的工作的确是又苦又累又危险，且"暗无天日"的。

通过现场察看，并上、下每部之间间隔三米多的近十部木梯，县粮食局局长回到坑口办公室，稍作休息后，主动索要坑口的"粮食定量表"，再次浏览后，大声说："风钻工的定量 53 斤/月，不高！不高！真的不高……"

（此文刊于《韶关日报》，2021 年 4 月 4 日第 3 版）

企业管理小故事

育 苗

夜深了。石人嶂坑口选矿厂仍然灯火通明，机器轰鸣。一位名叫黄东石的青年工人，聚精会神地巡视着他所负责的那六台跳汰机。他那严肃、认真、寸步不离岗位的样子，很像一位有高度警惕性的巡逻兵。谁能想到，一年前他还是全厂有名的"管不住"呢？

去年初，小黄从学校毕业后被分配到选矿厂当跳汰机工。刚进厂时，他还能遵守纪律，但没多久，便经常离开工作岗位，到处乱跑。一次，老班长王家友正在操作，一眨眼，小黄不见了。老班长正想找他，突然发现全厂停水了。于是，急忙顺着水管检查原因，一到蓄水池边，看见小黄把控制全厂水流的总开关关了。老班长当场批评了他，并耐心地给他重新讲解选矿厂每项操作规程的内容。小黄当时也作了自我批评，事后，还把规程都背熟了。经过此事老班长以为小黄再也不会擅自离开岗位了。但是，没过几天，老班长检查工作时发现小黄又不见了。从此，有人便叫小黄"管不住"。

怎样才能提高小黄遵守操作规程的自觉性呢？老班长想：一定要提高他的思想觉悟。

于是，老班长就去找小黄谈心，他首先给小黄讲旧社会自己的苦难家史，把自己的苦难童年与小黄的今天对比，又讲建矿以来的两条路线斗争史，最后语重心长地说："革命先辈流血牺牲为我们打下江山，党和人民把机器交给我们操作，机旁就是我们执行毛主席革命路线的战斗岗位，我们没有任何权利擅自离开！"

多次恳切的谈心，使小黄深深懂得了"岗位"两个字的真正含义，深深体会到遵守规章制度对执行毛主席革命路线的重大意义。从此，小黄坚守岗位，认真执行规章制度，得到了大家的赞扬，最近还光荣地加入了共青团。

把 关

测量员来到了掘进队的工作地点，细心地检查着新铺的轨道质量，发现有一段的坡度超过了设计标准的 4‰，便按照质量检查制度的规定，向掘进队提出了返工的意见。当时，有人说，五个手指有长短，超过一点点就要返工，这个制度定得太严了。

返工还是不返工呢？在班后会上，队长聂凯常抓住这个问题，组织大家认真学习了毛主席关于"一切产品，不但求数量多，而且求质量好"的教导，学习了大庆人"三老""四严"的精神。他严肃地说："这条轨道是坑口的主要运输道，它的质量好坏，是关系到广大职工的生命安全和保护国家财产的大事。我们绝不能只求数量，不顾质量，应该像大庆人那样，严字当头，思想领先，坚决执行各种规章制度，把好质量关，才能多快好省地建设社会主义矿山……"

没等队长讲完，大家异口同声地说："为了对职工安全、国家财产负责，我们要严格把好质量关，坚决返工。"

返工开始了。这条巷道的仰水如注，还没打好半个炮眼，一个个就像从水里钻出来一样。当时正是大雾封山，扇风机送进巷道的寒风一吹，使人浑身打战。这些，大家全然不顾。最大的困难是装好炮后，导火线马上就被水淋湿了，点一次，熄了，再点一次，又熄了。这时，大家干脆用自己的防火衣遮住仰水，由一个人割导火线，一个人点火。就是这样，经过大家的精心修理，轨道的坡度完全达到了设计标准。

从此以后，这支队伍严格把好质量关，做到在时间紧、任务重的情况下，防止只求数量不顾质量的偏向，坚持把质量放在第一位；在工作取得成绩时，防止骄傲自满的情绪，坚持精益求精的精神；在工作碰到困难时，防止泄气的思想，坚持保证质量。这样就使得工程进度快了，质量好了。

授 艺

在机电工段，每逢总结遵守操作规程的经验时，大家就会想起车工朱永旺教育徒弟朱红云遵守操作规程的故事。

有一天，朱永旺师傅要去开会，临走前，给朱红云讲了一遍遵守操作规程的重要意义，再三强调要严格遵守操作规程。谁知不一会儿，就有人来告诉他说，小朱不遵守操作规程，不但把零件车断了，而且损坏了车床。

朱永旺回到工段，看见自己使用十多年的车床被弄坏了，十分生气，真想狠狠地批评她一顿，刚要开口，转念一想，还是应该先了解一下情况再说。于是他走到小朱的身旁，心平气和地问道："是不是车床有问题？"

"不是。"

"那车床是怎样坏的？"

"我想，车床的开合螺母是自动走刀，纵进刀也可以自动走刀，两个同时开，'自动'加'自动'，就是'双自动'，车螺丝的效率就会提高两倍。谁知道一起动，螺丝车断了，车床也损坏了。"

听了小朱的回答，朱永旺得到了启发：原来，小朱违反工艺操作规程，是因为自己过去只对徒弟讲了遵守操作规程的一般意义，而没有讲清操作原理和认真传授操作技术。从此，朱永旺对小朱加强了技术学习的辅导，在车零件时手把手地教，业余时间，经常给小朱讲解车床的结构、性能和使用方法，帮助她提高了操作技术水平，克服了因技术不熟而出现违反操作规程的现象，车出了较精密的零件。

朱永旺师傅精心传艺的经验已在全工段推广。现在，选矿厂又进一步发展了这个经验，办起了技术夜校。

（此文刊于《南方日报》，1972 年 6 月 22 日；中央人民广播电台《工人节目》，1972 年 7 月 2 日）

生气勃勃的矿区

——石人嶂钨矿见闻

逶迤南岭，峰峦重叠。省大庆式企业之一——石人嶂钨矿，就坐落在这崇山峻岭之中。清晨，当群山回响着雄壮的《东方红》乐曲时，人们可以看到，在云雾缥缈的球场上，在轻烟缭绕的盘山道上，到处都有进行体育锻炼的人群。近几年来，矿工们开山劈岭，在陡峭的高山脊上，修起了十几个运动场，盖起了十多间文化室，自制了大批体育活动器材。全矿三分之二以上的职工，经常参加打篮球、打乒乓球、做广播操、拔河、跑步等二十多项体育锻炼活动。百里矿区，一派生气勃勃的景象。

锤炼铁人精神

体育活动磨炼了矿工们的革命意志和毅力，铁人精神正在矿山生根、开花。在梅子窝坑口，传颂着体育活动骨干斗冰雪、打硬仗的故事。1975 年底，矿区遭到百年未遇的特大冰雪袭击。在严重的自然灾害面前，一百多名体育骨干和其他工人、干部一起，抡起了镐头、钢钎，砸开了一尺厚的坚冰。他们很快清除了覆盖在公路上的积雪，接通了电线，还兴致勃勃地进行了一场"雪地球赛"。矿工们豪迈地说："冰雪严寒何所惧，矿山工人有志气；破冰扫雪赛篮球，老天乖乖把头低。"当时，这个矿区正在进行着一项斜井工程，工程十分艰巨，打了四个月才进尺 140 多米，而且随着工程的进展，困难越来越多。坑口党总支就把这批身强体壮的体育干部调集到第一线。他们以抗严寒、斗冰雪的精神，苦攻硬拼，81 天就进尺 240 多米，使这项工程提前三个月完工，受到上级的表扬。

矿工们战斗在地层深处，劳动强度很大。比如风钻工，就必须手持 90 斤重的风钻，沿着天井里 80 度陡的扶梯，向上爬三四十米，到采场上作业。体育运动使矿工们锻炼出强健的体魄，有助于建设社会主义。如开展体育锻炼较好的河口山坑口的风钻工，在去年的一次平巷掘进会战中，独创了独头巷道掘进的全矿最高纪录。

"弱姑娘"变"铁姑娘"

矿山女工积极参加体育活动，锤炼了一大批矿山"铁姑娘"。去年 3 月，梅子窝坑口成立了女民兵"三八"选矿班。她们决心把整个选矿系统的工作都承担起来。可是，有些工作是需要大力气的，比如选矿时开棒磨机，需要定期更换钢棒，一根钢棒就有 80 公斤重，女同志能扛得起吗？矿劳动模范、共产党员罗秀英对女矿工说："我们要为新中国的妇女争气。"大家下了决心：为革命锻炼身体，增强体力。她们从井下收回废管子，竖起爬竿架。经过几个月的努力，她们终于练出一副硬骨头，一身好力气，什么重活、难活都难不倒她们。有些女矿工原来体质较弱，经过一个时期的体育锻炼，也从"弱姑娘"变"铁姑娘"了。这个"三八"选矿班，工作干得比别的班组更出色，成了全矿学大庆的先进班组。

矿工们坚持为革命锻炼身体，对推动"工业学大庆"运动起了积极作用。开展"工业学大庆"运动 12 年来，这个矿产量平均每年递增 7.5%，掘进工效提高 1.1 倍，采矿工效提高 1.8 倍。按采掘总量计算，实现了一矿变四矿，还寻找出新的矿源，使这个拥有 60 年开采历史的老矿焕发出青春。

（此文刊于《南方日报》，1977 年 6 月 10 日）

安全行车千万里（节选）

中共广东省石人嶂钨矿委员会

石人嶂钨矿汽车队成立于 1954 年，设有司机、维修、大修、搬运、养路五个班，全队共 120 人，有货车、客车、救护车、小车等大小汽车共 26 辆，担负着全矿的设备、材料、矿砂等繁重的运输任务，长年行驶在崎岖、陡峭的矿山公路上。我们在党的基本路线指引下，靠毛泽东思想把关导向，不断掌握山区行车规律，实现了建队 22 年，安全行车 22 年，年年超额完成运输任务，行程 1230 万公里，没有发生重大责任事故，连续七年被评为全省交通安全先进单位，为大打矿山之仗做出了贡献。

为了搞好安全行车，矿党委和汽车队党支部切实加强交通安全工作的领导，指定一名党委副书记主管车队工作。20多年来，经常举办学习班，针对司机中存在的"礼物送上来，受礼不循章"的现象，进行反腐蚀教育；针对自由散漫现象，进行革命纪律教育；针对"飞车""斗气车"现象，进行遵守交通规则教育，不断提高大家安全行车的自觉性。矿党委和汽车队党支部先后宣扬了廖振禄、曾伯勋、刘永福、李声扬、周国兆、冯珠伟等十多名司机安全行车的先进事迹，使大家学有榜样；对那些不遵守制度，违章开车的歪风邪气进行了批评教育、严肃处理。

石人嶂钨矿处于粤北山区，公路盘山而上，坡陡、路窄、弯多、路障密集，不少地方上面是悬崖峭壁，下面是百丈深渊。春天云雾弥漫，冬天霜冻结冰；雨季占全年三分之一时间；且矿山设备超高、超长的部件多，给安全行车带来许多困难。为了搞好安全行车，矿党委和汽车队党支部根据山区安全行车条件较差的情况，采取"一让二停"的办法，即汽车主动让板车、单车，变突然为防患未然；研究出了"小车开路，夜间行车"的运输方案，制定出思想重视、主动让车、增加安全行车识别装置、沿途勤作检查四条安全行车措施。还注意抓好三个环节：一是派车时做到"三注意"，即注意不让车辆带病运行，注意不让司机带病开车，注意不让司机带着思想问题出车。二是每当接到艰巨的运输任务，领导都要亲自跟车，参加战斗，指挥战斗。三是帮助司机探索山区行车的规律，掌握安全行车的主动权。同时对大宗的突击运输任务，采用集中优势兵力、打运输大会战的办法，领导跟车蹲点劳动，和大家一起战斗，依靠群众智慧，发挥集体力量，实现了年年安全、高产、低耗完成运输任务。

精神抖擞的石人嶂钨矿汽车队驾驶员

石人嶂钨矿汽车队司机在运输途中维修汽车

石人嶂钨矿汽车队部分队员留影

矿党委和汽车队党支部还教育全队各班组的干部职工认清搞好安全行车，不光是司机的事，而是人人有责。因此，大家都把山区安全行车的不利因素变为有利因素，千方百计为司机安全行车创造有利条件。维修班的职工认真搞好车辆的检修工作，每天出车前和收车后都对全部车辆进行细致的检查，若发现问题，则立即维修。搬运班努力提高装卸质量，坚持做到长料、短料分别装，危险货物单独装；随车外出装卸，不忘帮助司机注意来往行人、车辆情况，给司机当好助手。养路班在保养好路基、路面的基础上，又在各危险路段砌了几百方堡坎、护坡，增设了安全栏，把 15 座木桥改为水

发表在《韶关报》的新闻（1975 年 5 月 27 日）

泥桥。司机除了开车，还参加检修、装车和卸车，修理工把汽车修好后，还跟车了解检修情况，发现问题，立即进行处理。根据山区行车特点，对解放牌止推片间隙进行了合理调整，增设了边门固定销。还自制了修车设备，自己搞大修，从 1972 年 9 月以来大修汽车 30 多辆。精心修理汽车，带动了三清例保，使汽车队的汽车完好率一直保持在 93.5% 以上，为安全行车创造了良好条件。

（此文刊于广东省公路交通局主办《安全通讯》，1976 年 12 月 15 日第 3 版；广东、广州人民广播电台，1977 年 5 月 19 日）

蓬勃发展的石人嶂钨矿文教卫生事业（节选）

徐志文

广东石人嶂钨矿从第二个五年计划开始至第六个五年计划结束，即从 1958—1985 年是其辉煌发展的高峰时期，从而带动文教卫生事业的蓬勃发展。

这一时期，石人嶂钨矿所辖范围（单位）进一步扩大。1958 年先后把梅子窝和文政坑两个民窿采矿点收归国营，成立梅子窝坑口和文政坑坑口；1962 年又将罗坝坑口（含石壁坑和南山坑）收归国营。当时全矿共设六个生产坑口（各坑口分别设立掘进、采矿、选矿、机电等工区和机关部门），还设立一间直属机选厂、一间发电厂、一间烘砂厂（即原始兴精选厂）。与此同时，还陆续建立了一批辅助生产单位，包括汽车队、机修厂、炸药加工厂、韶关转运站、地质队、广州办事处等；建立了一批文教卫生等后勤服务单位，包括职工医院、子弟学校、技工学校、幼儿园、电影院、文化室、职工食堂、职工澡堂、有线广播站、电视差转台等。其中，1968 年新建了石人嶂钨矿中学（完全中学），1975 年开办了广东有色金属工业第一技工学校（代管，现为广东省岭南工商第一技师学院）。二十世纪七八十年代，建立了罗坝职业病防治院、矿工会俱乐部大楼、职工培训中心，此外还组建半脱产的职工文艺宣传队和男女篮球队等。

原矿工会俱乐部（文化室）（记忆画，作者：刘烈华）

南山坑学校（上）和石壁坑学校（下）（记忆画，作者：刘烈华）

石人嶂钨矿中学

石人嶂钨矿职工子弟学校

从梅坑参军的矿职工子弟和原任老师合影留念（1980 年）

矿山子弟齐读书

精神焕发的梅坑子弟学校老师们（后右为始兴县原常务副县长夏金水，前为刘斌老师）

梅子窝学校老师在认真工作（1969 年）

梅坑子弟学校红小兵在球场操练（1969 年）

矿本部医院门诊医护人员合影（左摄于 1985 年，右摄于 1994 年）

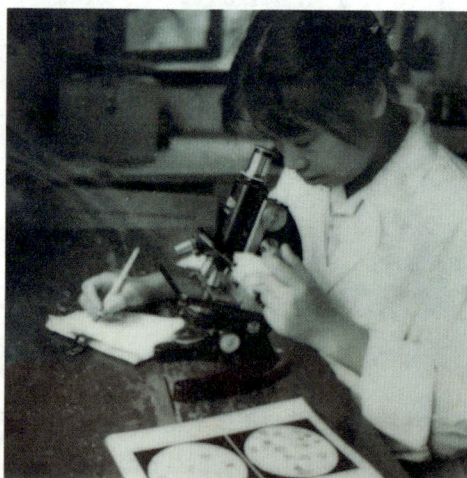

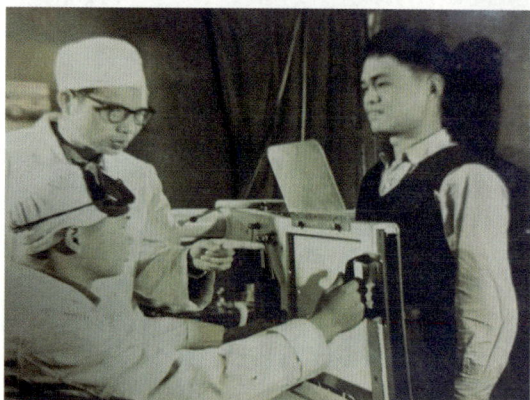

石人嶂钨矿医护人员工作中

这一时期，教育教学成绩出色，考入全国重点大学的学生人数较多；组织学生参加全国数学竞赛，矿中学在韶关地区获奖总人数全市排第二，个人成绩获全市第二名等。石人嶂钨矿医院，在各二级单位和居民聚集点都设有门诊部，其中罗坝职业病防治院还承担全省矽肺职业病人员疗养和防治工作。

尤其是，石人嶂钨矿比较早就在各二级以上单位（坑口）和矿工（居民）聚集点开办了幼儿园（托儿所），高峰时期有十多间（所），在园（所）师生近千人，解决了干部职工、矿工子弟乃至周边老百姓的后顾之忧。许多矿二代、矿三代甚至矿四代等，都是在石人嶂钨矿度过了幸福、难忘的童年。

（此文刊于《韶关日报》，2020年10月7日）

形式多样、富有成效的矿山宣传工作

徐志文

石人嶂钨矿向来注重认真贯彻上级的系列会议和文件精神，聚精会神加强宣传工作，取得了较好的成效：既宣传推介了石人嶂钨矿，也促进了干部职工队伍思想的稳定和积极性的发挥，为生产经营任务的完成等工作提供了坚强的舆论支持和保障。

一九七三年石人嶂钨矿刊用稿件统计表

顺序	刊用日期	报刊电台	类别	体裁	题目	注明
1	1·19	人民日报	来稿	消息	老矿发现新矿源	
2	11·1	〃	约文	文章	积极选拔和培养新生力量	
3	11·7	〃	〃	消息	石人嶂矿计划生育[illegible]	新华社发
4	7·22	新华社	来稿	〃	抓好矽肺病防治工作	中央台用
5	12·3~4	中央台	约文	文章	[illegible]同志体会文章	省电台用
6	11·2	战士报	〃	通讯	老矿出现新面貌	
7	《有色金属》第8期		来稿	消息	组织措进大会战实现工农业四三	
8	《有色金属》第9期		〃	文章	以铁代钢·生产备件	
9	3·29	南方日报	特约	通讯	走大庆的道路办大庆式矿山	[illegible]
10	4·11	〃	综合	消息	省工业学大庆会议报道	省电台用
11	5·5	〃	来稿	通讯	坚持政治挂帅才能[illegible]山	典型生活专栏·加前言·编后。
12	〃	〃	〃	小故事	老罗冒雨访小李	
13	〃	〃	〃	〃	[illegible]	
14	〃	〃	〃	文章	不忙着下结论	
15	〃	〃	〃	〃	任务越重越要思想领先	
16	〃	〃	〃	〃	骨干先迈步调齐	
17	〃	〃	〃	〃	三上辅导课	
18	〃	〃	〃	〃	抓积极因素促革命转化	
19	〃	〃		照片	持续推动认真看书学习	
20	6·18	〃	来稿	消息	上半年任务全面完成	韶关报用
21	7·10	〃	特约	调查	调查说明了[illegible]就好办	加《本报评论员》
22	7·28	〃	来稿	文章	首先要解决[illegible]问题	
23	9·1	〃	综合	消息	欢呼"十大"召开	
24	9·17	〃	特约	〃	批判修正主义坚持群众路线	省电台用
25	9·24	南方日报	来稿	文章	立党为公·继续革命	韶关报用
26		〃	综合	消息	抓紧计划生育工作	
27~28		〃	〃	〃	路线教育座谈会报道	另加一篇
29	12·28	〃	来稿	〃	全矿完成今年国家计划	韶关报用
30	3·7~8	省电台	〃	小故事	老工人回收队	
31	〃	〃	〃	〃	为革命补轮胎	
32	〃	〃	〃	〃	"三八"修理厂	
33	〃	〃	〃	〃	送给青年工人的礼物	
34	3·15~16	〃	〃	〃	艰苦奋斗代代传	
35	〃	〃	〃	〃	一寸炮眼见精神	
36	7·10~11	〃	〃	文章	发挥小改小革作用	
37	9·21~22	〃	〃	〃	立足为公为人类多作贡献	
38	9·29~30	〃	〃	通讯	工农团结的新篇章	国庆专题广播、[illegible]头版头条。
39	10·4~6	〃	约文	〃	朝气蓬勃的新生力量	
40		省电视台			扎扎实实学大庆	
41	8·2	省科技报	来稿	文章	[illegible]	
42	10·25	〃	〃	消息	以铁代钢·节约钢材	
43	《广东画报》第7期			照片	继续大干完成计划	
44	《红小兵》第2期		来稿	通讯	石岗变良田	
45	省科技幻灯片出版社			画一套	做好计划生育工作为革命多作贡献	
46	8·15	韶关报	来稿	通讯	让青春在"开发矿业"中发光	
47	8·19	〃	〃	〃	做民兵的带头人	
48	7·7	〃	〃	〃	[illegible]	
49	8·31	〃	综合	消息	欢呼"十大"召开	
50	9·8	〃	特约	文章	利用[illegible]继续深入[illegible]	
51	11·1	〃	来稿	消息	石人嶂矿积极从工人中培养新干部	

一九七三年与一九七二年比较（用稿率包括省级报刊用数；七二年省《教育革命》若干期用一篇。）

年度＼名称	发稿数	用稿数 合计	省以上	市区	用稿率%	人民日报	[illegible]	中央台	[illegible]	有色金属	冶金安全	南方日报	省电台	电视台	[illegible]	[illegible]	[illegible]	[illegible]	韶关报
一九七三年	71	51	45	6	73·2	3	1	1	1	2	~	21	11	1	2	1	1	1	6
一九七二年	103	54	33	31	62	2	~	2	~	~	1	19	8	~	~	~	~	~	31
比较（+−）	−32	−3	+12	−25	+11·2	+1	+1	−1	+1	+2	−1	+2	+3	+1	+2	+1	+1	+1	−25

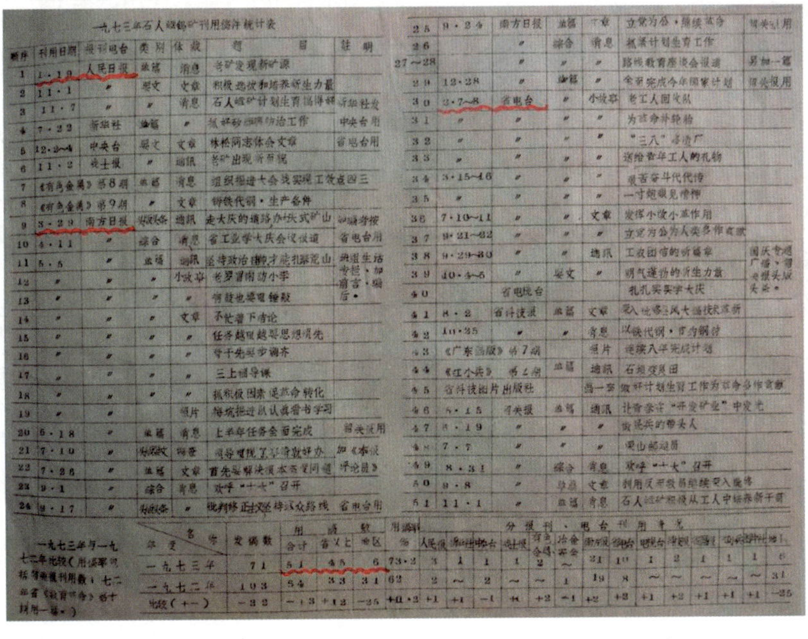

石人嶂钨矿稿件刊用统计表（1973年，李远培提供）

　　矿党委设立了宣传部，统筹抓好宣传工作；每个坑口均有1名专职播音员，1～3名专职或兼职宣传员；整个矿区有8～10名电影放映员，晓行夜宿、风雨无阻巡回放映。通过报刊（含各类纪念专刊等）、教育培训、集中宣讲辅导、印发资料（早期是刻蜡版手工油印）、墙报、黑板报、悬挂横幅、张贴标语、广播、播放电影录像和幻灯片、进门入户派发（张贴）宣传单、狮鼓队巡游以及举办各类演唱会、征文赛、表彰会、动员会、优秀事迹展览、宣传教育现场会、知识测验（竞赛）等多种形式抓好宣传工作。既注重宣传人才的跟踪培养，也注重宣传形式丰富多彩，取得了较好的成效；尤其是石人嶂钨矿的"工业学大庆""计划生育""共青团"等工作在20世纪70年代更是闻名遐迩、家喻户晓。

20世纪70年代初，在石人嶂钨矿举办了韶关地区"通讯员学习班"（摄于石人嶂坑口尾砂坝，李远培提供）

勇攀莲花山测试电视信号（左起为工程师罗思波、宣传部部长邓伟新、电工卢健、电工林桦）

石人嶂钨矿16毫米及35毫米电影队获奖后在始兴影剧院留影（1980年，李远培提供）

矿党委宣传部组织建立电视差转台确保电视正常收看（1987 年）

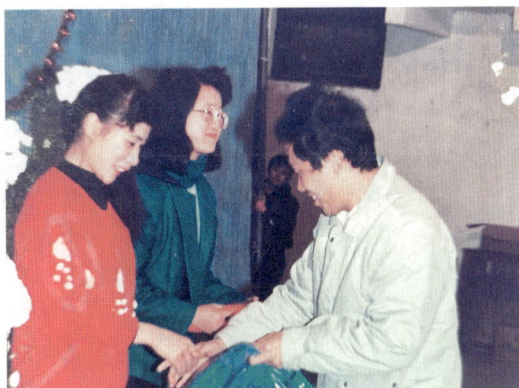

矿党委宣传部部长尹林为优秀演员颁发奖品（1987 年 7 月 1 日）

矿宣传科（含坑口）成员合影（前左三为现退管处党工委刘粤兴副书记）

矿区广播员在认真播报

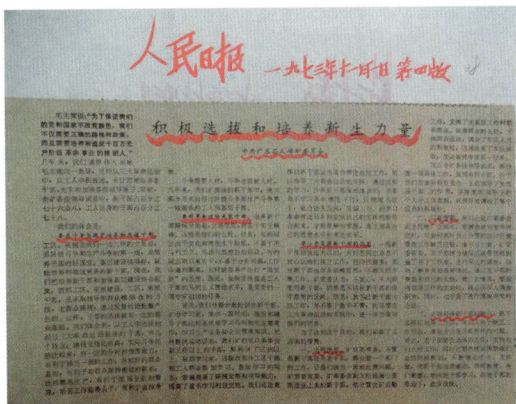

发表在《人民日报》的新闻（1973 年 11 月 1 日）

发表在《南方日报》的新闻（1973 年 3 月 29 日）

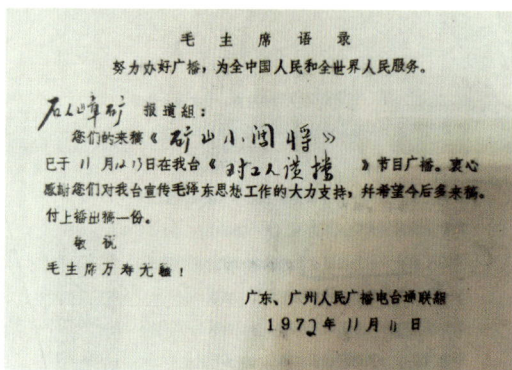

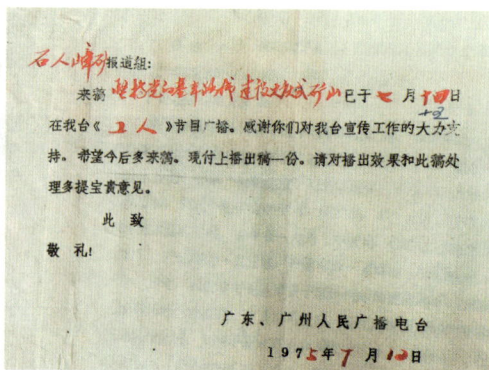

在广东、广州人民广播电台播出的新闻通知单

据不完全统计，仅20世纪70年代关于石人嶂的新闻报道（含学术成果、思想政治以及计划生育经验等文章）就在《人民日报》、《光明日报》、《中国新闻》、新华社、中央电视台、《战士报》、《有色金属》、《冶金科技》、《红小兵》、《新体育》、《安全通讯》、《辅导员》、《新中医》、《煤矿技术革新》、《理论辅导员参考资料》、《计划生育经验汇编》、《南方日报》、广东省人民广播电台、广东省电视台、《广东科技报》、《广东画报》、《广东青年》、《人口观察报》、《工业普查分析材料》、《韶关报》、《韶关通讯》、《韶关工运简报》、《粤北之光》等近30家市级以上报刊（电台、电视台）刊发。矿本部先后自办报刊就有《石人嶂科技》《石人嶂工人报》《党群工作信息》《宣传工作动态》《联播节目选编》《工会工作简讯》《团的工作》等近10种。

石人嶂钨矿各类票证簿册以及报刊等图片荟萃

徐志文

广东石人嶂钨矿正式国营建矿半个多世纪的峥嵘岁月是丰富多彩且令人难以忘怀的。凡是曾经在石人嶂钨矿工作、学习和生活过的人们，都不会忘记自己这一段亲身的经历，这段经历深深烙进矿一代、矿二代甚至矿三代脑海中。它就是漫长的"票证簿册时代"。石人嶂钨矿的"票证簿册时代"，既是凝重浑厚的创业史、奋斗史，也是孜孜以求、勇攀高峰的发展史、辉煌史；更是工矿文化、工矿精神的真实写照、历史传承。因此，把石人嶂各类票证簿册以及报刊等图片整理记载下来，并作为历史资料保存下来，无疑是很有意义的。

建矿初期的工作证

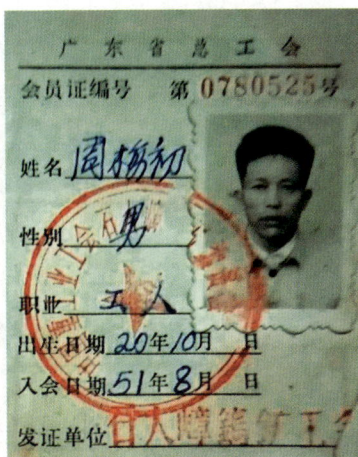

建矿初期的工会会员证

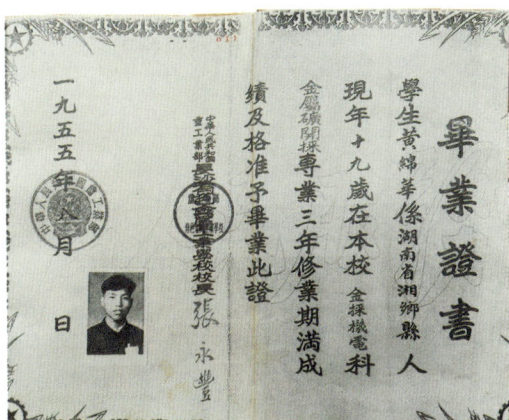

采矿高级工程师黄立新（曾用名：黄绵华）的中专毕业证书

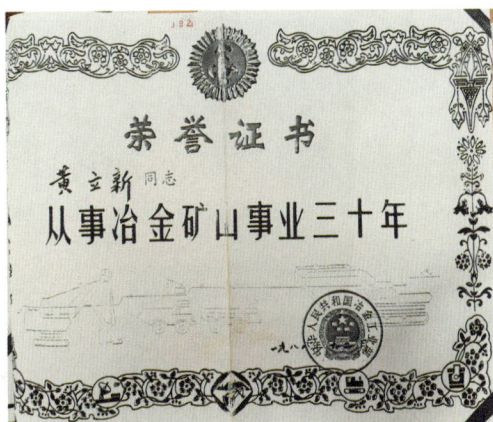

采矿高级工程师黄立新"从事冶金矿山事业三十年"荣誉证书

采矿高级工程师黄立新"长期在粤北山区工作，并作出贡献的知识分子"荣誉证书

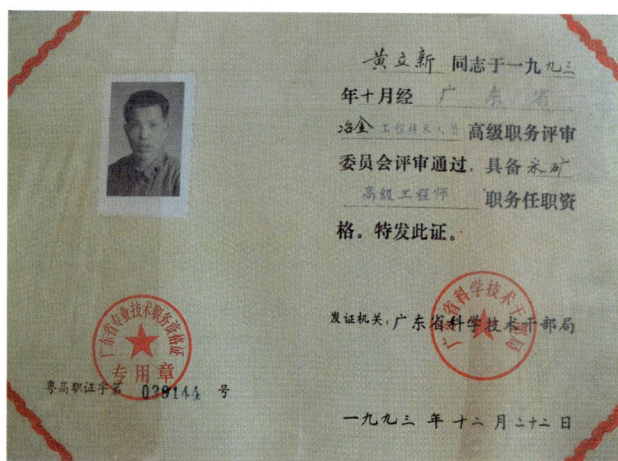

采矿高级工程师证书

高级工程师证书

选矿工程师证书

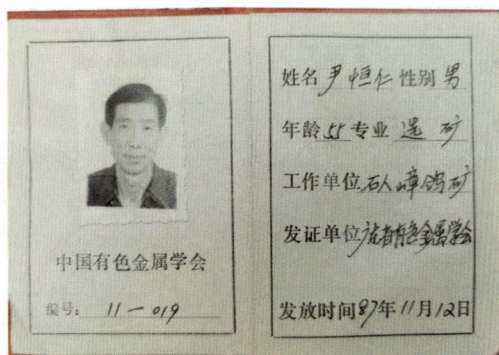

中国有色金属学会会员证

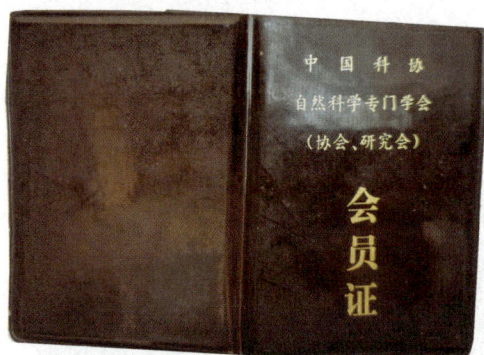
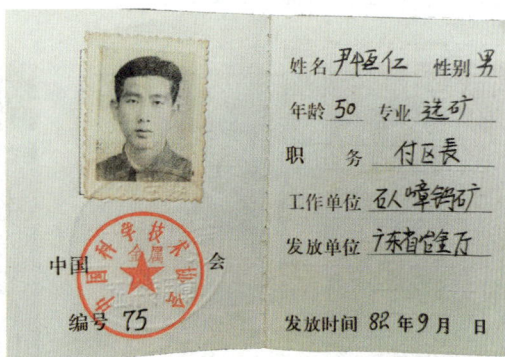

中国科协自然科学专门学会（协会、研究会）会员证

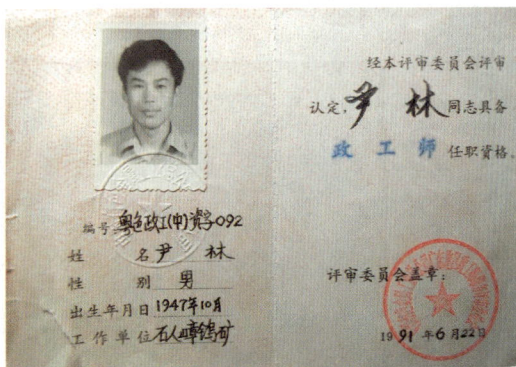

统计师证书　　　　　　　　　　　政工师证书

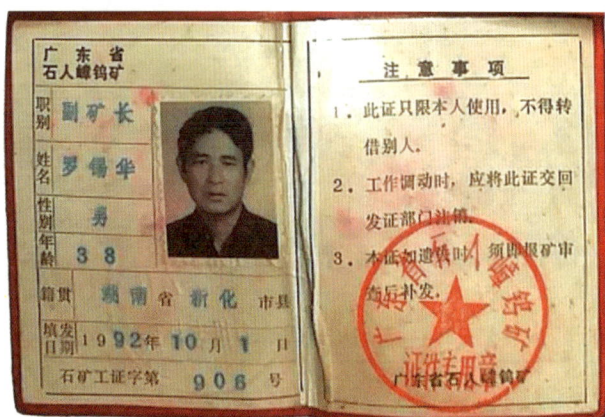

20世纪90年代的工作证

矿内佩用工作证

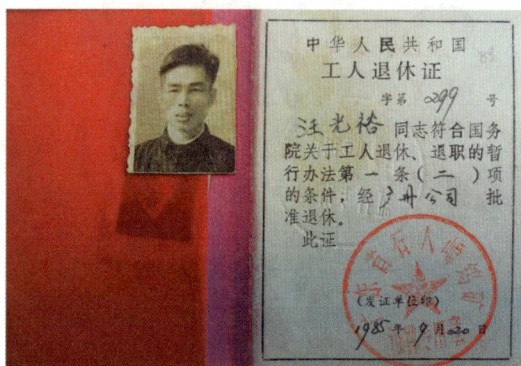

退休证

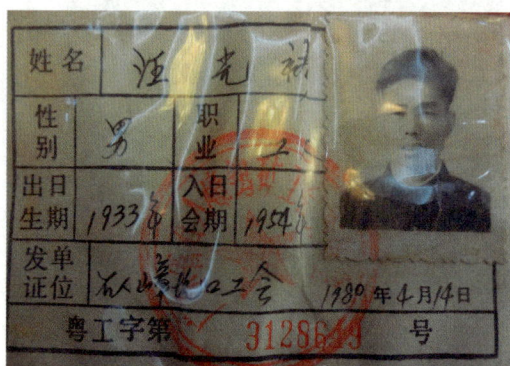

工会会员证

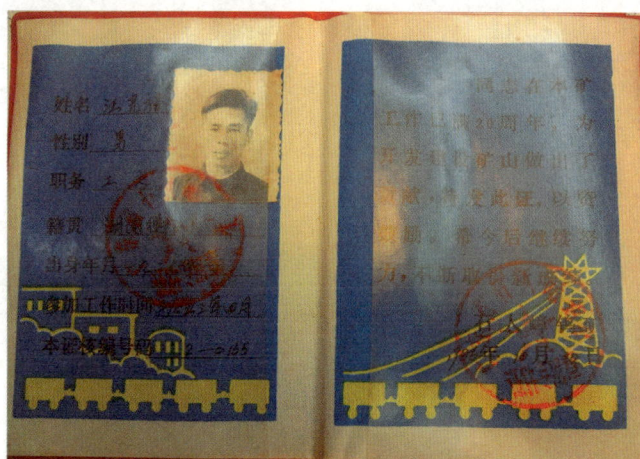

工作满二十年荣誉证书

井下爆破工作证

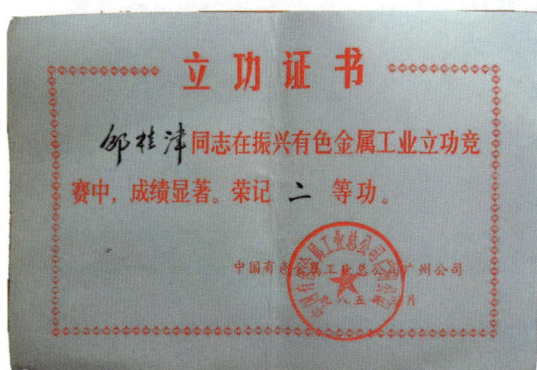

立功证书

军人立功证书

"思想政治工作先进单位"奖状

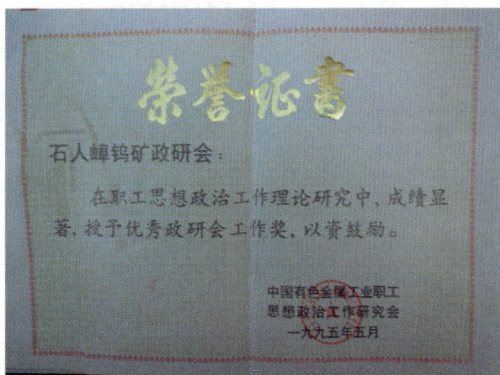

"优秀政研会工作奖"荣誉证书

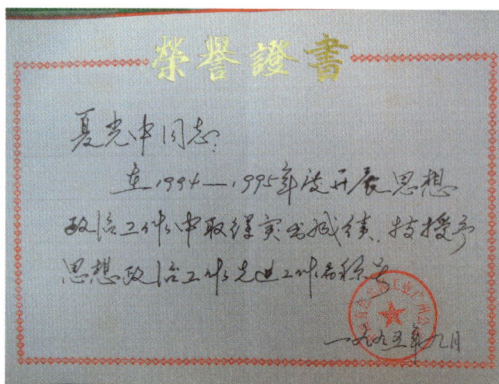

"思想政治工作先进工作者称号"荣誉证书

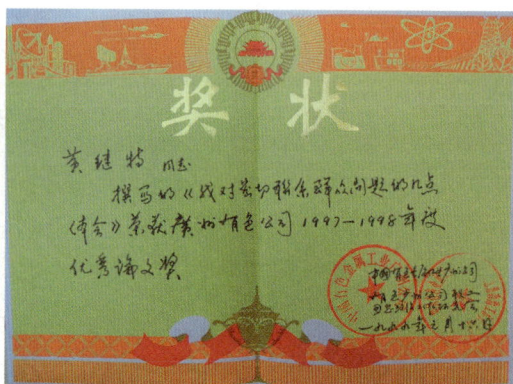

"优秀论文奖"奖状

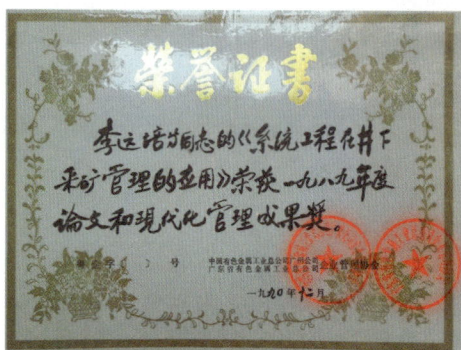

"现代化管理成果奖"荣誉证书

"优秀工业普查资料分析论文"证书

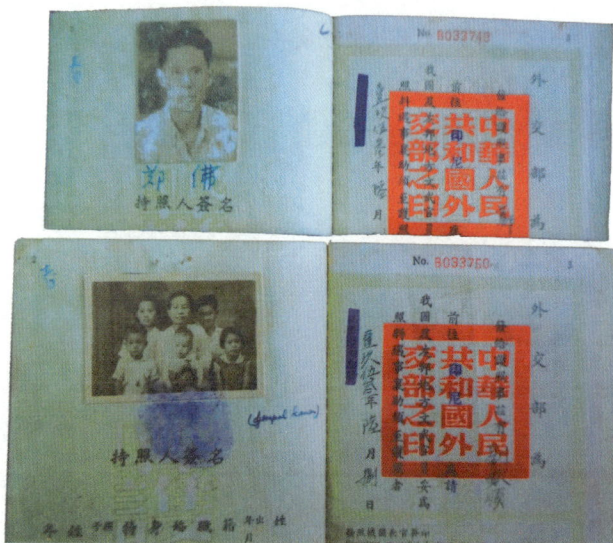

归国华侨矿工护照

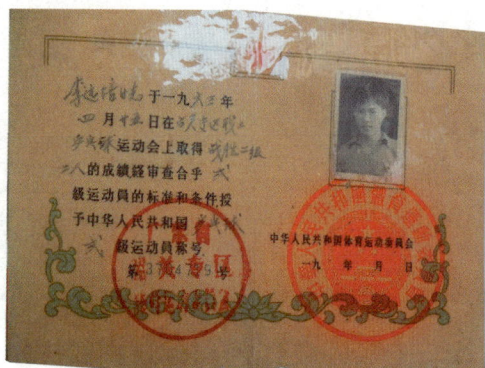

国家二级运动员证书

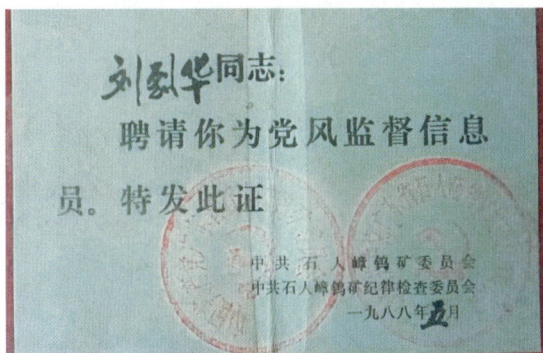

党风监督信息员聘书

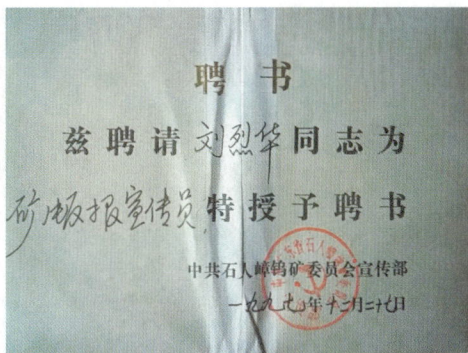

矿板报宣传员聘书

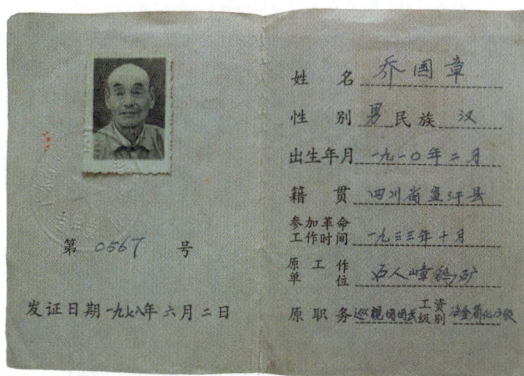

离休证书

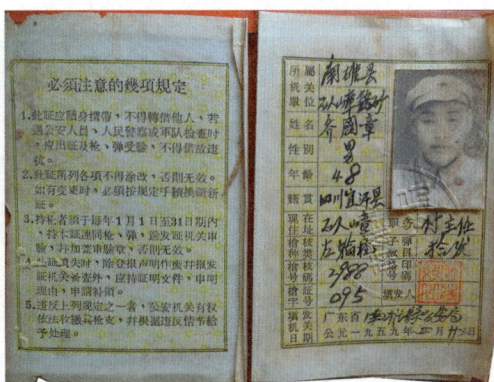

持枪证书

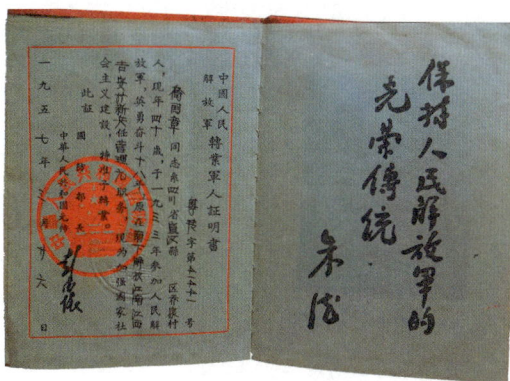

转业军人证

革命残废军人抚恤证

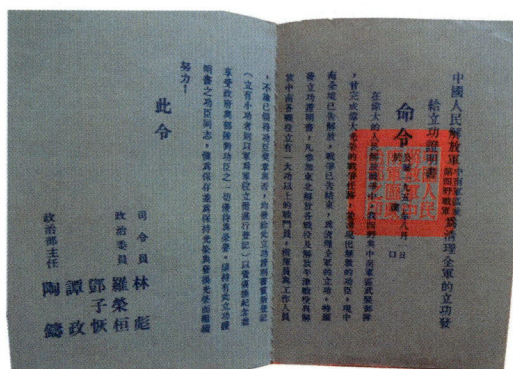

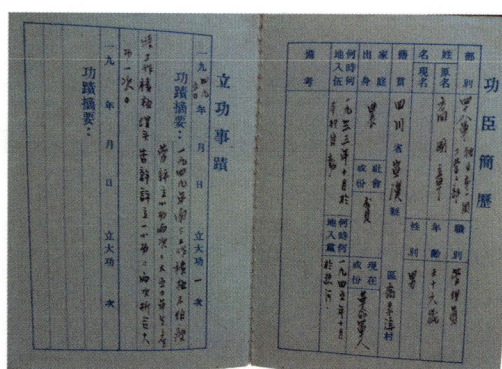

军人（乔国章）立功证明书（含功臣简历和立功事迹）

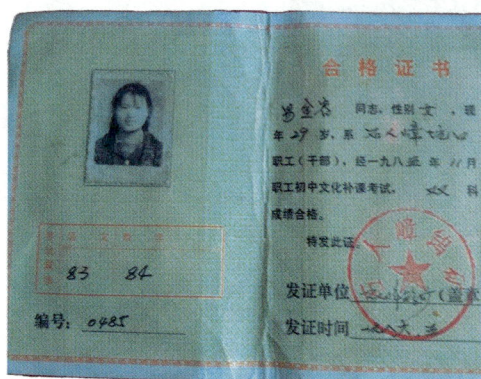

矿工文化补课合格证

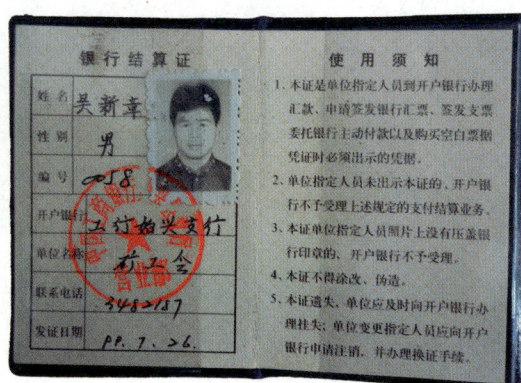

银行结算证

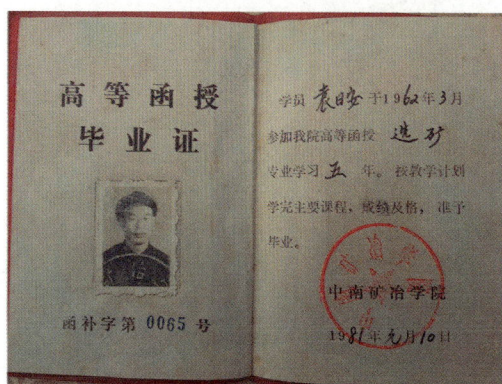

高等函授毕业证

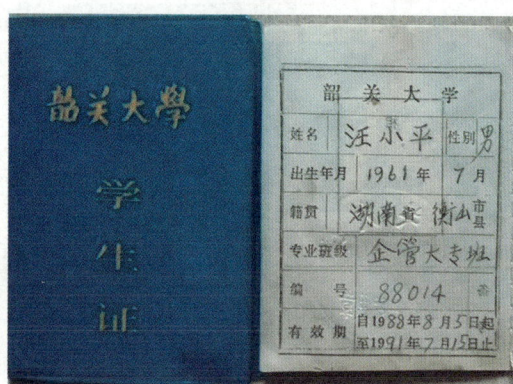

矿委托韶关大学的代培生学生证

诊疗证

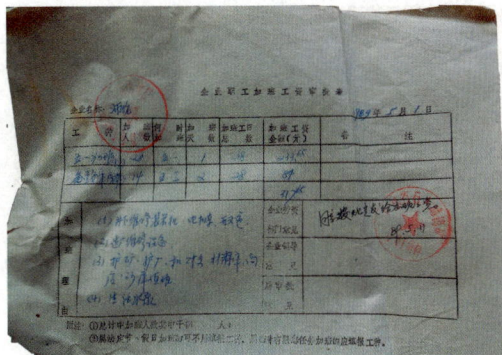

加班工资审批表

民窿时期（1953年前）的佩用矿工证

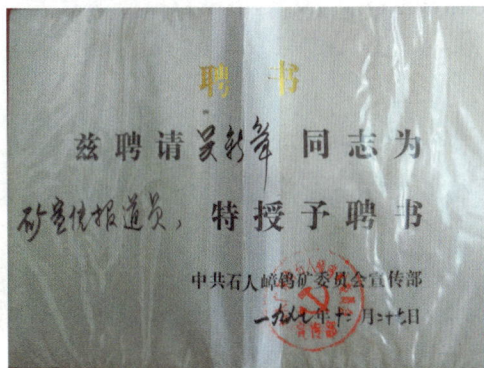

矿宣传报道员聘书

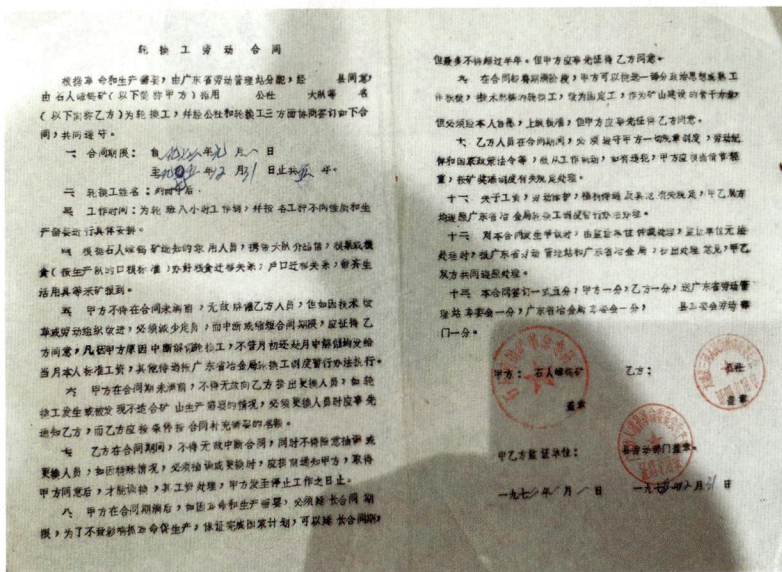

轮换工劳动合同

参加市矿职工篮球邀请赛荣获第三名证书

兵役证

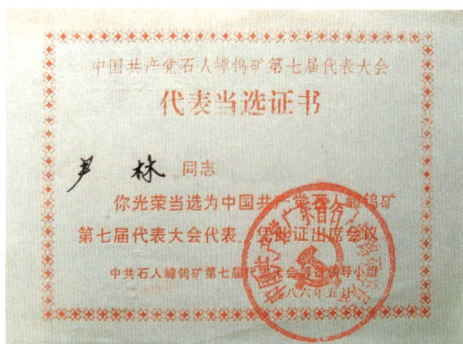

党代会代表当选证书

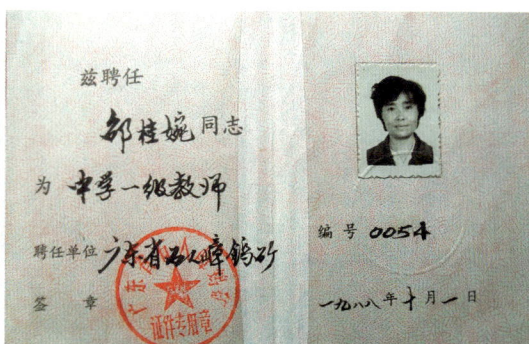

中学一级教师聘书

石人嶂钨矿技校（广东有色金属工业第一技工学校）校徽

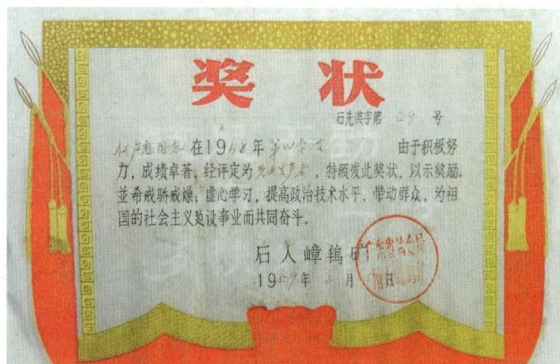

"先进生产者"奖状（1959年）

技术表演赛纪念品（1977年）

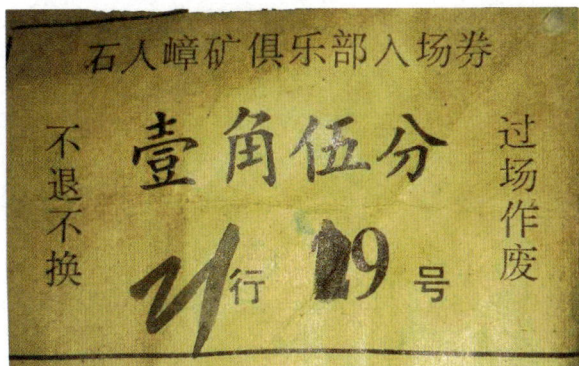

石人嶂矿俱乐部入场券

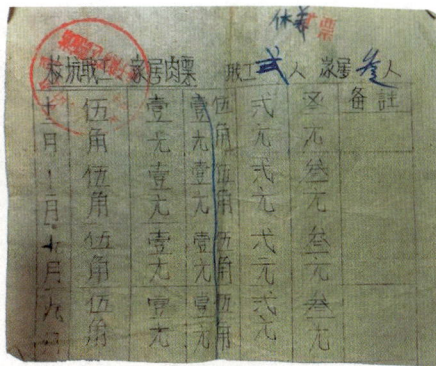

肉票凭证

梅子窝食堂菜票

梅子窝坑口五好竞赛优胜奖纪念品（1982 年）

梅子窝坑口发的纪念杯

省冶金系统同业务竞赛奖品（1978 年）

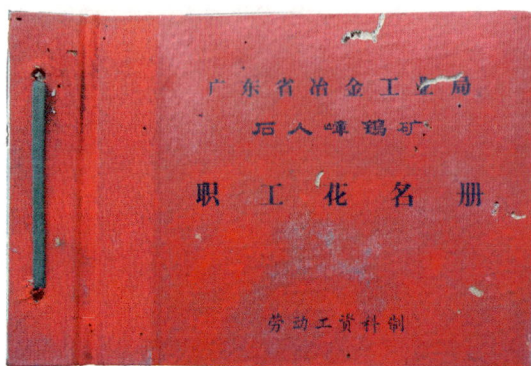

矿职工花名册

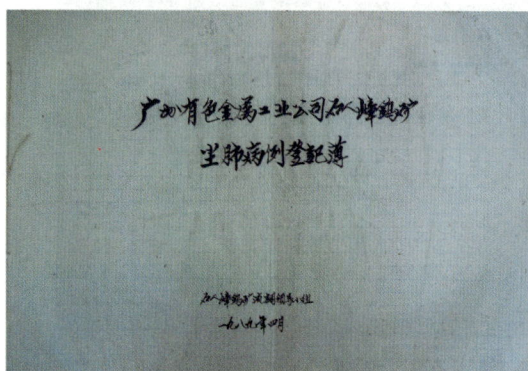

尘肺病例登记簿

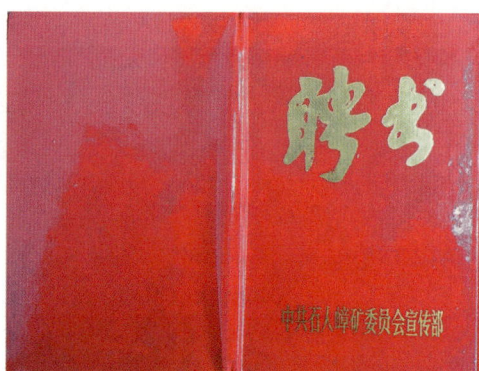

矿党委宣传部发的聘书

梅子窝坑口工会俱乐部牌匾

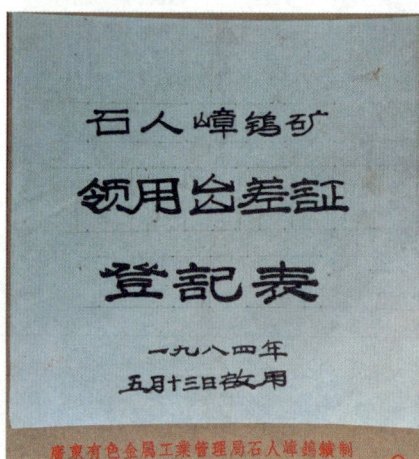

领用出差证登记表

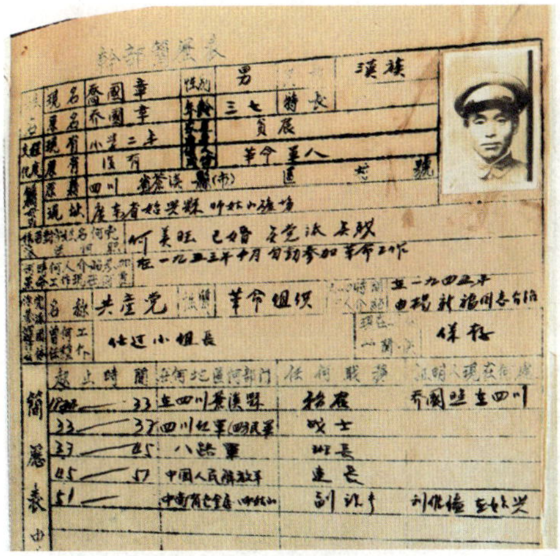

干部简历表（乔国章）

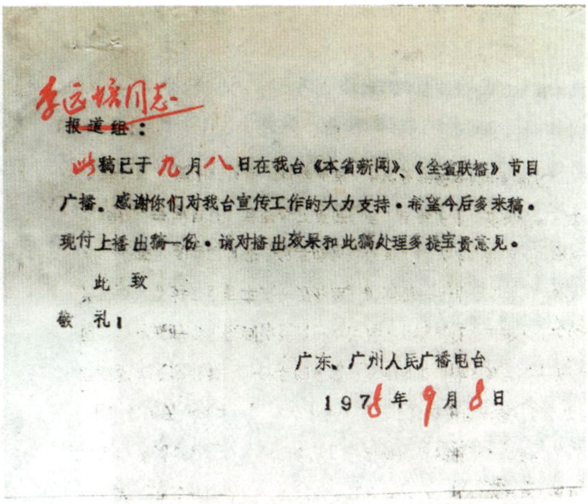

李运培同志

报道组：

此稿已于九月八日在我台《本省新闻》、《全省联播》节目广播。感谢你们对我台宣传工作的大力支持。希望今后多来稿。现付上播出稿一份。请对播出效果和此稿处理多提宝贵意见。

此　致

敬　礼！

广东、广州人民广播电台

1978年9月8日

在广东、广州人民广播电台播出的新闻通知单

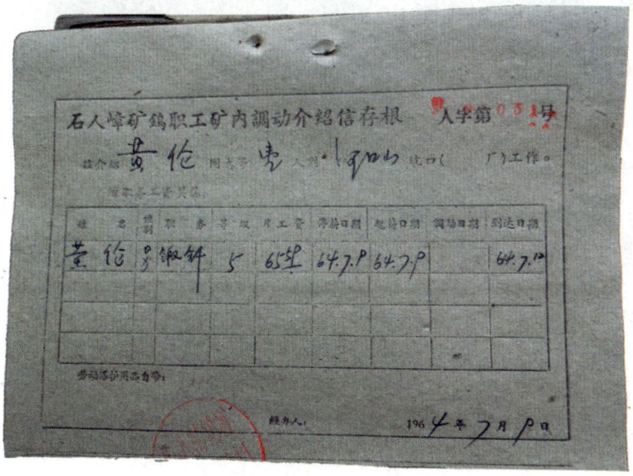

石人嶂矿钨职工矿内调动介绍信存根

矿工矿内调动介绍信

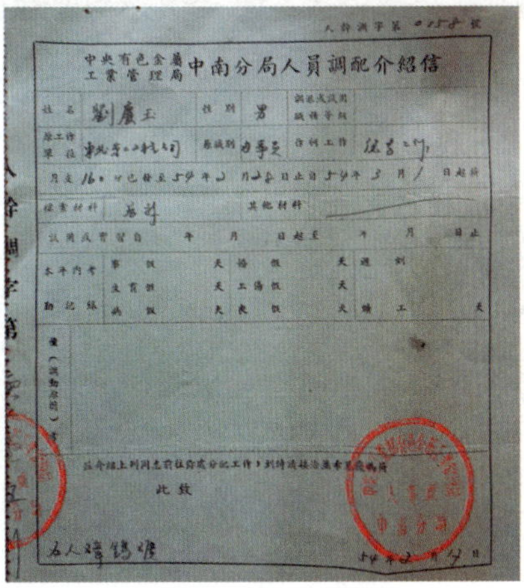

中央有色金属工业管理局中南分局人员调配介绍信

干部调配介绍信

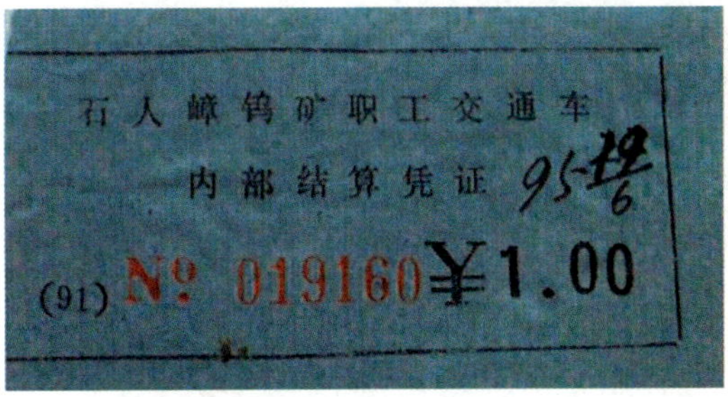

石人嶂钨矿职工交通车

内部结算凭证　95

(91) №　019160 ¥1.00

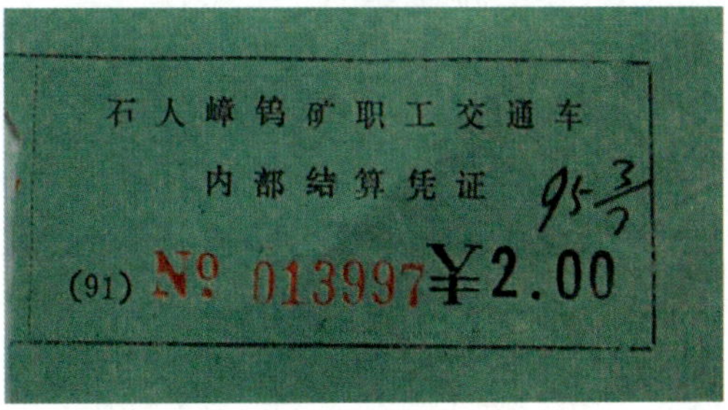

石人嶂钨矿职工交通车

内部结算凭证　95

(91) №　013997 ¥2.00

职工交通车内部结算凭证

梅子窝坑口材料券

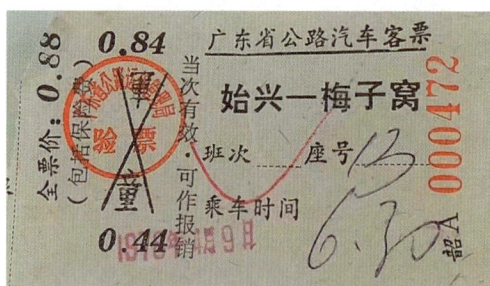

始兴县城到梅子窝坑口车票

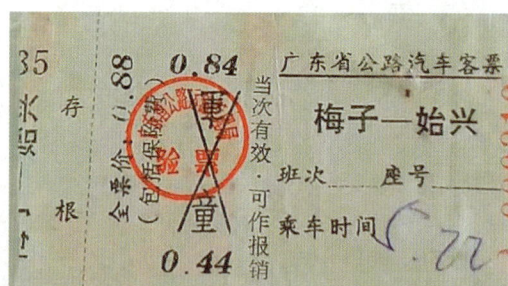

梅子窝坑口到始兴县城车票

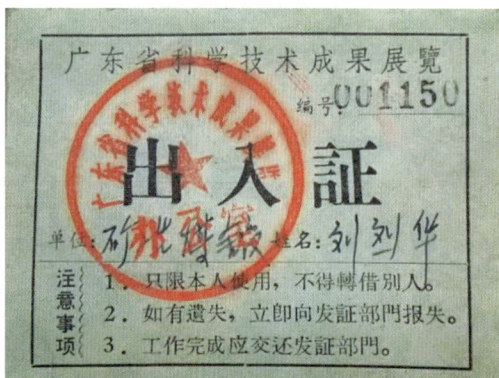

参加广东省科学技术成果展览出入证

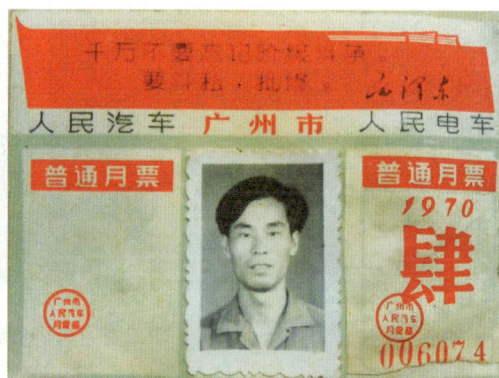

矿工在广州学习期间办理的月票

0024

石人嶂钨矿文件

石党组 07
石 人字〔1988〕09号
石 劳 03

转发广州公司对钱海山等同志工资升级批复的通知

各单位：

根据广州公司粤色劳字（1987）653号文批准我矿进行1987年度职工工资升级的精神，对矿领导和调研员的工资升级，报经广州公司一九八八年五月十八日批准，同意下列十四位同志工资升级，所增工资从一九八七年十月一日起执行。

钱海山同志由有色企干6级副170元升为6级178元；

余士华同志由有色企干7级162元升为6级副170元；

王惠云、叶瑞湘两位同志由有色企干7级副154元升为7级162元；

江学龙、黎道凡、丁吉令三位同志由有色企干8级147元升为7级副154元；

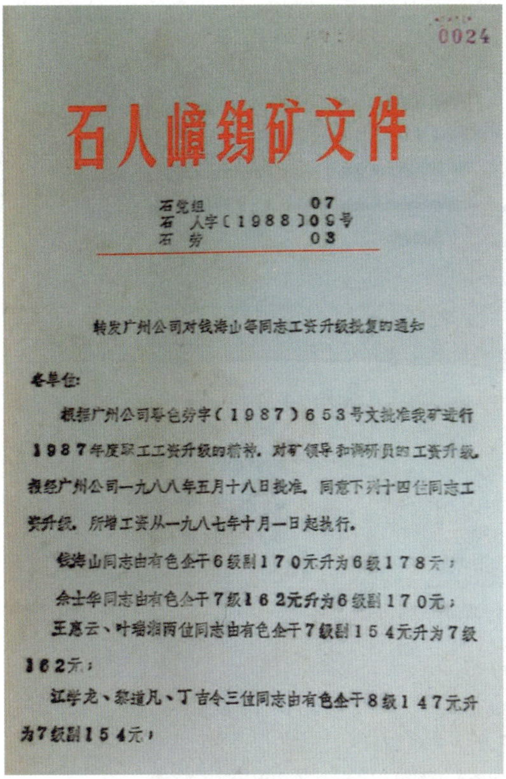

石人嶂钨矿文件

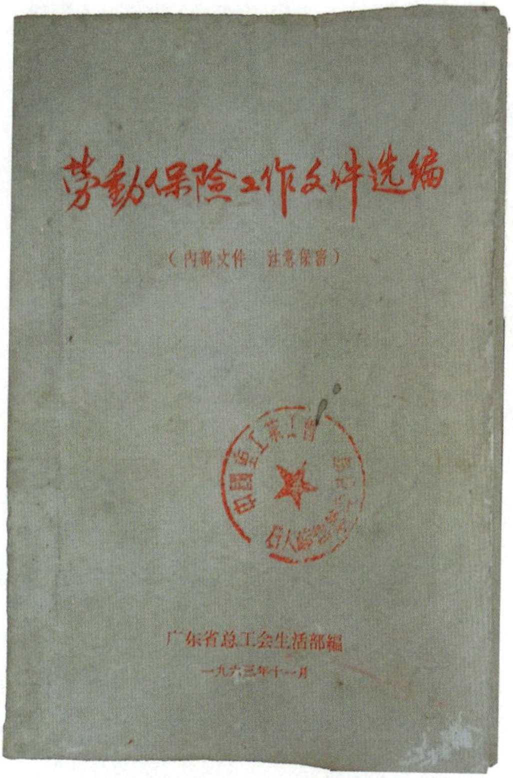

矿山保存的上级文件选编（书）

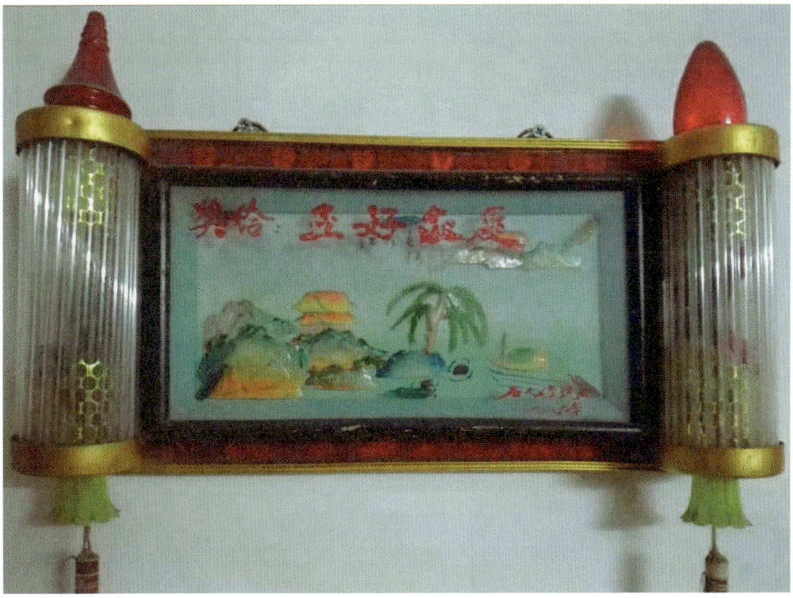

“五好家庭”奖品

借书卡

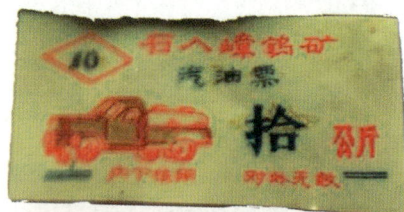

石人嶂钨矿汽油票

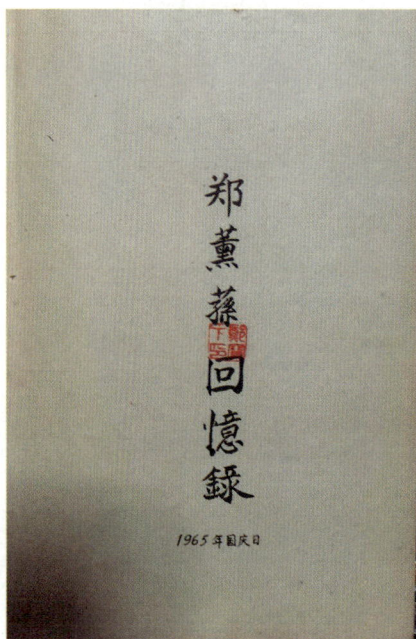

《郑薰荪回忆录》

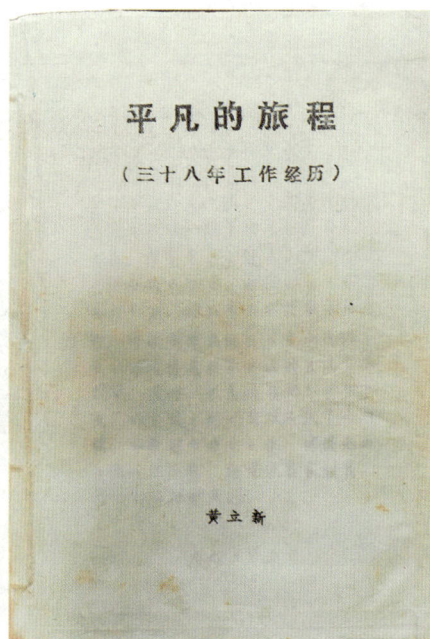

黄立新个人工作历程汇编《平凡的旅程》

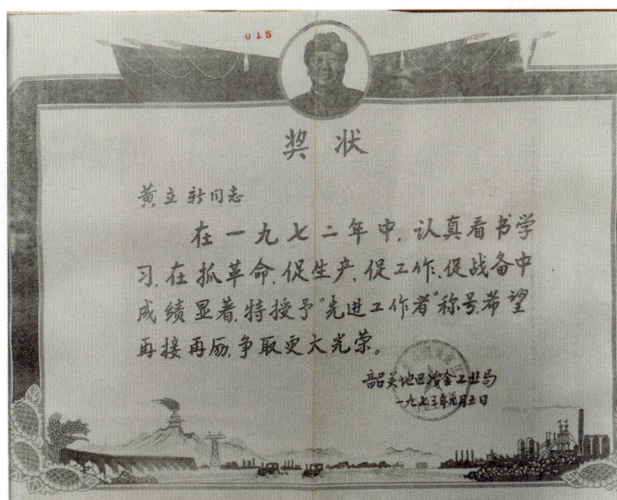

市级先进工作者奖状

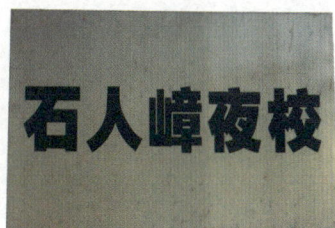

石人嶂夜校牌匾

电影放映机

电影拷贝机

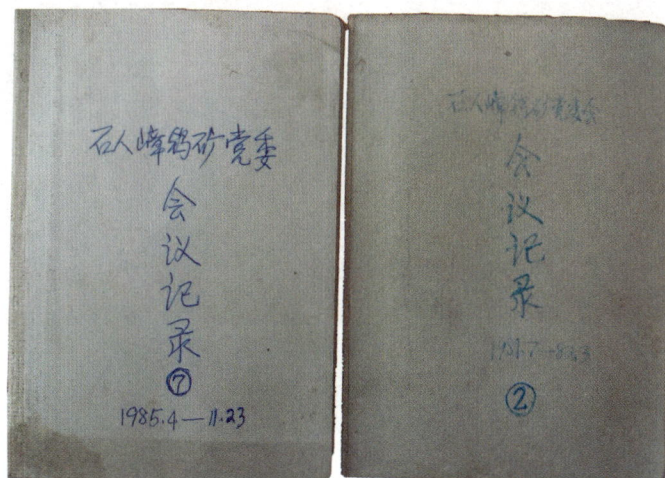

石人嶂钨矿党委会议记录本

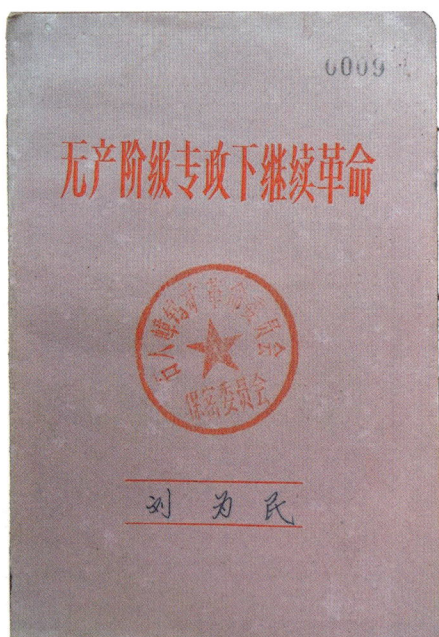

保密工作会议记录本

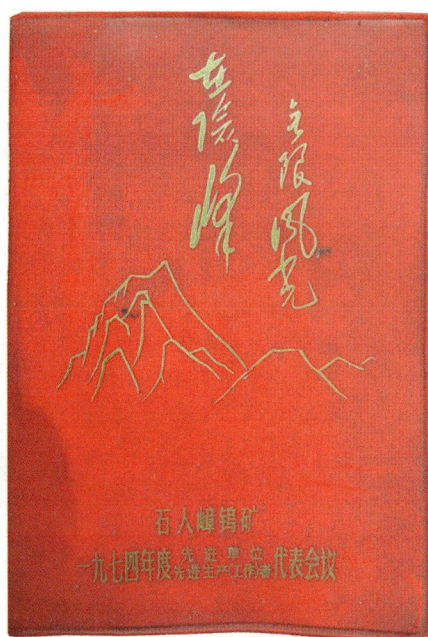

表彰先进的笔记本（1974 年度）

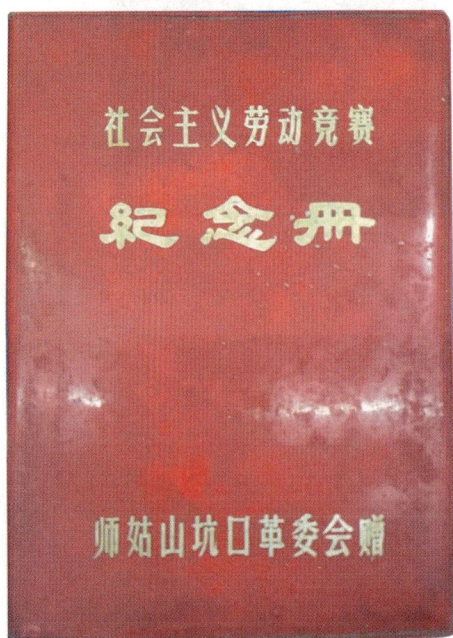

社会主义劳动竞赛纪念册

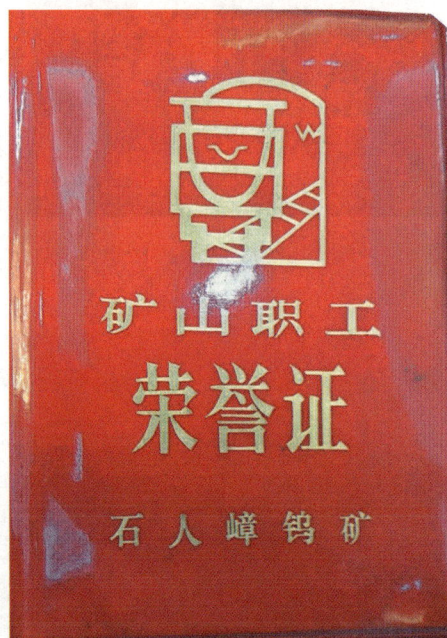

矿山职工荣誉证

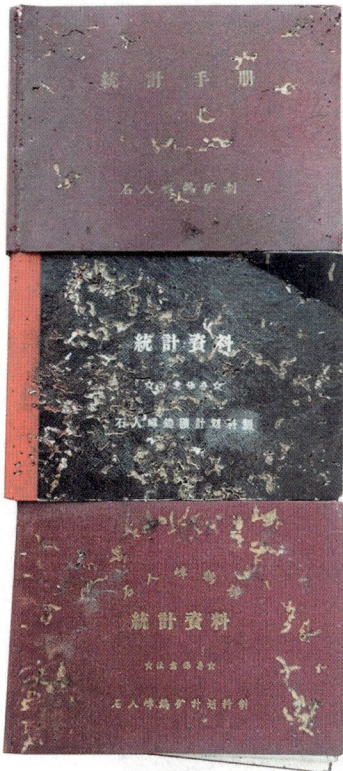

各类统计报表（册）

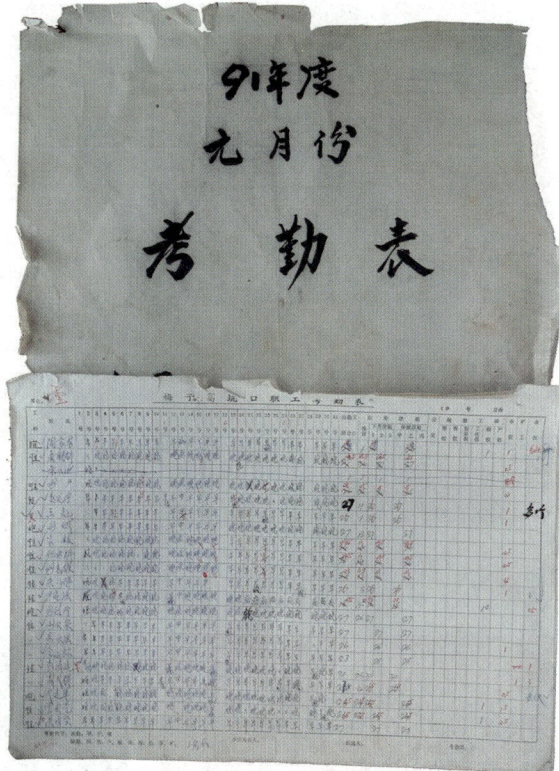

考勤表（1991 年度）

轮换工名册

《石人嶂科技》杂志

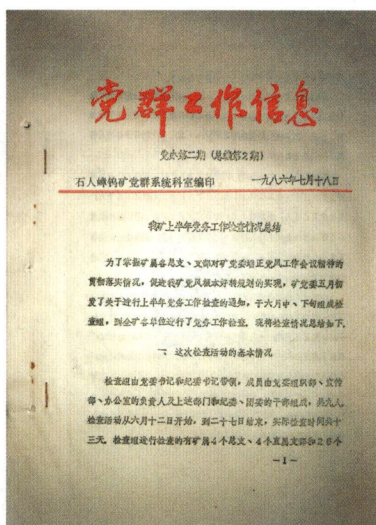

《党群工作信息》（内部刊物）

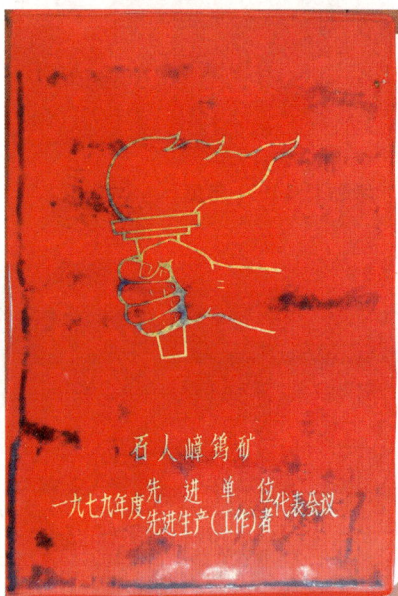

表彰先进的笔记本（1979 年度）

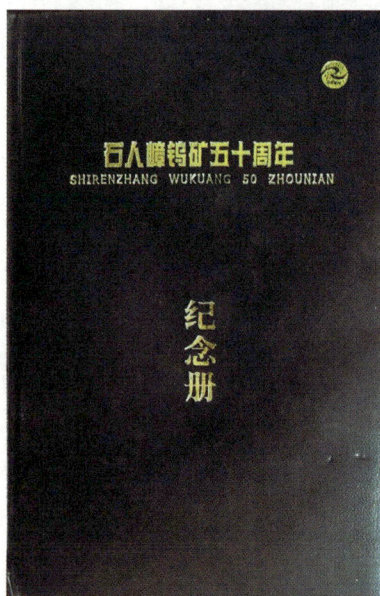

石人嶂钨矿五十周年纪念册

建矿初期的佩章

附　矿山简史及大事记

矿山简史

石人嶂钨矿所属各坑口（矿点），其矿床类型均为岩浆期后高温热液裂隙充填石英脉型黑钨矿矿床。矿山在工业部门细分类中，属有色金属采选。按有色金属工业大中型项目的划分，属中型企业（年采选矿石 20 万吨以上）。

主要产品是黑钨，副产品有锡、铋、钼、铜。

全矿实行三级（矿、坑口、工区）管理、两级（矿、坑口）核算。

工作制度为间断工作制，年工作日 306 天，一天三班，一班八小时。

石人嶂钨矿以石人嶂矿点为中心而命名，实际由多矿点组成。各矿点分散在始兴县境内的深渡水、罗坝、澄江、司前等乡镇，相距三四十公里之间不等。各矿点先后发现于 1917—1918 年。

1949 年以前，商办时期，先后有开源、和合、宝兴、惠民等公司开办，收购钨砂。这个时期，矿商甚多，互相竞争，提高收价，对生产起到刺激作用，矿砂生产迅速发展。惠民公司开办时，民工最多达 600 余人。1944 年伪资源委员会派员来山控制，官商之间争夺地盘，抢购矿品，矛盾日深，加上地主恶霸把持山头，强收山租窿租，工人受到层层剥削，无法维持生活，纷纷下山，以致生产停顿，工人最少时只有五六十人在山作业。

解放初期，中南有色金属工业管理总局江西分局（当时广东尚无机构）于 1950 年 8 月在粤北成立曲江收砂站和始兴收砂站。8 月底中南有色金属工业管理总局才在广东设立办事处，前属江西分局领导的收砂站也划归广东办事处领导。9 月将曲江收砂站改组为"有色金属广东办事处北江分处"，在始兴设管理站，石人嶂矿区属它所管，11 月改名为"有色金属广东办事处北江区管理处"。1951 年 6 月广东办事处改为广东分局，并将北江区管理处改为北岭管理处。自 1953 年起，撤销广东分局，直属中央重工业部有色金属工业管理局中南分局领导，改名为粤北管理处。这时石人嶂矿区已单独成立石人嶂钨矿，直属中南分局领导，1957 年 6 月又改为直属广东有色金属矿务局领导。本矿除了 1962 年曾划归韶关有色金属公司管辖外，一直都是省属单位。

本矿鼎盛时期有六个生产坑口：

（1）石人嶂坑口 1953 年转为国营，并由长沙勘探公司 211 队上山勘探，矿山进行手工掘进，1954 年 7 月 1 日开始机掘。至 1955 年 6 月共掘进坑道 3500 公尺，获得储量 2400 吨左右，仅对中组矿脉作了勘探结论即移交生产。1956 年由长沙有色金属设计院设计选厂，1957 年 8 月建成 250 吨/日机选厂并投产。矿山在生产过程中，1962 年又发现细脉带，省勘探公司 932 队重新上山进行勘探，1966 年提交《石人嶂钨矿地质勘探报告》，1973 年 7 月广东省冶金局以粤冶革地审字〔1973〕003 号文批准此报告。1966 年以后，矿山在地质勘探工作的基础上，加强边缘和深部探矿，进一步查清了资源，延长了矿山寿命。

（2）师姑山坑口于 1953 年 12 月由民窿转为国营。1956 年 10 月建成 80 吨/日选厂并投产，1957 年初开始机掘。由于没有经过正规勘探，地质资源不清，1962—1966 年曾因资源危机处于下马闭坑状态，大部分人员和设备已调走，留下少数人转为手工生产，回收残柱，并在 450 中段建起简易手选厂生产中矿。同时在该坑成立民窿站，江西省有 100 多名民工来山作业，一直持续到 1975 年。在手掘生产期间，深部发现一些新矿脉，含矿较好，1966 年以后又逐步转为机掘。省勘探公司 937 队探矿组在该区开展过一段时间工作，投入一些坑探，在此基础上，矿山边生产边坑探，新增了储量，1969 年在原机选厂的基础上新增 125 吨/日机选厂，1970 年 8 月建成投产（原来 80 吨/日选厂厂房于 1964 被火烧毁）。

（3）河口山于 1954 年 7 月收归国营，1956 年初机掘，1959 年建成 80 吨/日选厂。因矿量不足，1961 年一度面临关门的局面。以后省勘探公司 937 队来山开展工作，矿山也加速深部探矿，增加部分储量；坑内采掘作业延续至 1977 年底，选厂处理溜头矿和残矿延长至 1978 年 9 月。广东省冶金局于 1978 年 11 月 27 日以粤冶革地审字〔1978〕938 号文批准闭坑。闭坑主要数据如下：

1954 年建坑投产以来共完成：

①岩心钻探 2999 米（11 个钻孔）；

②生探、地探 11469 米；

③获得 C1 级以上储量：矿石量 286964 吨，钨金属量 3181 吨；

④全区共 115 个矿块，开采了 108 个矿块，未开采 7 个矿块（矿石量 3946 吨、金属量 35 吨）；

⑤全区包括非开采损失为 8.5%，开采损失率为 7.1%，共采出 WO_3（25%）12164 吨，上缴利润 247.12 万元。

（4）罗坝坑口原系民营单位，属本矿所管，1957 年下放给地方管理，1959 年由韶关有色金属公司收回国营，1962 年再度划归本矿管辖。由于矿点分散，储量又少，于1965 年撤销该坑口，成立罗坝民窿管理站，交给地方管理。

（5）梅子窝坑口解放初期还是民窿生产，直到 1958 年 12 月才转为国营，1959 年开始基建 125 吨/日选厂，1960 年坑内开始机掘。1957—1959 年广东省地质局 722 队上山勘探，以钻孔圈定计算了 C1 级储量，省储委审查时全部降为 C2 级，因此省勘探公司 932 队又于 1962 年初重新上山进行勘探，于 1968 年提交了《梅子窝钨矿区地质勘探报告》，1973 年 7 月广东省冶金局以粤冶革地审字〔1973〕001 号文批准此报告。1968 年以后，矿山在勘探工作的基础上，通过生产探矿，发现矿脉深部矿化标高比勘探队圈定的要高些。1976 年底本矿又成立地质队在该区开展工作，进一步摸清矿脉深部变化，为今后生产建设提供了可靠依据。

（6）文政坑坑口于 1958 年 12 月由民窿转为国营。广东省地质局 722 队曾在该区勘探。储量未经批准即着手建厂。1959 年开始机掘，同年 12 月建成 125 吨/日机选厂并投产。但由于资源不足，边掘边采，边采边放矿，仅仅三年时间，1962 年底即被迫停止机掘，转入手工生产，回收残柱，1964 年底全部关闭。

截至 1979 年，石人嶂钨矿只有石坑、师坑、梅坑三个生产坑口了。梅子窝坑口储量居首位，品位也比较高，石人嶂坑口次之，师姑山坑口已接近尾声。

石人嶂钨矿成立初期，除了较大的矿点收回国营外，尚有许多小矿点分区成立南雄、清化、罗坝等民窿站，矿设有民窿管理科，收购民工生产的钨砂。1955 年以前，民窿生产量占全矿产量的 60% 以上，之后这些民窿站才陆续交给地方所管。

全矿除了几个生产坑口外，还设有一些辅助生产单位，如机修厂、供电站、汽车队、炸药加工厂、始兴转运站（即 1961 年以前的精选车间）等。

矿机关 1968 年以前设置科室，1968 年 1 月 26 日成立矿革命委员会，把科室合并为四大组（政工组、办事组、生产组、后勤组），1973 年 1 月又将四大组改为原来的科室设置。矿职工医院、子弟学校、地质队都直属机关所管。1979 年 5 月中共韶关地委发文通知，不再设革命委员会，实行党委领导下的矿长分工责任制。

全矿大事记

（1）1959 年 8 月新建罗坝变电站至矿变电所 35 千伏供电线路。1970 年 1 月将木杆改为水泥杆。

（2）1959 年 5 月新建罗坝变电站至师姑山 35 千伏供电线路。1972 年 8 月 25 日开始施工将木杆改为水泥杆，1973 年 1 月 11 日完工。

（3）1959 年新建罗坝变电站至梅子窝 35 千伏供电线路，1968 年 5 月将木杆改为水泥杆。1976 年以前因没有 35 千伏变压器，就用 10 千伏供电线路供电，1976 年以后才改为 35 千伏供电。

（4）1963 年 4 月新建矿变电站至河口山 10 千伏供电线路，电杆结构是 4 吋铁管内充填水泥砂浆。因河坑资源开采完毕，于 1979 年报销。

（5）1963 年 4 月 3 日至 1964 年 1 月 28 日，久旱缺水，大量压缩水电供应，全矿生产陷于半停工状态。在此期间我矿安装了两台 675 马力柴油发电机（每台电动机为 450 千瓦）。

（6）1964 年 7 月 1 日成立罗坝民窿管理站，1966 年 1 月 1 日起划给韶关有色金属公司管理。

（7）1966年矿招收第一批轮换工，共250人。

（8）1967年开工兴建15公里炸药加工厂，1968年投产。

（9）1973年5月7日晚下大雨，山洪暴发，冲倒民房，冲垮公路、桥梁，始兴县城涨水一米多深。据说这是百年罕见的，我矿各单位不同程度地受到灾害，河坑灾情最重。

1975年12月12—14日出现几十年未见的大冰雪，树木被冻死，高压线路和电话线路冻断、倒杆，水管被冻裂，生产受到损失。

1976年6月8日晚至9日又一次大雨成灾，仅始兴县房屋倒塌就200多间，墨江桥被冲垮三个桥墩，我矿也受到很大损失。

（10）1974年韶关精选厂减交国家税收3%，按合同规定这部分钱已从1974年7月起提高中矿价拨给我矿。

（11）1974年675马力柴油发电机推广双水内冷成功，提高出力，由原来450千瓦提高到750千瓦。

（12）1975年广东省冶金局在我矿设技工学校石人嶂分校，当年招生40名，1976年招生70名，1977年招生100名，1978年招生200名。

（13）1976年8—9月架设顿岗变电站至矿变电所35千伏高压线路，长6公里多。

（14）1977年3月20日8时罗坝变电站（江西水电）停止供电，3月20日17时24分改由顿岗变电站供电（广东电）。

（15）1978年4月起全矿又实行计时工资加奖励工资制，1979年部分试行计件工资制。

（16）1980年2月13日0时15分，石坑678中段地表因水冻垮土，石头埋掉炸药库、哨所。这次自然灾害致使2人遇难，其中1人失踪。

（17）1980年6月20日，师坑220中段向180中段开拓斜井（1.8×3平方米，坡度25°），8月27日完工。

（18）1980年7月15日，因钨精矿提价（出厂价由6650元/吨提为8500元/吨），钨中矿也相应提价，由2225元/吨提为2875元/吨。钨中矿含铜不给价。

（19）1981年起，实行1980年不变价计算工业总产值。WO_3 25%1980年不变价为2875元/吨。同时钨中矿含锡、铋、钼，不计算产值。石坑黄茸山探矿工程1981年2月开工，全年打进尺696米。

（20）企业扩大自主权，我矿由原来利润留成改为利润包干。每年上缴利润100万元，从1981年起，一定五年。每年除上缴100万元外，余下部分以上年利润为基数，基数内按1%为生产基金，26.6%为福利基金，25.9%为奖金的比例折算分成；超过部分按60%为生产基金，福利基金、奖金各20%分成。

（21）梅坑560中段工程由于农矿矛盾难以解决，没能按计划开工，1981年只做了一些准备工作。

（22）1982年钨中矿计划原编4950吨，因无销路压为4700吨。

（23）1982年石坑在采场推广应用振动放矿新技术成功。

（24）1982年梅坑560主平窿由民工打进尺25米（净断面4×2.9平方米）。

（25）矿地质队在石坑450中段11.19线钻探探到SS组矿脉，并经穿脉坑道证实具有开采价值。

（26）梅坑560中段主平窿于1983年9月26日开始承包给浙江省苍南县工程队。1983年原计划800米，由于岩石松散塌方，掘进有困难，中色广州公司12月24日以粤色计字〔1983〕249号文给予调整为75米。巷道掘进涵32米遇大塌方，停工四个月后用木铵化学注浆加固，安全通过恢复生产。1983年12月23—25日，中国有色金属工业总公司委托中色广州公司在我矿召开技术鉴定会，获评总公司科技成果四等奖。

（27）1983年9月8日，石矿字〔1983〕48号文《关于各坑口成立有关股室的通知》：石、梅两坑的计划、调度、统计三个专业由生产股分出，成立计划调度股。

（28）1983年12月1日，中色广州公司工作组来我矿为组织新领导班子，集中全矿工区长以上干部进行民意测验。

（29）1984年5月26日，以中色广州公司副总经理李铿贡为首的工作组来我矿进行"企业整顿"验收工作。批准石人嶂钨矿企业整顿工作合格，予以验收。

（30）1984年中，井下风钻作业改为只开两班。

（31）1984年矿单独设立产品销售科，原矿供销科改为供应科。

（32）始兴县以保护环境为由，促成石人嶂矿中矿加工厂搬迁。故设在始兴县城的中矿加工厂生产至1984年8月底止。9月份搬迁至石坑另设厂生产。梅坑、师坑的中矿运来集中加工、销售。在始兴的厂址改建为职工住房。

（33）石坑坑内运输工李汉科因1984年3月12日上早班时违章进入678中段放矿井危险区，失足坠入天井死亡。

（34）1984年研制成功新型高黏度乳化油炸药，并研制成功RXB－Ⅰ型乳化炸药小直径药卷包装机。1984年6月11—13日中国有色金属工业总公司委托中色广州公司在我矿召开了技术鉴定会，获评总公司科技成果三等奖。

（35）梅坑选厂搬迁560中段，土建工程于1985年元旦破土动工。

（36）1985年开始我矿生产的钨中矿委托韶关精选厂代加工，加工费每吨589.95元，加工成精矿（65%）由中色广州公司供运公司代销，收管理费1%。

（37）1985年3月25—30日中国有色金属工业总公司在我矿召开振动放矿经验交流会，振动出矿溜矿法被评为总公司科研成果三等奖。

（38）1985 年 5 月 7 日，梅坑 560 主平窿开始用台车掘进，每班同时开动两台，铲装机配套梭车运矿，加快了掘进速度。当年月进尺最好水平为 136.4 米，全年达 1102.1 米。

（39）矿驻广州办事处建成使用，1985 年 6 月 1 日正式开业。

（40）1985 年 6 月 5 日宣布矿新领导班子：党委书记王惠云，矿长余士华，副矿长丁武军、徐成新、唐珍茂，工会主席孔唐荣。

（41）1985 年 9 月 7 日，梅坑选厂钳工黄士魁检修设备时触电身亡。

（42）1985 年下半年，全矿自费进行了第二步工资改革；师坑 180.220 中段开采完封闭。

（43）从 1986 年 4 月 15 日起，钨精矿提价，由 8500 元/吨提为 13500 元/吨，但国际市场不景气，实际售价达不到此价。

（44）全国第二次工业普查于 1985 年 6 月布置试填，我矿于 1986 年 4 月底完成此表上报。按国务院要求，中国有色金属工业总公司两套普查目录上报。

（45）梅坑 560 中段主平窿掘进工程于 1986 年 11 月 9 日在 560 工地召开竣工验收会。

（46）师坑由于资源枯竭，正规生产到 1986 年 10 月止，以后转入清残。

（47）自筹资金从 1986 年 10 月 1 日起给 30% 的职工提升工资。

（48）1986 年 4 月 5 日梅坑三工区风钻工打残炮，发生爆炸事故，风钻工刁伟导在事故中不幸身亡，另轻伤一人。

（49）正式实施矿长负责制的头一年，由余士华担任矿长履行职责。1987 年 11 月 2 日与中色广州公司签订了"1988—1990 年承包经营责任合同"。

（50）1987 年 1 月 22 日下午，石坑盲竖井发生火灾，烧毁 687—758 中段井筒和卷扬机房，整个竖井报废，638、678 中段采掘工程被迫停产。

（51）维简费的提取，从 1987 年起，每吨矿石由 6.5 元增加为 8 元。

（52）1987 年 5 月 20—24 日，中色广州公司在我矿召开企业管理基础工作规范化现场会暨工业普查总结表彰会。

（53）梅坑 560 新选厂 1987 年 6 月试车生产，9 月 760 老选厂停产。

（54）1987 年 12 月 14—18 日，韶关市无线电管理委员会监测站来我矿帮助安装无线电对讲机，石坑、梅坑、师坑与矿本部通话，改善了通信设施。

（55）1987 年实现安全生产，无人身死亡事故发生。

（56）1988 年向本矿职工借款集资建成简单的精选工段。1 月动工，5 月投产；实现当年投资，当年投产（加工精矿 230 吨），当年出效益。

（57）1988 年，矿与韶关市武江区西联镇联营办石料场和红砖厂，石料场 1 月 2 日开业，红砖厂 8 月出砖，但由于管理不善，石料场亏损，红砖厂只有微利。

（58）1988 年 1 月 13 日，梅坑 560 食堂将亚硝酸钠作食盐炒菜，导致用膳人员 45 人急性中毒，经 10 多个小时抢救，中毒人员全部脱险。

（59）1988 年 5 月 24 日下大暴雨，矿区不同程度地出现灾情，师坑办公室和一栋家属房被洪水挟泥沙废石冲毁，致一名职工的女儿和一个来矿山探亲的家属遇难。

（60）为了加强管理，扩大精选能力，1988 年 12 月 12 日矿以石矿字〔1988〕127 号文将原石坑选厂分离成立"石人嶂钨矿直属选厂"。

（61）1988 年全年杜绝伤亡事故。连续 32 个月来未发生伤亡事故，实现安全生产。

（62）经中色广州公司批准，1989 年起，我矿开始生产钨精矿，中矿不再运往韶关精选厂。在简易精选工段的基础上，1988 年 12 月 20 日动工扩建精选二期工程，于 1989 年 8 月建成，并试车投产。一、二期工程共投资 115 万元，形成年产能力 1500 吨。

（63）1989 年 2 月梅坑竖井建成并投产。

（64）1989 年下半年钨精矿再度滞销，价格下跌，全矿资金短缺，经济效益甚差。

（65）直属选厂尾砂坝排水隆于 1989 年 11 月底打通，全长 1279 米。

（66）1989 年底，在石坑北组缓倾斜矿脉进行"向上分层胶结底板分采充填采矿法"试验获得成功，并投入生产。

（67）本矿 1989 年的生产是近年来完成最差的。钨中矿原计划 3500 吨，经中色广州公司调整为 3100 吨后，勉强完成计划。完成最差的 2 月份，全矿只完成 107 吨，为月计划的 38.3%，其中梅坑全月生产中矿 46.8 吨，为月计划的 27.9%。

（68）至 1989 年 4 月 6 日止实现全矿安全生产三周年，至 1989 年 12 月底累计 44 个月无工伤死亡事故发生。

（69）1990 年，经中色广州公司批准（粤色密字〔1990〕090 号文）减少了原编的年采掘量计划。本年度钨矿石继续疲软，价格下跌，产品滞销。

（70）直属选厂尾砂坝排洪坑道于 1990 年 10 月正式移交生产使用。

（71）1990 年 10 月 18 日中色广州公司以粤色计字〔1990〕494 号文《对石人嶂师姑山坑口闭坑报告的审查意见》，批准师姑山坑口于 1990 年底闭坑。

（72）1990 年我矿发生两起伤亡事故：一起是 3 月 8 日石坑 638 中段 19 脉东平巷顶板大块石头下跌，致风钻工何海燕身亡。另一起是 6 月 22 日梅坑 720 中段 5337 天井炮烟中毒，下坠一死一伤，廖立身亡。

（73）因资金紧缺，1991 年 1 月 5 日中色广州公司召开钨锡矿山排产会，要钨锡矿山压产。下达我矿一季度钨精矿计划 150 吨，仅占全年计划的 13.8%。

（74）石坑深部开拓 450 中段于 1991 年 3 月 27 日开工，但由于资金紧缺，进度缓慢。

（75）1991年4—5月中色广州公司又向我矿下达钨精矿任务450吨，这批产品原商定价为13520元/吨，后来实际结算价远低于原定价。

（76）1991年9月6日22时左右开始下大雨，持续一整天，致使山洪暴发，全矿范围出现灾情，部分厂房、家属房倒塌，公路塌方，通信线路中断，矿井被水冲坏、巷道被淹，被迫停产，损失严重，中色广州公司以工会主席为首来矿视察灾情。

（77）1991年进入第四季度，钨矿产品销售市场更加严峻，由于无销路，11月中色广州公司2次电话通知：限产压库。因此生产处于半停半开状态，12月竟通知全停，处境更加艰难。

（78）1992年钨业更加不景气，中色广州公司先后通知：2月10日前不准启动生产，2月10日以后以销定产，11月10日起停止采选生产（粤色生字〔1992〕588号，1992年11月3日）。年度计划一减再减，生产停停开开，石坑由于品位低，于1992年始而停止采掘以民采的形式生产高毛钨，精选部分持续至9月。

（79）1992年5月起，矿到龙门县承包龙门上苍铅锌矿井下掘进工程，合同期为一年。

（80）转换经营机制，转产接替工作有了良好开端：①鱼腥草饮料5月投产，生产出清凉饮料系列产品，但销路未打开，出现亏损；②分体式空调机高低压截止阀试制成功，并与韶关康利空调机厂签订了供货意向书；③直属选厂买进"998"仿瓷涂料技术，并试产成功。

（81）1992年8月21日，中色广州公司党组发文：对石人嶂钨矿党政领导班子进行调整，孔唐荣任矿长，丁武军任党委书记，谢元华任党委副书记兼纪委书记。

（82）由于钨矿产品销价低，已跌至1980年的售价（8500～9000元/吨），而原材料动力价格不断上涨，生产成本高，亏损增加，资金短缺，生产无投入，出矿多、采矿少，到年底石坑已无存矿，梅坑仅存矿35659吨，矿山到了破产边缘。

（83）自1992年11月停止正规采选作业后，1993年处境更加艰难。由于转产无出路，人员无法分流；为了生存，1993年仍安排生产钨精矿。石坑以收购民工高毛钨为主，梅坑自产与收购结合，井下采高品位，选厂开一班；但由于钨价不断下跌，年终竟跌至8200元/吨。

（84）1993年转产工作艰难，资金无来源，总公司已立项下达贷款指标，但地方银行不批准贷款。①饮料厂软包装未成功，瓶装销量有限，加上管理不善，出现亏损。②空调机高低压截止阀，打不开销路，无法维持下去；为了归还集资款，设备连同技术全部卖给私营老板。③承包龙门上苍铅锌矿第一期工程已完工，采矿工程承包，由于对方压价太低，搞不下去，于11月全部撤回。

（85）1993年5月，直属选厂尾砂坝出现险情：尾矿库出现陷洞，涵洞两壁冒水冒砂，底板冒黄泥水夹杂着尾砂。6月23日中色广州公司在矿召开有各路专家参加的治理会议，10 月总公司拨专款 10 万元作为第一期治理费用。

（86）1994 年钨砂（65%）价格回升到 3 万元/吨以后，矿里情况有所好转，但负担仍然沉重。1994 年上半年，钨价低，销售了不少；下半年，虽然价格上升，但又拿不出货。因前两年停产后，大部分青年工人及技术人员都调走或到外单位打工，生产设施一部分也遭到损坏，因此产量无法提高。石坑只收购高毛钨；梅坑自产、收购相结合，选厂两天才开一班。

（87）毛织厂 1994 年 2 月开工，但原料不足，单价又低，致使工人走的走，调的调，困难很大。

（88）1994 年，饮料厂软包装仍未达到理想效果，瓶装销量有限，不能产生效益。

（89）1994 年 4 月 21 日，全国 22 个有色统配钨矿山自愿联合，在江西南昌成立钨矿山产销联合体。石人嶂钨矿为协调小组五个成员单位之一。

（90）尾砂坝加固工程完成投资 50.6 万元，1995 年续投资 11.4 万元。

（91）全矿自 1997 年 10 月 20 日始控制生活用电，至 1998 年 10 月 20 日一年来总用电量为 427.56 万度，比上年同期减少用电量 52.0826 万度；按平均电价 0.55 元/度计算，减少电费开支 28.6454 万元。

（92）1998 年起，加大分流减员力度，本年减少职工 68 人，年末在册职工人数 907 人。

（93）矿在 1998 年 4—6 月用三个月时间恢复石坑选厂 125 吨/日粗选工程，并于 7 月 1 日正式投产。

（94）1999 年我矿隶属关系发生较大变化，未正式进入国家有色金属工业局新组建的三大集团公司，被列入等待处理的末期矿山范围，暂挂靠在中国铜铅锌集团公司。根据中央和主管上级的工作部署精神可以看出，我矿是被国家审定为计划破产关闭的全国 45 个有色金属企业之一，估计 2000 年会有实际行动。

（95）从 2000 年 3 月 16 日起关闭石峰饮料厂（罗坝南山坑）。

（96）从 2000 年 9 月起，我矿的隶属关系由中央企业下放给广东省，由广东省经贸委重化处辖管中色广州公司。

（97）2000 年计划生产钨精矿 750 吨，实际完成 831.0455 吨，是自 1992 年以来生产量最高的一年。

（98）2001 年 3 月 11 日上午 11 时至 12 时，梅子窝坑口山背瘌痢石山峰东北（偏东）坡及北坡同时发生了一次地表滑坡崩塌现象，滑坡面积约 11 万平方米，滑坡倾倒的岩石约 107 万立方米。滑坡最宽处约 150 米，最厚处约 50 米，从最高处标高 1100 多米至最低处标高 650 米，崩塌斜长约 1000 米。大滑坡倾倒下来的岩石埋没了三个老窿口（山背东北向 924、884、840 窿口），山坑树木被塌下的岩体全部埋没，造成直接经济损失估计达 160 万元（未造成人员伤亡），北坡还有两条明显的裂隙，为可能崩塌的危险区域，如崩塌可危及梅坑机电工段，压坏机房、水泵房及六栋职工家属住房等。据了解，该处崩塌的原因有：①砂岩类板岩，加之岩石风化且坡度大（60°～65°）；②外地民工在地表和进入已封闭的窿采矿，造成应力变化；③下雨较多，雨水渗入岩层造成阻力减少。

（99）2001年的钨精矿生产继去年高产的基础上再创近年历史新高，全年生产钨精矿（标产）840.384吨。

（100）2001年伊始，钨砂市场价格逐步回升，至6月，黑钨涨至25800元/吨，至年底，我矿卖出的钨砂全年平均销售单价达到24054元/吨，实现钨砂年销售值2127万元，创造了我矿自1988年来的历史最高水平。

（101）我矿的隶属关系随着国家改革开放的深入发展，几易更改：1983年前隶属广东省冶金工业局管理；1983—1998年，属中国有色金属工业总公司直属中色广州公司管理；1998年4月，国家撤销有色金属工业总公司，成立国家有色金属工业局，属国家有色金属工业局直属中色广州公司管理；1999年10月，国家有色金属工业局成立三大集团公司，我矿随着中色广州公司划归中国铜铅锌集团公司，由中色广州公司领导和管理；2000年9月8日，中色广州公司以及连同我矿在内的29家原中央有色企业一起下放给广东省，由广东省经贸委重化处辖管中色广州公司，我矿继续隶属中色广州公司管理；2001年8月22日，广东省政府发文，包括中色广州公司连同我矿在内的29家有色企业单位整体移交给广晟有色金属股份有限公司管理，我矿仍属中色广州公司领导和管理。

石人嶂坑口大事记

（1）1953年收归国营，1954年7月1日开始机掘。

（2）1956年由长沙有色金属设计院设计选厂，1957年8月建成日处理合格矿量250吨选厂并投产，1970年12月又扩建为375吨。

（3）1958年下半年598—758中段盲竖井投产。

（4）1958年11月23日16时30分发生第一次地压活动：

①破坏程度：820、790中段21个采空场遭到不同程度破坏，轻者受牵引移动，严重者倒塌。758中段少数采场损坏夹壁与顶板。

②损失：损失存窿矿石量2万多吨（事后在758中段143采场收回部分）；地面照明线路与风水管道部分损坏或陷入空区；井下820、790两中段部分铁轨、风水管、电缆、电线陷入空区；通往后山交通路被截断。

（5）1964年1月25日下午办公室起火烧毁整栋办公室。

（6）1965年3月1日直属矿部选厂划给坑口所管。

（7）1966年1月2日选厂新建尾砂坝投产。

（8）1966 年 12 月琯坑—选厂引水工程投产，每年有 7 个月可以不开动河沟大水泵。

（9）1971 年 5 月开工新建手选厂，1972 年 8 月竣工投产，同时取消架空索道运矿，取消 598 中段窿口手选厂。

（10）1972 年 598 中段主风管更换为 8 吋管。

（11）1973 年 10 月 18 日机械化掘进作业线（台车、装岩机、斗式列车、电机车）试车投产，这是我矿第一条机械化作业线投产。

（12）1976 年 9 月组织女子台车掘进班。

（13）重介质选矿工程 1976 年建好厂房，经过一年多试验，于 1978 年交坑口使用。

（14）1978 年牙轮钻交坑口使用。

（15）第二次地压活动：

1979 年 4 月 21 日午夜崩落西区，4 月 23 日 4 时 30 分崩落本区。

范围：地面 12—17 线长 500 公尺；井下 0—15 线长 400 公尺，宽 60～120 公尺。

西区损坏空场 26 个，本区损坏空场 46 个，共 72 个。崩落区内贮矿量 31960 吨，品位 0.368%，金属量 117.6 吨，今后可以收回部分。部分坑道裂开。758 中段、598 中段部分铁轨、管子、照明设备难以回收。

师姑山坑口大事记

（1）1953 年 12 月收归国营，1956 年开始机掘，同年建成日处理合格矿 80 吨选厂投产。1962—1965 年因资源危机，处于下马闭坑状态，在 450 中段建一简易选厂处理残矿。1966 年发现新的盲矿脉，又逐步恢复机掘。1970 年 8 月建成日处理合格矿 125 吨选厂投产（1956 年建的选厂厂房 1964 年因火灾被烧）。

（2）1964 年 7 月 1 日坑口成立民窿管理站，江西民工 100 多人来山打民窿，直到 1975 年才撤销。

（3）1972 年 9 月开工掘进 300 中段正巷，1976 年穿到矿脉。

（4）1974 年从 380 中段向下开拓斜井；1976 年贯通 300—380 中段箕斗提升井；1976 年又从 300 中段向下开拓斜井；1978 年初试车投产。

（5）1979 年开拓 220 中段。

河口山坑口大事记

（1）1954 年 7 月收归国营，1956 年初机掘，1959 年建成日处理合格矿 80 吨选厂。

（2）1972 年 2 月开拓 110 中段，1973 年穿到南主矿脉，但含矿很低。

（3）1975 年 9 月 13 日斜井卷扬机被风钻活塞卡住大齿轮，并打坏大齿轮，影响生产 48 小时。

（4）因资源枯竭，1977 年底停止坑内采掘作业。选厂处理残矿，溜头矿生产到 1978 年 9 月底，生产数字只统计到 1978 年 6 月底。1978 年 11 月 27 日广东省冶金工业局以粤冶革地审字〔1978〕938 号文正式批准闭坑。除老、弱、病、残外，大部分人员于 1978 年底调往惠阳地区锯板坑。

梅子窝坑口大事记

（1）1958 年 12 月收归国营，1959 年开始建日处理合格矿 125 吨选厂，1960 年坑内机掘，1970 年选厂扩建为 250 吨，1974 年 6 月再扩建为 375 吨。

（2）1966 年 7 月 25 日 760 中段通后山引水工程贯穿，解决选厂缺水问题。

（3）1971 年 3 月基建坑口至 600 中段窿口公路和高压线路，1972 年 4 月完工。

（4）1970 年开掘 760—924 中段盲竖井，1972 年 8 月 24 日完成试车，同年 10 月 1 日正式投产。

（5）600 中段正巷穿脉于 1972 年 9 月 27 日正式风钻掘进，1973 年 9 月穿到 53 号脉。

（6）1974 年 8 月开拓 600—760 中段斜井，1974 年 12 月 28 日贯通，全长 386 米。

（7）1974 年 11 月机械化掘进作业线投产。

（8）1975 年 2 月 760 中段 7 吨电机车投产。压风机房至竖井主风管更换为 8 吋管。

（9）1975 年 5 月吊罐掘进 11 个天井，月进尺 407 米。

（10）1976 年 8 月组织女子台车掘进班，1978 年撤销。

（备注：此附件内容由原石人嶂钨矿党委办主任黄继特提供）

第三章

敬业奉献

——石人嶂钨矿精神写实

无论是建矿初期，还是矿山的辉煌年代，或者是改革开放的岁月里，石人嶂钨矿的干部、工人、家属、子弟，都以自力更生、艰苦奋斗的主人翁精神，激励斗志，以苦为荣，处处洋溢着乐观向上、积极进取的风貌。这里，撷取几个方面，以资纪念。

一、"打铁自身硬"的领导群体

一个企业的精神，往往与其初创时的主要领导或领导团队的思想和作风密切相关。

石人嶂钨矿筹备和成立初期，领导干部中有像关开兴、乔国章这样参加过二万五千里长征的老红军；有南方干部培训班的学员；也有一大批南下完成清剿作战任务、县区土改工作后，参加矿山建设的转业干部；还有从地方和其他矿山选调来的干部。他们成为矿山初创时期和发展时期的骨干力量。

在百业待兴的建矿初期，领导干部率先垂范、不计报酬，在生活极其艰苦的条件下，逐渐健全了党、工、团组织。带领职工艰苦奋斗，无私奉献，逐步实行风钻凿岩、机械化选矿等采选作业。在领导群体和干部职工的共同努力下，石人嶂钨矿成为当时广东省第一个机械化采选作业的有色金属矿山。

领导群体中如黄显昌，1951年从南方干部培训班结业后即被派往始兴，参与建矿工作。他和同事们为寻找钨矿矿脉，摸清资源，先后爬过始兴、南雄、江西全南等地大大小小28座山头。他们渴了喝口山泉水，饿了啃块干粮。在河口山探矿时还曾迷路，转悠了大半天，临近傍晚至梧桐窝，见到农舍，心才落下。

领导群体中如赵祥武，人们亲切地称他为"赵大炮"。始兴县解放初期，作为高营片区的大队长，在土改工作结束后，他毅然放弃在县委组织部的工作，听从召唤，抱着未满月的小孩，携着妻子，以北方人的率直刚毅，投入师姑山坑口的生产管理工作中，后来调至矿生产科任调度员。1963年到梅子窝坑口，任主管生产的坑长。1970年，又被调往大岭冶炼厂参加筹建工作。像他这样，在石人嶂钨矿奉献青春，积累了丰富的工作经验后，又调往其他单位的领导，还有很多。

领导群体中如钱海山，他腰板总是笔挺，一个肩膀高，一个肩膀低，矿区的小孩都说，那是扛机枪扛出来的。完成赣南清剿残匪任务后，他立即投入矿山的建设之中。20世纪60年代末，先后任梅子窝坑口坑长、总支书记。1971年起任副矿长，1979—1985年，任石人嶂钨矿矿长。

有这么一个现象：从第一任矿长老红军关开兴起，到20世纪70年代辉煌时期的党委书记林松，再到困难时期的党委书记丁武军，在近50年的岁月中，石人嶂钨矿的主要领导干部，都有人民军队的印记。几十年如一日，始终保持艰苦奋斗的精神和密切联系群众的作风，手里有职权，思想无特权。这种老八路、解放军的光荣传统，在矿山的生产建设中，始终得到了传承和发扬。

　　这种优良传统，深深地影响着每一个职工。职工即使走上领导岗位，从事管理工作，但密切联系群众，深入基层，深入生产第一线，深入工人群众的传统并没有丢。尤其是主管生产的领导，必须下到井下，甚至到第一线作业；在急难危险的任务面前，则往往要冲在前面；在吃住方面，也不会比工人好多少，20 世纪 70 年代前后，很多领导经常在大食堂和职工们一起排队打饭。

发表在《南方日报》的新闻（1971 年 5 月 6 日头版）

矿党委书记林松（后任韶关市副市长）在井下和青年干部进行交流（《中国画报》）

钱海山矿长（后排左二）出席全国工业学大庆会议（1976 年）

钱海山矿长（前左二）带领青年干部和技术员在井下调研矿脉走向

　　20 世纪 70 年代中期，全矿有 4 个坑口，除石人嶂坑口外，都距离矿机关几十公里。138 个班组，分散在 240 多个作业点上工作。矿山远离城镇，职工长年累月身居深山，而且劳动强度大。在这种既分散又艰苦的环境中，要使工人队伍成为团结战斗的集体，就要求每一个班组都要有一批强有力的骨干，能独立作战。

矿领导班子在认真研究工作

　　根据地表、井下班组人数的多少、工种的不同，全矿所有工区、班组都设立了政工员、班长、宣传员、核算员、安全员、考勤员等兼职岗位，分别与矿机关各线对口。这样，既便于分线培训、管理，又能使全矿工区、班组能在矿山、坑口领导的带领下结成"上下成线线不断，左右成网网不乱"的有机整体。上级的部署，各部门的工作，都能直接贯彻落实到工区、班组，形成"上动下也动"的局面。

　　矿山的生机勃勃，名声在外，吸引了许多名牌大学的优秀毕业生投入矿山的建设发展中。人造白钨、双水内冷柴油发电机组、直径500毫米的牙轮钻头以及矿车卸矿扒车器等一大批科研成果，就诞生在科技人员手中。矿机修厂的技术研发改造能力，也如高山滚石，名声响得很。矿里的教师、医生中，也有一大批名牌大学分配来的毕业生，他们很快成为业务骨干。

　　从建矿初期到1985年的30多年里，有一大批久经考验、敢于克服困难、勇于争取更大胜利的领导干部群体，他们怀揣着尽快发展国家重工业的强国梦，带领全矿职工艰苦奋斗。据说，20世纪50年代末的一个节假日，正在值班的饶同志，接到一个长途电话，这是我们的周恩来总理从首都北京打来的。在电话中，他详细地询问了石人嶂钨矿的生产情况。在辉煌的岁月里，石人嶂钨矿为国家提供了紧缺的战略物资；石人嶂钨矿在全省乃至全国工业战线树立起了一面"工业学大庆"的旗帜，在当时的广东省还流传着这么一句话："农业学海南屯昌，工业学石人嶂"；同时，也探索出了许多较为成功的企业管理经验，并先后为全省冶金行业输送了不少干部和工程技术人员，其中韶关钢铁厂、凡口铅锌矿、广东铝厂的前期筹备、建设，都是由石人嶂钨矿派遣领导和工程技术人员提供经营管理经验和技术支持的。

　　2002 年前后，由于资源枯竭，矿山下马。面对人心浮动、人员分流安置等错综复杂、千头万绪的局面，领导干部依靠上级和全矿职工的支持，立足实际，保证了工作的平稳开展。

二、"亦工亦兵"的民兵队伍

　　"兵民是胜利之本。"矿山初创，残留的匪患、不稳定的社会治安和复杂的自然环境，需要一支武装力量来维持秩序。基干民兵，也就应运而生。20 世纪 50 年代至 60 年代初出生的矿山子弟，几十年后，他们都还记得，当年自己的父亲就是基干民兵，因为家中的墙壁上挂过三八大盖步枪或者半自动步枪。

1977 年石人嶂钨矿民兵骨干集训合影

　　20 世纪 50 年代，石人嶂钨矿矿山筹备处在县城北郊的高营，炸药库房在县五里山背。师姑山矿脉，开矿比较早。从县城至坑口，当时还没有公路，只有翻山越岭的羊肠小道。进出坑口，只能靠两条腿一步一步地去丈量。

　　当开采出原矿石，经过破碎、淘洗等工艺流程，获得纯度较高的钨精矿后，便由挑着钨砂的农民依浈江支流的澄江河岸沿江而下，拐过羊洞坳大山，才到墨江小平原的中转站。民兵们则背着三八大盖步枪，啃着干粮，一路护送前行。清晨出发，天黑才能抵达。第二天，民兵们又将必需的生产生活物资挑回坑口。即使是现在，如果你问40岁以上的梅子窝人，许多人都能告诉你，从罗坝至梅子窝的小路，有个地方就叫"土匪窝"。

这样一支民兵队伍，由不脱产的工人、退伍军人组成。平时工作在生产一线，用时集合起来。最高峰时，基干民兵达600多人。随着时代的发展，武器装备也由三八大盖步枪换成半自动步枪，矿本部指挥部还配有机枪和六〇炮等武器。押运钨精矿产品，大量的雷管炸药等危险品的运输，以及各单位门卫、仓库、机关的保安值班，都有基干民兵的身影，他们是矿山稳定和平安的中坚力量。所以，无论是"文化大革命"初期造反派制造混乱，还是后来受改革开放初期的影响，石人嶂钨矿每年都较好地完成了国家下达的生产任务。

三、"义务劳动"的奉献精神

从建矿的1953年开始到1980年止，将近30年的时间里，"义务劳动"这个词语既是矿山建设的实际需要，也逐渐变为矿山职工家属的自觉行动。

矿山开采，离不开电力。翻山越岭的高压线路，除了电工负责专业架设外，相当一部分的水泥电墩，都是青壮职工开辟临时上山道路，然后人拉肩扛运到已挖好的立柱地基处竖立起来的，保证了矿山的供电。大家领的都是固定的薪资，野外作业也就多一点儿野外津贴，以完成当天任务为要，超时部分，几乎都是义务劳动。

矿山现代化井下作业，凿岩机需要风力驱动，这就需要压风机组提供动力。当时，梅子窝坑口公路只修到760窿门口，几十吨重的设备需要运送至840半山腰厂房，能分解的分解，拆成小件后分批运送上山，但鼓风机主设备（底座由生铁铸造）和储存风能的几个大圆铁筒，只能人拉肩扛了。小件的，用原木、铁丝捆扎成8台轿；中等件的16台轿；大件的24台轿。当班青壮年不够，各工区点将，把休班的职工召集过来。领导干部既是指挥员，也是出力的扛夫。剩余青壮年，撬棍、垫枕木，一路护驾，每抬几十米，放一放肩，由其他的人接着来抬。上千米的上坡路，家属是啦啦队，大家硬是用铁肩将设备扛上山，并安装到位。

像这样的"义务劳动"，在二十世纪六七十年代，那是家常便饭。压风机房安装到位，几百米粗的电缆、风缆要拉到井下，也是每人半米、一米地扛上肩头，一步一步地扛入井下，再由工程技术人员安装，确保井下生产的正常进行。

六七十年代，梅子窝坑口的主要生产作业在760中段以上，机关及生产生活的地方则在中部的840中段附近，而公路只开通到760。上下物资最初采用索道运输，既不能满足正常生产生活需要，也不安全。于是坑口决定，开辟一条简易盘山公路，将760至840连接起来。近三公里的公路土石方，被分配到各机关、工区、"五七妇校"家属乃至学校师生。每个单位在保证正常生产的同时，组织人员用义务劳动的形式按时完成任务。

各单位除了抽出部分人员固定挖山开路外，其余劳动力都是下班后自带工具，到工地干上三四个小时，渴了喝口自带的开水。那时的人家，都有一个盛开水的军用壶，再不济的，也会用竹筒做一个，以备不时之需，偷懒的，就捧一口山泉水，喝完接着干。一个多月时间，硬是用"人海战术"，开出了一条公路。河口山从蓝角屋到坑口山上办公室，那段三公里长的路，也是这么开通的。

随着生产规模的扩大，掘进越深入，越往大山腹部开采，解决通风排气便越是生产安全的重中之重。根据矿脉的赋存特点和开采方式及生产情况，往往采用分区通风的方法，也就是利用平窿及斜井作为进风口，上下中段风流利用天井和牙轮钻孔回风。在矿脉尾端穿脉，作为总回风道，并且安装风机，作抽出式通风，形成对角抽出式通风系统。石人嶂坑口，为早日贯穿410中段至黄草山的平巷通风任务，在春节休息时间，通过义务劳动的方式完成。

20世纪70年代初，井下工区普遍开展"大会战"，有的工人吃住都在井下，24小时连轴转，一个月贯通十几个天井。虽然说的是加班加点，但领的仍然是月薪工资。每年冬春较寒冷的季节，主矿洞上方的地表往往云雾缭绕，仿佛人间仙境。但矿工都知道，这是贯通井下的通风井，直上直下几十米高，是一般人可望可欣赏，而绝不能到的地方。

"义务劳动"，不仅表现在重大的急难生产方面，实际上也渗透到矿工生活的方方面面。比如各单位的篮球场，大都是用"义务劳动"的形式开山垒坎平整出来的，打水泥球场也大多是义务劳动完成。义务劳动也延伸到学校，影响着少年儿童的心理成长，培育了大公无私的奉献精神。十来岁的小学生，早上五六点钟就和同学一起去帮学校挖鱼塘，鱼塘基本上是这样挖出来的。

又如，矿山分区居住地的卫生清扫，谁有时间，谁就扫几扫把。工人家属区住房的卫生状况，往往通过季度、半年或年底的卫生检查评比进行。各单位行政人员、代表，分区包户检查，检查完后，在最卫生的住房门上贴上印有"最清洁"或"最整洁"字样的大红纸；过得去的是粉红色的"清洁"字样；较不卫生的是白色的"不清洁"字样。每年几次的检查，就一张贴在门上的小小纸条，促进了人人动手、户户讲卫生的氛围，小区整洁的环境就此形成。

"义务劳动"，在当时的矿山生产生活中，人们早已自觉或不自觉地把它当作工作的一部分。而这一传统，也至少深刻影响了一两代人。

四、"轮换工"的青春年华

石人嶂钨矿的矿区,都是急倾斜矿脉,采矿方法全部采用浅眼留矿法。采场高40米左右,长50~100米。较短的采场一端为先进天井,另一端为顺路天井,较长的采场采用中央井作通风用,两端为顺路天井。漏斗间距5米左右。回采作业间高2~2.2米,采幅宽一般为1.1~1.3米,个别采幅有大于3米的。

当一个中段一条矿脉的沿脉坑道掘进完毕以后,就根据计划,安排生产,划分采场,布置漏斗,每一漏斗,打2~3槽炮,放掉后,再打一槽炮暂时不放;如此,将全部漏斗打完、装完,随后架设漏斗;该项工作完成以后,将未放的炮全部放完,以喇叭形状将整个采场的底柱贯通。切割工作完成后,就进入回采阶段。

采矿作业是最费体力、最辛苦的岗位。在粮食定量时期,风钻工的口粮定量在所有工种里是最高的,每月53斤。这一工种也只有青壮劳动力才能胜任。

1966年起,石人嶂钨矿开始部分实行"轮换工"的用工制度。"轮换工",即在农村招收青壮劳力到矿山当工人。这些工人,在四年的轮换期间,在矿山工作中,享受职工待遇,但仍保留原有的社员身份。轮换期满后,可根据需要,转为矿山固定员工;若返回农村,则恢复社员身份,转换为农民。这年,招收了第一批轮换工,共250人。

矿友兄弟情深 [左图从左到右依次是:周作标、林兴万（轮换工）、陈小璋]

二十世纪六七十年代，"工人阶级是国家的领导阶级"，政治地位高。加之当时的农村，自然条件恶劣，生存条件艰难，能成为一名工人，尤其是成为一名产业工人，吃上国家粮，俗称"麻包粮"，是一件很荣耀的事；有的家庭也因为有一名工人，而改变了一家困苦的命运。最先进入矿山的"轮换工"，是湖南益阳地区的农家子弟。他们有"吃得苦、霸得蛮、不要命"的湘人风尚，很快就适应了井下作业，赢得了信任和重用。其中，熊国荣、谢正安等一批轮换工，轮换期满后，如愿转为了固定员工，后来还成了基层的工区长、指导员，或者成了坑长、总支书记或副矿长。

此后，矿里分别在梅州的兴宁、大埔，揭阳的揭西和粤西的电白、信宜、廉江等市县，招收了好几批轮换工。其中，兴梅地区的轮换工，由于文化程度比较高，见识也广，很快就掌握了井下的生产技术。如朱运朋，1975 年作为轮换工来到矿山，在石人嶂坑口井下从事平巷凿岩机（台车）的操作工作；1979 年，被冶金工业部授予"操作能手"称号。

这些"轮换工"，带着家人的希望和为祖国的富强昌盛而奉献的豪情，来到了矿山。进矿后，大多在矿山井下从事最繁重和最危险的工作。他们把人生最美好的青春时光，投入了热火朝天的矿山建设浪潮中。遥想当年，每年元月的开门红、大战三月、大战红五月、大战六月向党献礼、大战九月向国庆献礼、大战第四季度等，他们用汗水，用辛勤的劳动，收获了青春的豪迈。

多年井下的艰苦且超强度的作业，使许多人的身体受到了或多或少的损害，多有不同程度的职业病（如矽肺病、皮肤病、风湿病等）。他们无愧于矿山建设，无愧于自己的青春岁月！

五、"五七妇校"的巾帼风采

20 世纪 60 年代末，随着矿山规模的扩大，职工人数增加，处处生机勃勃。1968年 9 月，根据"五七指示"精神，矿里将家属们组织起来，成立了"五七妇校"。

五七妇校可以说是特殊时期的产物，在既无私营，也无个体经济体制的情况下，是国有企业安置非在岗家属的一种积极探索。妇校组建起了党支部，下设若干个班组，为矿山提供后勤保障，成为矿山建设的"半边天"。这一体制，一直延续到"文化大革命"结束。

全矿 700 多名矿工家属，在这所新型学校里，学政治、学文化、开展农副业生产。她们决心改变"吃粮靠国家，花钱靠丈夫"的状况，喊出了"我们也有两只手，不在城里吃闲饭"的口号，开始承担起一些附属工作，比如打铁、搬运、养牛、理发、缝纫、道路维护，但主要还是农场生产，二十几年里，先后办起了种菜、养殖、米粉加工等"八大场"，为职工食堂提供时令瓜果蔬菜，实现了全矿蔬菜的基本自给。

在这所新型学校里，过去不识字的家属，成了学习文化的积极分子；过去胆小怕事的家属，成了能说会道的干部；过去手不能提、肩不能挑的家属，成了开荒种地的好手。20多年来，全矿涌现出300多名先进家属，还有20多人加入了中国共产党，有60多人被选拔到各级领导岗位上。例如，家属杨承英，还曾当选省妇联委员；华侨工人家属聂照靓，能开拖拉机、会修理农机具、砌墙盖房子、拉网捕鱼，成为多面手。

李密娥，梅子窝妇校党支部副书记，始终在最艰苦的岗位，勤勤恳恳地工作奉献，连年被评为矿劳动模范、家属标兵。她参加英模表彰会，受到党和国家领导人的亲切接见，并非常荣幸地与毛主席握手。她从北京回来，对迎接她的姐妹们，伸出右手，兴奋地说："我这只手，就是和毛主席握过的。"激动之情，溢于言表。其他的典型人物有：解放战争时期游击队员刘远华，从未告知别人其光辉历程，也与其他妇女一样在妇校从事繁重的工作；赤脚医生付玲，石人嶂钨矿20世纪70年代之前出生的1000多个新生儿，都是她接生的；河口山的拖拉机手张伟云，年轻的时候腰累坏了，做了三次手术治疗才基本康复……

矿区各生产单位，如梅子窝、师姑山、河口山，距离附近的乡镇，少则七八公里，多则近20公里。各单位虽然都配有生活采购车，但蔬菜的供应依然不足。各坑口便把附近原有荒地开辟为农场。其中，梅子窝坑口，硬是用扁担和粪箕，挑走半边山，造田50亩，把一个"草不生，鸟不落"的废弃尾砂坝，改造成了菜园子。这一壮举，还被拍摄成《新闻简报》。

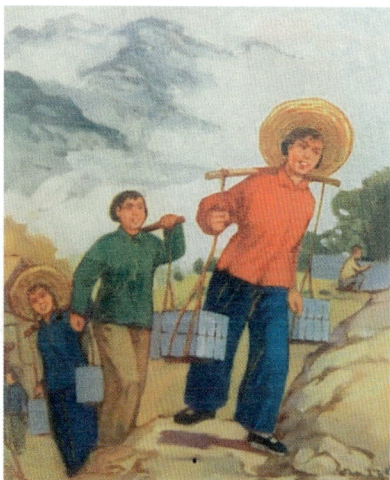

组织家属办砖厂

农场淋菜

　　师姑山坑口妇校，为了广开为矿山服务的门路，1970 年初，由 18 名家属成立了一支"远征垦荒队"。她们打起行李背包，在离坑口十里外的山窝里安营扎寨，开荒种菜。有人认为，家属们离开了小家庭，安营扎寨，不可能长久。

　　能否长期把"寨"扎下来呢？"远征垦荒队"队长闵桂花组织家属们围绕"小家和大家"的问题开展讨论。大家异口同声地说："我们的'寨'扎定了！我们十几人辛苦，但方便了广大职工呀！"六年过去了，"远征垦荒队"依然扎寨山窝。她们建起了砖瓦房，垦荒几十亩，挖鱼塘七口，既种瓜菜、稻谷、杂粮，又养猪、养牛、养鱼。昔日的荒山窝，变成了"鱼米乡"。

1975 年在河口山坑口上建立的蔬菜生产基地（《南方日报》）

今日矿农场旧址（摄影：徐志文）

　　石人嶂钨矿八个生产基地的妇校有五个都是在离矿区十多里外的大山上，要把农副业生产搞好，困难是很多的。农场基地，经常有野猪、黄猄出没，为了防止兽害，她们建立了"深夜值班，站岗放哨"的制度。农场的经营，一定程度上缓解了矿山职工生活物资供应的紧张。五七妇校的矿工家属，为矿山的发展，付出了辛勤的劳动。她们往往顶着晨曦，迎着寒风，挑上一担肥料出发；午餐，是各自从家中带的盒饭，一边吃饭，一边聊着家常；太阳下山，又挑着一担蔬菜回来。晴天一身汗，雨天一身泥。回到家中，还得带小孩，料理家务，确实辛苦。

　　妇校使家属们走出家门，融入时代的潮流；既增加了家庭的收入，也增长了见识，扩大了视野。这股新风吹进家家户户，出现了新型的家庭关系，男女分担家务，互相鼓励，共同进步。同时，家属们也获得了丈夫、子女的由衷敬佩。

　　家属们除了日常的生产劳动外，还会在空余时间里，组织政治学习、文化学习，有不少家属原来是"两眼一抹黑，大字不识几个"的人，由于走出了家门，参加了妇校的文化学习，也能认字识文了，有的还能拿起笔，写上几行，再不济的也能认得自己的姓名。广大家属组织起来以后，还是一支做好矿山各项工作的生力军。

《南方日报》关于石人嶂钨矿"五七妇校"的新闻报道

石人嶂钨矿养鸡场（记忆画，作者：刘烈华）

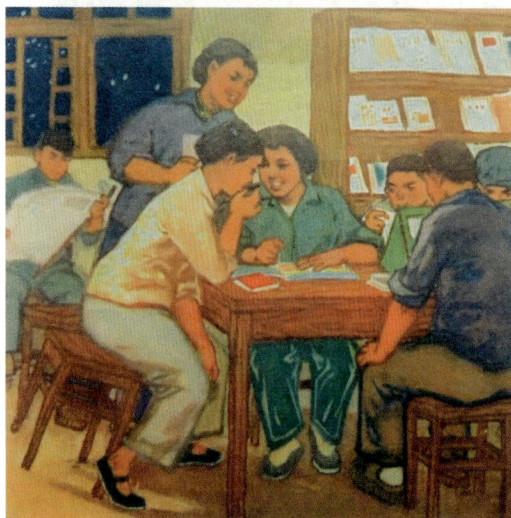

俱乐部看书读报

精选厂女工

　　自力更生，丰衣足食。除了五七妇校的家属，其实，生活在矿区的人们，为了解决生活困难，都不等不靠，自己动手。住宅区附近的山坡，被开垦出一块一块的菜地，一阶一梯的。各种时令的蔬菜瓜果，构成了矿区的另一道风景。十几年或几十年后，孩子们回来，在品尝"母亲菜"的同时，除了那份亲情，往往还有当年的回忆。

　　再就是，茶园的茶叶种植、采摘和加工。矿山地处高海拔，经常是一片云山雾海，其清明茶尤为馨香，再加上几乎都是手工加工，茶叶的品相、味道上乘，往往是赠礼佳品。

在相对艰难的岁月里，受父母的影响，矿山的孩子们也显得尤为早熟懂事。他们帮忙做家务，节假日里摘野果、挖冬笋、打柴火，度过了艰苦而快乐的童年、青少年生活。

矿上的残疾青年也被组织了起来，成立了"五七工厂"，主要是为企业维修电动机（马达），自食其力。工厂解散以后，有的人还自己在韶关办厂，据说效益还不错。

六、女子台车掘进队的井下青年

石人嶂钨矿留下许多值得我们大力宣传和弘扬的"工矿精神"和"工矿故事"，其中的青年女子台车掘进队更让许多石人嶂矿友至今仍津津乐道、赞不绝口。

二十世纪七八十年代，是石人嶂钨矿生产规模最大、生产技术最强、职工人数最多的时期。生产一线，尤其是选矿工区，开始出现大量青壮女工。

"妇女能顶半边天。"在生产第一线的井下，在与花岗岩石打交道，昏暗潮湿的陌生区域，男同志能干的活，女同志也可以干好。1976 年 6 月，顺应全国的形势，矿里分别在石人嶂坑口、梅子窝坑口成立了"青年女子台车掘进队"。

比如梅子窝坑口，首先组织了由刘巧兰、吕琳、刘爱群、陈云英、谢明兰等组成的"井下青年女子台车掘进队"。因为大多为矿山子弟，多在选矿工区工作了几年，即使是机关的女同志，也需要经常进入主巷道内或采掘掌头面。即使没有下过井的，从小就听父辈讲述井下的故事，如生产如何进行，安全如何保障等，因此，队员对井下作业不是太陌生。再加上正值 20 岁左右的青春年华，胆子也比较大，不知道什么叫害怕，干就干呗！何况还有师傅们手把手的教导、工友们的保驾护航，哪有干不了的！

掘进队成立后，队员们依据各人的不同工种，设了 6 个岗位：两个台车操作手，一个装岩机工，一个风动斗车工，一个拉矿工，一个倒矿工。掘进队先后有 15 人参加，有 3 人由于某些原因离开。一个台班由 6 个人组成。

队员们身穿防水的胶衣胶裤，脚穿长筒的水靴，戴上安全矿帽，娇柔青春的女性模样，也多了几分粗壮刚劲的神气。来到 720 平巷掘进掌头面，在师傅们的悉心指点下，她们很快了解和掌握了台车、装岩机、斗车、电机车的机械化操作流程，开始了独立的掘进操作工作。

每天进班，两个掌头面同时进行工作。进入掌头面，大家分工协作。首先洒水降尘，铺设临时轨道。临时轨道必须平整稳固对接，否则，机车设备掉轨就麻烦了。一个掌头面，需要把装岩机推到临时轨道上，电机车工要把空矿车拉到掌头面，清理矿渣；在上一班已清理完矿渣的另一个掌头面，则需要把台车推到轨道上，在 50 米开外，将风水绳管拖到台车上驳接好，准备开钻。两个挡头面的队员，既要推车，又要开电机车，还要倒矿，要互相之间协调配合才能干好活。穿着笨拙的防护工作服，做这些事情确实很费体力。

一个挡头面一般 16 或 17 个炮眼，遇到花岗岩石，则需要 20 多个炮眼。天门炮点在挡头面的顶部，台车钻杆约向上仰起；靠边的槽炮点，也需顺势斜进；中心炮眼，台车钻杆必须直进；挡头面的底部炮眼，台车钻杆就需要微微向下倾斜。应仰斜俯冲多少度，需要根据每一次挡头面爆破，渣矿清理后所形成的状态，岩石软硬松紧的情况来具体确定。要驾驭好先进的台车设备，不仅需要一定的体能，更需要多动脑筋，善于在实际操作中不断地积累经验。

挡头面炮眼的位置，一般由老师傅来确定，这可不是一朝一夕就能学会的。天门炮眼打几个，距离多少，疏密程度如何，都是依靠经验来确定的，台车钻杆每一次的角度，炮眼的深浅度，也需要精确测算。这样，炮眼打好后，装填好炸药雷管，依靠爆炸的威力，将挡头面崩出上拱、边弧、下平，高约 2.4 米、宽约 2 米的窿洞口。一槽炮下来，最好的进尺能达到 1.8 米，不好的进尺，就只有 0.8 米了。

由于师傅们的耐心指导，队员们认真学习，不畏艰难。尤其女性的耐心细致、忍受辛苦的特性，得到了充分的发挥，取得了较好的效果。到年底，队员做了必要的调整，增加到 14 个队员，多开了一个台班。

台车轰鸣，钻杆飞速地旋转，两台 7655 钻机同时启动，声音之大，震得两耳嗡嗡作响，刚开始，一个星期都缓不过来，过了一段时间，才慢慢习惯：撞击岩石的巨大声响；岩沫从炮眼孔喷射的水花；窿门顶部渗出的水珠，滴落在作业台上，溅起的水花……每天的作业紧张而有序，忙碌又快乐。

装岩机手要将一台庞大的、笨重的装岩机抓在手中，前进、后退、左右开弓，行如流水地把岩石铲起，然后精准地倒进装岩机后面的矿车厢中。一个班要完成两个挡头面的装岩任务，两只手臂都痛；更有甚者，装岩机后退，如果电缆甩不到位，就会碰到装岩机后轮，形成感应电，装岩机手会被电得跳起来。

井下作业毕竟充满了太多的未知，周围都是岩石，昏暗的灯火稀稀落落。一旦作业停止，水珠滴落的声响，清晰可闻，甚至都能听到各自心脏的跳动声。一次，井下突然停电，喧嚣突然归于静寂，眼前一片漆黑。几个女孩着实吓坏了，大家急忙点亮电石灯，借着微黄的光亮，伴着电石燃烧发出的哧哧声，摸索着朝巷口走去，也不知走了多久，到了井下派班休息室，见到男工友们，一颗心才踏实下来。此后，不管有没有电，也不管作业还是小歇，大家总会留一盏灯。

这只是小小的惊慌。还有一次，刚开始作业，一块碗口大的石头，从洞顶落下，正好重重地砸在台车上。惊得操作手瞬间关闭开关，停车察看。看到石块落下的位置，着实吃了一惊。如果再往后一些，可能就落在头上，虽然戴着安全帽，但也很危险。

因此，每次进入垱头面，大家除了个人的防护外，都是先察看上下左右，确认安全后才开始作业。

人比花艳的女子台车掘进队队员

风华正茂的女子台车掘进队队长刘巧兰

井下作业，危险的事情随时都可能发生。台车掘进都是机械化作业。爆破后，操作装岩机，将矿渣铲起，倒入运输斗车，斗车由风力驱动，沿着架空轨道，将渣石运送到矿石车中，装满一列后，再由电机车牵引，拉出垱头面。一次作业中，风动斗车突然掉轨，装满渣石的斗车倾斜，吱叫着还在前进，旁边的队员随时有被矿石掩埋或被倾覆的斗车砸中的可能。听到惊叫，开机队员摁下关停按钮，旁边的队员纷纷伸出援手，手撑肩膀扛，总算是有惊无险！

因为安全第一，加上女性特有的细致，三年的青年女子台车掘进队工作，最后安全结束。青年女子加入井下作业，给阴冷的井下增加了一抹温暖，给粗犷的汉子带去了一丝柔情。720 中段，青年女子台车掘进队的平巷垱头面，是井下最温馨而阳光的地方。凡上班经过的男工们，都会打个招呼，下班的男工友中不着急离开的，就义务地帮助队员们干会儿活。当队员们遇到困难时，男工友们是随叫随到。有的队员，不仅开得好台车，还收获了爱情。

梅子窝坑口女子台车掘进队队员有：刘金菊、陈启芳、莫建章、李海端、赖华香、刘文英、蔡太莲、林美芳、颜凤娇、施春秀……

石人嶂坑口女子台车掘进队队员有：易金容、周广莲、吴广梅、刘秀英、彭海玲、董月芝、陈凤娥、罗桂英、韩莉莉、吴和平、李冬……

女子台车掘进队队员的别样风采（中为班长易金容）

多才多艺的女子台车掘进队队员

青年女子台车掘进队这一新生事物，因得到了领导的关怀和大家的共同呵护得以健康成长。青年女子队员们，也用自己的行动和作业成绩赢得了尊重和敬佩。后来，她们的事迹被总结成经验，在省属同行业中，被当作学习的榜样。

1977年，在各生产单位坑口，在选矿工区，还组成了"三八女子选矿班"。从井下出矿到倒矿，从手选到机选，各个工种岗位，都清一色由女性承担。

从主巷道进出，由7吨电机车牵引，一列十几个装矿斗车，沿着轨道，两三公里的巷道内，只有车后方、车顶上导电接触点闪动的火星，耳边是咣当前进的机车碰撞声。

青年女子台车掘进队获奖合照

机选厂内，首先映入眼帘的是粗壮的虎口机，铁齿钢牙破碎着大小不一的矿石；圆磨机则如温柔的伙伴，将碎石研磨成颗粒见方。斜躺着的棒磨机，一米见方的粗大筒身内是一根根七八十千克重的实心锰钢棒，通过它的滚动，将细小的矿石磨碎。

上百斤的锰钢棒，男工可以一个人扛起来，女工一个人扛不起，就两人抬。当然，上下班组的男工们，也会尽量清理废弃的锰钢棒，减轻女工们的劳动强度。她们"男同志能干的，女同志也能干"的精神，也得到大家的肯定。

女工们用自己辛勤的劳动和认真的工作态度，为石人嶂钨矿的发展奉献了自己的青春，甚至是毕生的岁月！

七、一支特别能战斗的科技和工程技术队伍

在几十年的矿山生产过程中，石人嶂钨矿有一支特别能战斗的科技队伍，这支队伍在矿本部有高级工程师办公室、生产技术科、机修厂，在坑口则分别是生产技术股、机电工段等部门单位。

这支队伍，急生产之所急，为生产第一线服务，哪里有疑难问题，哪里就有他们的身影；这支队伍，站在技术革新的前沿，始终保持敏锐的眼光、大胆创新的能力，逐步采用了一些当时较为先进的技术设备和工艺，尽快转化成生产能力，并取得了一批科研成果。

1958 年以后，分别建成了石坑、梅坑两座跨四个中段高度为 160 米的升降设备（即罐笼）；石坑、梅坑、师坑、河坑四个坑口逐步推广风动凿岩机、电动装岩机、电机车、掘进台车、牙轮钻机、振动放矿设备、爬罐掘进机械以及重介质选矿技术和光电选矿工艺等，有效提高了机械化程度和劳动生产率。石人嶂钨矿技术人员与有关科研单位合作，进行技术攻关，先后取得了人造白钨、双水内冷柴油发电机组、直径 500 毫米牙轮钻头、矿车卸矿扒车器、非电导爆破装置、化学注浆凝固陷落巷道技术、高黏度乳化油炸药及其装药机、选厂磨矿筛分工艺、缓倾斜薄矿脉向上分层胶结底板分采充填采矿法、中心拉槽爆破快速掘进技术等多项科研成果，其中有些项目获得了省（部）厅级科技成果二、三、四等奖。比如井下凿岩，原来采用的是苏联的 0130 或 0145 风钻。之后使用的是从日本进口的 RF2924 风钻，它旋转频率高，耗气更少，但只配了一套钢钎，而钢钎又是易损耗的配件。经常购买的话，无疑会增加生产成本。工程技术人员与锻钎房的工人师傅，将传统的蘸火工艺改为回火工艺，即将机油加温至 300 多度，然后把锻造好的钢钎放入机油中煮，这样钢钎质量就达到了进口的水平。

再以双水内冷柴油发电机组为例。石人嶂钨矿 1954 年开始机掘，1956 年以后，陆续建起了机选厂。当初，电力由矿里的自备柴油发电机供给，石坑、师坑、河坑均自备有柴油机。1959 年下半年，改由江西省赣南水电局罗坝变电站供电。1977 年，又改由广东省电网顿岗变电站供电。一般情况下，供电还算正常。但是，天旱和枯水季节，电力供应就显得紧张，所以就自备柴油发电机组以备不时之需。1974 年，高级工程师黎日新组织技术攻关，双水内冷柴油发电机组研制成功。矿里自备的柴油发电机组，其中有 675 马力 2 台，原发电机 450 千瓦 2 台，经改造双水内冷后，可发 1500 千瓦 1200 马力 1 台。并且，矿发电机组也和全省大电网相连。

梅子窝 560 选厂的建设，仅设计一项的费用就 80 万元。矿里成立了由 23 人组成的领导小组，参观学习兄弟矿山的经验，结合本矿的实际情况，自主设计，拿出了方案。

项目施工完成验收时，得到了省市、兄弟矿山专家的好评，认为其工艺流程达到了世界同类矿山的先进水平。

发表在《南方日报》的新闻（1977 年
1 月 25 日第 2 版）

自制的车床

解决生产性的技术难题，更是数不胜数。各个基层单位都建立健全了"三结合"的科研小组，尤其是矿机修厂，自造出可控硅控制的四米龙门刨床、C630 车床等一批工作母机，有效地改善了过去一切向外伸手的状况，备品备件自给率达到了 65% 以上。

牙轮钻机从仿制到投入使用，在广东省冶金矿山属第一台用于天井掘进的液压传动钻机。它主要由油箱油泵（产生高压油）、钻井台和立柱、高压水泵（产生高压水冲出钻杆内泥沙）、钻杆和导杆、控制台五大部分组成。往下打是 250 毫米钻头，往上提杆换成 500 毫米钻头扩孔。每班需五人左右才能操作。顺利的话每班可钻孔 20 米左右，对穿上下两个中段也就三四天时间。每根导杆是 50 千克，每根钻杆是 90 千克。工作人员上下钻杆是较重的体力劳动。该液压全自动牙轮钻机，在 20 世纪 70 年代是较先进的矿山井下机械。500 毫米的孔洞，也能达到通风的要求。这降低了成本，节约了时间，当然，也减少了打支柱天井或吊罐天井的风险，比传统的吊罐打天井的工效提高 5 倍。这一技术在省冶金系统当属首创，更受到兄弟矿山的好评，多次被请去帮助打通风孔。

这样的技术革新和技术改造，许多都是在生产实际中，遇到需要解决的问题时组织人力和物力，想办法去解决而实现的。因此，技术改造后的设备（包括工具和零配件），其工艺水平可能不会太高，但非常实用。

比如井下原是手工放矿，后改为"振动放矿"，这一技术经改造后，转换为选厂的振动选矿；全矿普遍推广了曲轨卸矿、翻罐倒矿、桥吊式自动倒矿、翻车器自动倒矿等先进技术，自己装配出电机车和制造出土装岩机，既减轻了劳动强度，又便于安全操作。再比如"水管驳接技术"，运用车床技术制作出方便携带的工具件，将水管的切断、驳接几道工序组合在一起，方便且实用；再就是，机选的棒磨机，用于粉碎的锰钢棒使用损耗太大，矿机修厂技术人员与工人们一起，经过 200 多次的反复试验，终于成功研制出稀钍球墨铸铁棒，既同样耐磨，又大大地降低了成本。并且，这种铸铁还能代替钢材，用来生产水泵、摇床、虎口机衬板等十几种零配件，为国家节约了大量的钢材。

·15·

自力更生　艰苦奋斗
快速建成平巷掘进机械化作业线

广东石人嶂钨矿

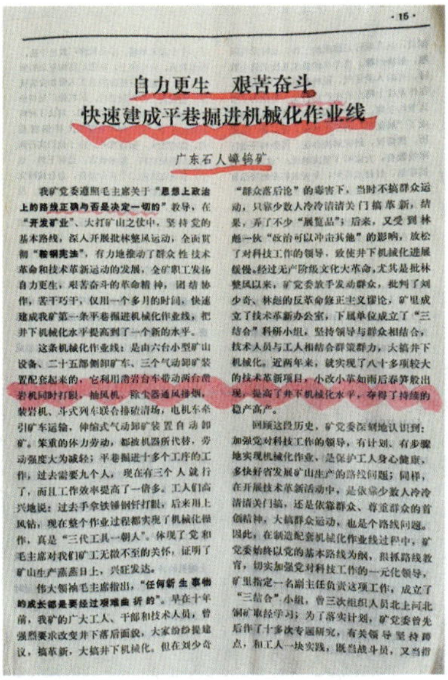

发表在《有色金属》杂志的文章（1974 年第 2 期）

运输、行人大斜井的贯通测量

广东石人嶂钨矿　黄朝阳

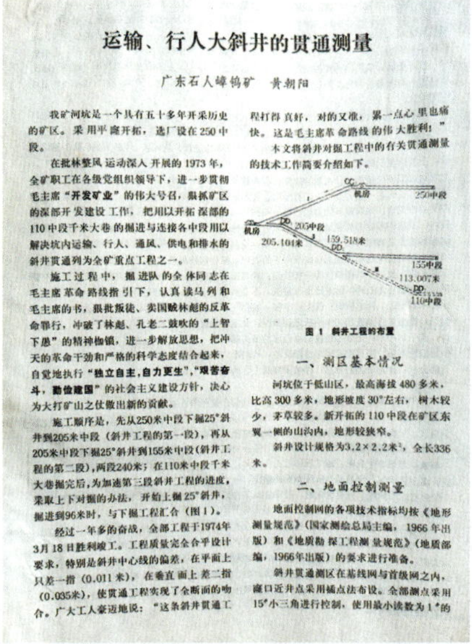

发表在《有色金属》杂志的文章（1975 年第 3 期）

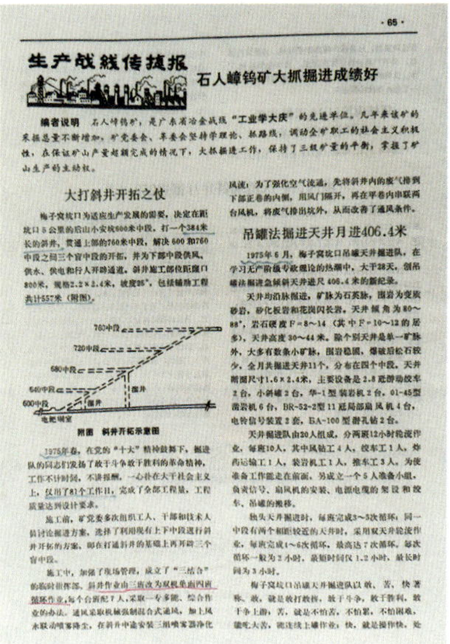

·65·

生产战线传捷报

石人嶂钨矿大抓掘进成绩好

大打斜井开拓之仗

吊罐法掘进天井月进406.4米

发表在《有色金属》杂志的文章（1976 年第 1 期）

·34·

钢丝绳罐道在多中段盲竖井中的应用

广东石人嶂钨矿梅子窝坑口　贺扬眉

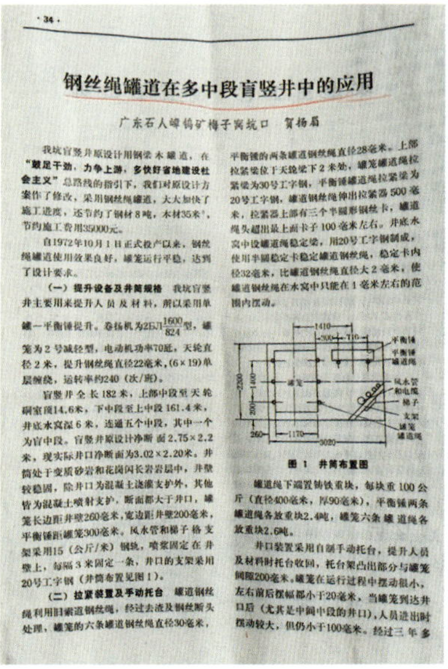

发表在《有色金属》杂志的文章（1976 年第 3 期）

八、敬业奉献、成果丰硕的教师、医护人员队伍

石人嶂钨矿的职工子弟学校，其教师的来源：一是师范院校毕业，被分配来的；二是院校培养的工程技术人员，转入学校教书的；三是有一定文化素养的工人，经过培训，转行到学校的。职工子弟学校涵盖小学到高中，矿里还托管了广东有色金属工业第一技工学校。

梅子窝学校的女教师合影

梅子窝学校学生的幸福童年

几十年的办学中，培养了上万的子弟，他们活跃在省内外各条战线、各个岗位，如教师中，有《中华人民共和国教师法》立法第一人朱源星，有省特级教师施小俐。又如华南理工大学毕业的罗振杰，人称"华工罗"，从矿中学校长职位上，调到矿教育科任科长，后成为矿党委副书记；在办广东有色金属工业第一技工学校时，又被调来主持筹建工作并任该校党委书记。

石人嶂钨矿医院，在各二级单位和居民聚集点都设有门诊部，其中罗坝职业病防治院还承担全省矽肺职业病人员的疗养和防治工作。

罗坝石人嶂钨矿医院结核科人员合影

乐观积极、妙手回春的石人嶂医护人员

大搞群众运动　作好安全防护工作

石人嶂矿十年未见职业病

发表在《南方日报》的新闻（1970年12月28日）

矿医院组织坑口赤脚医生培训班合影

由于石人嶂钨矿是广东省最大的钨矿山企业，矿山开采历史最久。20世纪50年代，尤其是民窿开采时期，大多为手工作业，打手锤，通风条件不好，劳动条件极为恶劣，许多工人走出窿门口，都是一身泥水，眼眶一圈黑，全身上下沾满了粉尘。不少工人因此患上了职业病——矽肺病，最年轻的21岁，其他大多也就30多岁。全省矽肺职业病患者大部分在粤北，而百分之八九十又在石人嶂钨矿。

罗坝职业病防治院承担了这些患者的疗养恢复工作，同时，为预防新的矽肺病的发生，医院做了大量的研究工作。由于加强了井下通风设施和设备的投入，采取机械化作业，杜绝打干钻，洒水降尘，对作业工人加强宣传，30多年的大规模井下开采，几乎再没有矽肺病的发生。

职工医院还承担了全矿的医疗保障工作，全心全意为矿山的职工及其家属服务。由于矿山的开采、选矿等作业，都是与机器、石头打交道，免不了受伤。因此，在跌打损伤的治疗上，矿医院在粤北地区也是小有名气。陈念祖院长，被称为石人嶂钨矿医院"外科第一把刀"；土中医梁经汉，还被选为第四届全国人大代表。

九、服务公司里的知青和"待业青年"

20 世纪 60 年代末，俗称"老三届"的初高中毕业生，走上了"上山下乡"之路。为开发海南岛，有一批矿山知青走进了海角天涯，沐浴着晨曦海风，在林中采收橡胶。有的还结婚生子，定居在橡胶林场。

进入 70 年代中期，大批具有初高中文化的矿山子弟，分别下乡到罗坝角田、上岗，顿岗七北、围溪农村，以及河口林场、龙斗峰林场。他们与当地村民一起战天斗地，开荒植树。上山下乡的生活里，作息时间发生了改变：在矿山时，起床较晚；而在乡村，天蒙蒙亮就已经开始干活了，晚上很晚才吃饭。因此，刚到农村林场，也难免将禾苗当草给拔了；砍山时，把小杉树苗与杂草一起劈了。他们就是在这样的天地里，慢慢长大，逐渐成长。这批知青，一部分陆续被招工，大部分进入广东有色金属工业第一技工学校读书，学习相应的钳工、电工等技术。毕业后，被分配到省属各大企业工作，许多人成为企业的骨干。两三年的知青生活，时间不长，但也让他们感受了与矿山不一样的生活，体验了农村艰苦的劳动。当然，他们的下乡，也给当地带来了一缕春风，拓宽了村民的视野，同村民结下了深厚的情谊。

这群 50—60 年代出生的知青，几十年后，回想曾经走过的生活、工作道路，也曾充满骄傲地说：我们这一辈，下过乡，当过兵，扛过枪，就是没有跨过鸭绿江。

进入 80 年代，改革的浪潮风起云涌。大批青年何去何从，是摆在矿领导面前的难题。矿里把这批青年组织起来，成立了"劳动服务公司"。

由于矿山的特点，加上"先生产，后生活"的要求，矿山的居民住宅往往都是因陋就简，能住下人就行。随着生产形势的发展、条件的许可，房屋的改造和重建也就提上了议事日程。他们在师傅的带领下，分别学习木工、泥水工技术，参与到矿区居民住宅的改造和重建、道路的修缮，以及矿山生产的基础设施建设中来。

矿山待业青年的难忘情谊

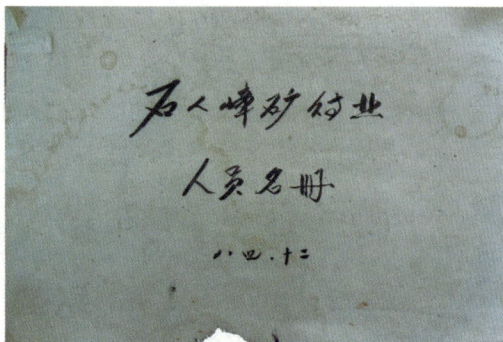

矿山待业人员名册

本着"技多不压身"的传统，这批青年中的很多人，很快成为泥水或土木方面的能手。他们迎着朝霞，顶着日晒，按时按质地完成了各项基建任务。随着任务的完成、陆续的招工，服务公司存在了约三年时光，完成了它的使命。

这一群80—90年代的毕业生，怀揣着创业的梦想，大多走出矿山，走向珠江三角洲各地。他们继承了老一辈矿山工人吃苦耐劳、艰苦奋斗的精神，既有矿山子弟的朴实无华，又有山里人特有的精明，在改革开放的洪流里，风生水起，不少人成了市场经济大潮中的弄潮儿。

十、怀揣拳拳报国心的归国华侨

中华人民共和国的建立，让近代以来一直承受国之不国痛楚的国人兴奋异常，更让身居海外的华侨扬眉吐气，不仅纷纷向国内"驰电来贺"，更是一时"迢迢江阳直向东"。

新中国成立伊始，百废待兴，不少学有造诣的华侨知识分子放弃国外优越的生活和工作条件，怀着拳拳报国之心，冲破重重阻力回国，或振兴科研，或投资建厂，或兴学助教……随着国民经济的恢复和社会主义经济制度的建立，很多侨居海外的同胞回到祖国，参加社会主义经济建设。先后从新加坡、马来西亚、泰国、日本、印度尼西亚、越南、文莱和柬埔寨成批回国的华侨达到40万人。这些归国华侨，大多数是技术人员。

在这些归国华侨和广大的侨眷中，有不少人活跃在生产第一线，他们的爱国热情和建设社会主义祖国的干劲，对国内的经济建设起到了较大的促进作用。

回国后被安排到石人嶂钨矿的100多个（户）归侨，大多从事着技术工作，他们的加入，缓解了矿山建立初期技术人才短缺的艰难局面，奠定了石人嶂钨矿在祖国冶金行业的辉煌。比如，1956年初，根据印尼归侨工人张松龙画的一张印尼砂锡矿用的罗奥斯型跳汰机草图，试制了一台每室200×200毫米的双室小型跳汰机，试用效果很好。于是，又做了两台每室600×600毫米的生产用机，每小时处理4~6吨矿石，钨作业回收率达到60%左右，取代了手摇跳汰桶。此后，这种设备又推广到师姑山、河口山，省内有些矿山也仿制使用。

无论是柴油发电机的组装，还是索道运输及吊罐装配，广东省有色金属矿山中取得的一个个采用机械化采选作业的成就，都离不开技术人员的支持。或者说，石人嶂钨矿在钳工、电工、车工、焊工、锻工等一系列技术的操作、考核标准上，相当一部分都是参照他们的工作要求或示范制定而成的。

印尼邦加烈港锡矿员工欢送归国华侨回国合影

这群华侨技术人员，大多在矿机修厂，也有一部分被安排到各坑口、工段。在技术领域，他们除了兢兢业业、任劳任怨、努力工作以外，往往还带徒弟，手把手教操作、教技术。1958 年前后，矿山招收了一批学徒工，拜师学技术，为期 3 年。这些学徒出师以后，活跃在矿山的各技术工作岗位。1971 年前后，这些学徒又带了一批学徒，大多为矿山子弟，为期也是 3 年。这些技术骨干，一直是矿山生产的中坚力量，直到矿山关停破产。这批华侨技术人员，为矿山的建设奠定了坚实的技术基础。

这些归侨人员的妻子，随丈夫也来到矿山。20 世纪 50 年代中期，她们组织起来，成立了缝纫社，帮职工们缝缝补补；新年节庆，裁剪缝纫新衣服。这似乎是 10 年后，矿山"五七妇校"的雏形。

十一、直面灾难来临的矿山本色

风风雨雨几十年，石人嶂钨矿的历史中，既有艰苦奋斗的辉煌岁月，也有面对灾难的沉着冷静。

地压牵引的破坏。1958 年 11 月 23 日 16 时 30 分，石人嶂坑口发生第一次地压活动。820、790 中段 21 个采空场遭到不同程度的破坏，轻者受牵引移动，严重者倒塌。

758 中段少数采场损坏夹壁与顶板。存窿矿石量损失 2 万多吨；地面照明线路与风水管道部分损坏或陷入空区；820、790 两个中段部分铁轨、风水管、电缆、电线陷入空区；通往后山的交通道路被截断。

1979 年 4 月 21 日午夜，石人嶂坑口发生第二次地压活动。其中损失金属量 117.6 吨；部分坑道裂开，758 中段、598 中段部分铁轨、管子、照明设备难以回收。

1988 年 5 月 24 日，一场大暴雨使师姑山坑口办公室和一栋家属住房被洪水挟石冲毁，导致 1 名职工子弟和 1 名进山探亲的职工亲属遭掩埋致死。

2001 年 3 月 11 日 11 时至 12 时，梅子窝坑口山背癫痫石山峰东北（偏东）坡及北坡，同时发生了一次地表滑坡崩塌现象。大滑坡倾泻下来的岩石，埋没了 3 个老窿口（山背东北向 924、884、840 窿口），山坑树木被塌下的岩体全部掩埋。造成的直接经济损失达 160 余万元，所幸没有造成人员伤亡。

1975 年冬天的梅子窝坑口（摄影：彭广兴）

1976 年进矿山的道路被积雪封住多天

暴雪覆盖下的选厂住宿区（1976 年）

20 世纪 80 年代矿山的冬天

谭钜（右）与林炳炎在梅子窝坑口的"雪中情"

石人嶂钨矿地处粤北山区，生产作业坑口均在崇山峻岭之间，职工家属的生产、生活，不仅相对艰难，还要面对各种大大小小的自然灾害。但为了"开发矿业"，许多人就是在这样的环境下，献了青春献终生，献了终生又献子孙。要奋斗就会有牺牲。钨矿的工作，常年与钢铁、石块打交道，尤其是井下作业，工作环境相对恶劣，即使严格按照操作规程作业，也难免擦破皮、弄伤手脚；如果违反安全操作，稍不留意，就有可能出现重大的伤亡事故。

1984 年 3 月 12 日，石人嶂坑口井下某运输工，违章进入 678 中段放矿井危险区，失足坠入天井死亡。

1986 年 4 月 5 日，梅子窝坑口风钻工违反规程打残炮，发生爆炸事故，造成一死一伤。

1990 年 3 月 8 日，石人嶂坑口 638 中段 19 脉东平巷顶板大块石头突然跌落，一名经过此处的风钻工被砸身亡；6 月 22 日，梅子窝坑口 720 中段 5337 天井，数名工人因吸入炮烟中毒，致坠落天井，造成一死一伤。

一代又一代的矿工，就是在这样恶劣的环境下工作。当然，实现安全生产、避免伤亡事故一直是矿山管理工作的重中之重，毕竟人命大于天。

十二、艰难时局中风雨同行的干部职工

1999 年，石人嶂钨矿被国家有色金属工业局列为等待关闭破产的末期矿山，挂靠在刚成立的中国有色金属工业三大集团之一的中国铜铅锌集团公司名下。

当年，全矿工作的总体要求是"生产自救、控制亏损、共渡难关、保持稳定"。经过艰苦的努力，基本达到了预期目的。其中，钨精矿产量达到 783 吨，为 1993 年以来的最高水平。同年 5 月，还被韶关市人民政府授予"重合同、守信用"单位称号，后连续 5 年获此荣誉。下半年，全矿开展了丰富多彩的系列活动，庆祝新中国成立 50 周年。

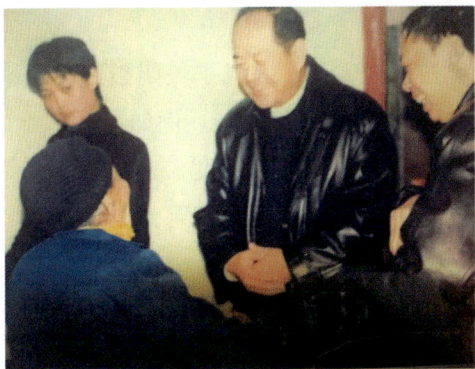

2000 年 1 月 18 日，时任国家有色金属工业局局长张吾乐率团到矿慰问

2000 年 1 月 18 日，时任国家有色金属工业局局长张吾乐（甘肃省原省长）率团到矿慰问。在矿机关二楼会议室听完矿长汇报后，张局长即时作了三点指示：第一，石人嶂钨矿的职工在这样艰苦的工作生活环境中，能有这样的精神面貌，取得这样的工作成绩，令人敬佩，值得赞扬；第二，请局人事司罗司长马上打电话回局里，凡没在矿山工作过的司局长，这次春节慰问必须安排到各个矿山企业去；第三，在楼下转车坪，北京来的同志和矿坑两级的同志一起照张相。

张吾乐还在矿长孔唐荣的陪同下登门慰问年近九旬的石人嶂钨矿的工亡职工家属李凤娇老人，给老人送上慰问金和慰问品。

2002 年，石人嶂钨矿正式进入了破产的准备和实施阶段。根据上级主管部门的工作部署和本矿的实际情况，矿里一边组织干部职工抓生产自救，确保在岗职工工资的正常发放；一边积极配合关闭破产清算组的工作，保障矿区关闭破产的平稳进行，确保矿区的安全稳定。时任矿长孔唐荣，在他的回忆文章中，记录了这一段心路历程。

2003年1月26日，是石人嶂钨矿因资源枯竭而正式进入政策性关闭破产的关键时刻，时任广东省政协常委，广晟有色金属股份有限公司党委书记、董事长欧显华亲率慰问团到矿慰问并送上慰问金。

2003年3月，以承购原石人嶂钨矿部分有效资产安置部分职工再就业为宗旨，按照现代企业制度要求，重组改制的新企业——"韶关石人嶂矿业有限责任公司"正式成立；新社区——"始兴石人嶂有色

上级慰问团到矿慰问

金属离退休人员管理处"也相应组建。至此，石人嶂钨矿，这一历时五十载，在全国享有一定知名度，且属广东省内最大型钨矿山的国有独资企业，完成了其辉煌的使命，永远地成为历史。

五十年的矿山岁月，风风雨雨。关闭破产清算组按法规政策，完成了关闭破产的主要工作任务后，留给退管处的具体落实工作，则是千头万绪，错综复杂。例如：

（1）2003年1月1日起，停止执行旧的即由企业全包的劳保医疗制度，正式实行新的即属地统筹的职工基本医疗保险制度。其中，养老保险争取到由省统筹，医疗保险由韶关市财政协调。

（2）享受抚恤待遇的有485户，4~10级伤残的有300多人，1~3级伤残的有100多人。通过申请财政拨款，交付托保，工残人员可定期享受康复疗养。

（3）原有职工家属，也就是"五七妇校"的人员，以及残疾人员，涉及全矿600个家庭，通过民政部门得以办理了最低生活保障。

（4）每年对复退伍军人、伤残人员、大重病人员进行慰问；对老干部、退休的科教文卫人员，召开迎春茶话会。

（5）处理历史遗留问题。比如从1958年起，先后为80多个被错划为右派的或因工作失误被辞退的人员办理了退休手续。

石人嶂钨矿关闭破产以来，矿业公司的生产基本正常；矿区的生活秩序基本平静；矿山的人心基本稳定。这一切，除了上级部门、地方政府的大力支持外，也得益于矿山职工家属的充分理解，也与退管处全体工作人员的辛勤努力分不开。

退管处书记黄苏华曾深有感触地说，石人嶂钨矿关闭破产后的十多年里，还有一条重要的经验。那就是：原单位破产了，但人心没有散；原单位没有了，但组织还在，党组织的堡垒作用没有消失，现仍有党员300多人，分属2个总支，1个直支，6个党支部，从实际出发开展党建工作，发挥应有作用。这在全省有色金属同类单位中，是做得比较好的，多次得到上级的表彰与肯定。

退管处党工委组织党员集体学习（上党课）

退管处党工委召开"七一"座谈会暨新党员
入党宣誓仪式

退管处党工委组织党员干部到始兴县党员教育基地接受党纪教育

　　2009 年，涉及千万老国企职工福利的"棚户区改造"住建房项目启动。始兴县人民政府大力支持，将其列入县长办公会纪要，确定划拨白石坪所在地 100 亩土地，作为石人嶂钨矿"棚户区改造"建设用地。2015 年 11 月 25 日，工程正式动工，是广晟有色金属股份有限公司在韶关的六个项目中第一个取得土地、贷款到位、报建手续完备、施工合法的工地，共建 19 栋 1215 套住房。

石人嶂钨矿棚改区——兴晟家园外景

石人嶂退管处认真贯彻国办发〔2016〕45 号文件及省市县相关部署精神，实施国有企业家属区"三供一业"移交地方工作。至 2018 年底，已基本完成移交改造任务。原石人嶂钨矿驻韶关和始兴县城的四个家属区，经维修改造，面貌焕然一新，居民的居住条件有了明显的改善。

山在，根就在；人在，心就在！

那山山水水，把我的时光记载——师姑山坑口鹅公陂瀑布（摄影：苏是）

沟壑幽深、峭壁耸立的师姑山电站（现名：山口一级电站）水库口（摄影：苏是）

经典老电影《独立大队》（长春电影制片厂，1964 年 4 月上映）里的石人嶂钨矿选厂尾砂坝

风景如画的石人嶂钨矿选厂尾砂坝（记忆画，作者：刘烈华）

手记

永远怀念师傅的义务劳动奉献精神

周国金

生活在矿山的我们，可以说从读书到工作，义务劳动的倡导，伴随我们整个青少年时代。此风气遍及各个行业，足迹伴随每一个男女老少，是人们艰苦奋斗、脚踏实地谱写奉献之歌的主旋律。

最难忘的是我的师傅——退休劳保工梁经汉、梁经清兄弟俩的故事。

20 世纪 70 年代矿本部医院由门诊部、住院部组成，住院部以职业病为主体，门诊则面向广大的职工家属。不知从什么时候起，出现了一个奇特现象。门诊部前来看病的人川流不息，大部分是矿山周边的农民，他们蜂拥而至，挤在一间不足 8 平方米的草药房。显然，是慕名冲着草药医生梁师傅来的。

梁经汉医生（后排右三）和同事们在矿本部医院合影（前排左二为本文作者周国金）

梁经清与我父亲同一批近 40 人，由湖南锡矿山调到广东始兴石人嶂矿坑口，是参加矿山早期建设的先行者，一直在井下生产第一线从事最艰苦的打风钻工作。他哥哥梁经汉稍后从湘西钨矿调来，兄弟俩也都因身染矽肺职业病而退休。然而与众不同的是，兄弟俩虽然没文化，却都有一套独特本领——民间中草药治病手艺，擅长跌打损伤、无名肿毒及毒蛇咬伤、水火烫伤等的救治。

二十世纪六七十年代物质匮乏，家家户户子女多。梁家兄弟老大就育有八个儿女，生活之贫困可想而知。他退休后，赋闲在家，偶尔上山开点荒，种些五谷杂粮之类，改善一帮正在长身体的孩子的饥饿状况，让他们生活得好一点，最初几年的日子也是这么过来的，平淡清净。有少数知情人、邻居朋友，偶尔到家里去找他看骨折、伤痛病等，增添了热闹与人气。随着名气的增大，慢慢地，前来看病的人络绎不绝。在那个人人崇尚为人民服务，只讲奉献，不图回报，积极向上，风清气正的大环境下，梁师傅就这么毫不犹豫地舍小家顾大家，为了广大患者的需求，义无反顾地选择投身到无限的为人民服务中去，正式在医院门诊部挂起了牌，从此上班坐诊，甚至没有节假日、休息日。

每天上班时间一到，就有早早在等候的病人，不是断胳膊折腿的，就是无名肿毒、风湿病……面对的是一张张痛苦呻吟的面孔、一个个焦急期盼的眼神。只见梁师傅沉着镇定，不慌不忙，边安抚边治疗，一般骨关节脱臼之类的轻伤病人，他就全凭自己娴熟的手法，握住患者的疼痛部位，轻轻揉揉甩甩，一拿一捏，待患者解除紧张，状态放松之时，趁其不意一端，在没有感觉的瞬间，骨节复位轻松搞定。

石人嶂代表团出席始兴县第二次"活学活用毛泽东思想"经验交流大会（第一排右三为梁经汉，第二排左五为"五七妇校"劳模李密娥；第一排右一为本文作者周国金）

如果遇上四肢骨折的严重病例，为了稳妥起见，他也要依靠医院的 X 光助力。边照影边复位，再敷草药绑绷带固定。若是骨头碎裂的复杂情况，有时还要在密不透风的有大量辐射危害的 X 光室折腾大半天。特别是接触那些无名肿毒或者被毒蛇咬伤的病人，往往是伤口红肿化脓溃烂，惨不忍睹；可我们的梁师傅，硬是以一颗博大的仁爱之心，善待每一位病人。为了减轻他们的痛苦，他甚至毅然决然地把病人满是脓血的伤口含在嘴里吸吮出脓血，如此忘我大爱的贴心服务，不知让多少患者感激涕零。

当年来求医的大部分是农民，他们家庭贫困，生活艰辛，是典型的弱势群体，看病花费成了他们的额外负担。摊上个意外，得个什么急难病在他那里治好也花不了多少钱，几十味一副的中草药也就象征性地由梁师傅估个价，收取两三毛钱，几乎是不计成本的。因此，梁师傅还要经常带领医务人员，利用休息日上山去采集中草药。大家成群结队，各自带上包子、馒头，或乘车到韶关境内的偏远山丘，顶着酷暑烈日挖野生的五加皮、百部、麦冬等；还到十几公里外的凉口挖岗梅、采集夏枯草；到仲山坪田的崇山峻岭深处采集松寄生……日复一日，年复一年，这样的义务劳动，没有半分钱报酬，一干就是好几年。

几十年过去了，梁家兄弟当年用自己的一技之长，无私奉献社会、造福病人，他们的善良之举至高至纯，彰显了人性的光辉。梁经汉师傅 1970 年被评为"活学活用毛泽东思想"标兵并出席始兴县"活学活用毛泽东思想"经验交流大会，于 1975 年 1 月光荣出席了第四届全国人民代表大会。

我敬重的师傅啊，永远怀念你们！

（2020 年 8 月于长沙）

不以苦为苦，感情的"根"在矿山

——石人嶂钨矿职工艰苦奋斗小记

《韶关日报》记者　黄河

老一代的韶关矿山工人，有着不以苦为苦，以劳动奉献为荣的精神特质。在始兴石人嶂钨矿，记者见到了傅自清、李致详、吴全荣、蒋吾连等几名在此艰苦劳动几十年的老矿工。他们有的来自湖南，有的来自江西，一辈子安心扎根矿山，从 20 多岁的小伙到如今的耄耋老人，长于斯，老于斯。在和记者聊起当年的艰苦奋斗史时，他们神采飞扬，仿佛穿越回到了当年那个激情燃烧的年代。

1. 生活条件艰苦，安心扎根矿山一辈子

"我们当年的生活条件是十分艰苦的。住的房子还不是现在这样的红砖房，墙体是用树皮、竹片糊上砂浆建成的，搭上横梁，再盖上瓦片，就是房子了。"傅自清向记者介绍，工人们住的宿舍大都没有单独的卫生间，上厕所都要跑到外面的公共卫生间去。"年轻人还没什么，老人和小孩晚上要去厕所就比较麻烦了。"

"开始都是沙子路，尘土飞扬，相当难走。没有路，我们就自己来铺，劈山挖石，硬是活生生造出一条水泥公路来，如今这条路仍在使用。"傅自清说。

"记得我刚来矿上时，吃饭没有桌子，就用一个木箱放到地上当饭桌用，或者就端着碗蹲在地上吃。"吴全荣说，虽然当时生活条件异常艰苦，但大家并没有被吓倒，反而非常乐观，不以苦为苦，把精力都集中在努力生产、比拼奉献上。"用当时流行的话来说，就是以革命乐观主义精神来指导生产生活，没有太多去计较个人的得失。很多人在这里工作生活了一辈子，如今我们矿里的一些退休工人住的还是当年的房子，但有的人就是不愿意跟子女搬出去住，这里空气好，干了几十年了，感情的'根'还在这里。"

退休职工蒋吾连在这里奋斗了30多年，先后做过井下工、风钻工、工区长。如今，蒋吾连每月退休工资有2500元，基本生活不成问题。他是个闲不住的人，每天都要回退管处上班，继续发挥余热为退休人员服务。"我是个退伍军人，复员后一直在矿山工作，大半生都奉献给了这里，对矿山有着割舍不下的感情，我要发挥余热，继续为我们这些一辈子都在矿山奋斗的人们服务。"

韶关石人嶂矿业有限责任公司总经理梁仁建向记者介绍，建矿初期，矿山的干部职工艰苦奋斗、无私奉献的精神非常突出。在百业待兴、困难重重而且报酬很低、生活艰苦的条件下，凭着"解放翻身做主人，开发矿业献青春"的高度责任感和满腔热情，虽然工作和生活条件异常艰苦，但是大家毫无怨言，一些同志还为开发矿业受伤致残甚至献出了生命。1957年国家第一个五年计划结束时，石人嶂钨矿基本完成了艰难创业的任务，生产经营已形成了一定规模。"后来陆续建立了一批辅助生产单位，包括汽车队、机修厂等，还建立了一批文教卫生等后勤服务单位，包括职工医院、子弟学校、电视差转台等，矿山逐渐兴旺起来了，简直就是一个小县城。"

2. 改善生产条件，比看谁挖矿多

石人嶂钨矿建矿初期生活条件简陋，生产工作条件也很落后。后来，逐步实行点灯照明、风钻凿岩、井下矿车轨道出矿、地表索道钢斗运矿、机械化选矿等采选作业，是当时广东省第一个采用机械化采选作业的有色金属矿山。矿工们干劲十足，不断改善生产条件，看谁挖的矿更多。

李致详如今已经82岁了，当过班长、副坑长，当年因力大勇猛而著称，虽然身材瘦小，却能扛起300多斤重的轮子。他埋头苦干，总是起带头模范作用，在危险的地方总是一个人冲在最前面，被工友们称为"石人嶂李铁人"。

"采下来的矿石大大小小不均匀，塌下来的话有一定的危险性，平常人都不敢上

去，李致详就敢上前去，有危险他总是冲在最前面。"几名老矿工说起李致详当年的事记忆犹新。苦活累活他总是抢着干，而且力气惊人，平常两个人都干不来的活，李致详一个人就可以完成，甚至干得更多，而且从不埋怨，眼睛受了伤，还没有完全康复又带伤继续下矿。"所以工友们都叫他'李铁人'，有了这个模范做榜样，大家都深受鼓舞，干劲十足，一心一意扑在生产上，比比谁挖的矿更多。"

"我们当初挖矿没有什么机械设备，就是矿工们手工开采，到二十世纪六七十年代才逐渐有了一些钢钻、矿机设备。就是这样的生产条件，我们一个班一个月内可以打6个天井，一般来说能打2~3个就不错了，靠的是什么，靠的就是矿工们连续作战、不怕苦不怕累的精神。"吴全荣说。

石人嶂钨矿不仅有"铁人"，也出现了一些"能人"。吴全荣说，他记得当年矿里的印本俊师徒俩，一天能打7个断面，放炮也能放7个断面，11米的进度。按当时的标准，一般能有2个断面就不错了。"我们矿的很多纪录就是这师徒俩创造的，他们能干、巧干，很多人都向他们请教技术。"

傅自清当时也是一名技术能手，做过井下工、木工，他没有读过多少书，却自学成了多才能手。一个作业班八小时做井下木质支撑漏斗，两个人完成一个就达到要求，傅自清和师傅却能完成4个。矿里的选矿摇床维修也经常找他，还把旧的摇床翻新节约了成本。此外，矿里部分厂房也是他设计施工的，如今这些设施还在使用。"就是自己买书学，不懂的向别人请教，渐渐也掌握了一些技术。"傅自清说。

（此文刊于《韶关日报》，2018年5月3日，有改动）

母亲花

——献给河口山"五七妇校"的母亲们

汪小平

二十世纪五六十年代，一群活跃勤劳的母亲队伍，为支持丈夫奉献祖国的钨矿建设事业，纷纷从祖国各地来到了广东省石人嶂钨矿河口山坑口。

由于种种原因，"四清"运动时，母亲们参加了"五七妇校"。从这时起，不管春夏秋冬，她们每天起早贪黑、早出晚归、日晒雨淋、风雨无阻。她们在瑶山里、河边水沟旁开垦了上百亩的农田，赶牛犁田、播种插秧、种田种菜、养猪养鱼、喂鸡喂鸭、驾驶拖拉机、做搬运工、办粮店、建托儿所、上山砍猪柴、捡圆珠子、采蘑菇、拔竹笋、挖红薯、割稻谷、收花生、磨豆腐，夜里还要去山里住野猪棚，敲锣打鼓赶野猪；

晚上回到家里还要带儿育女，做饭菜、洗衣服……记得有一次，天蒙蒙亮，母亲和队友们便去瑶山种田插秧。中午母亲在工棚楼里吃午饭，楼板突然崩塌，母亲和几位工友从楼板上摔下，造成腰椎骨折，母亲是最严重的一位。坑口领导知道后，安排母亲到韶关、广州等地治疗，正在读初二的姐姐也为此事辍学陪母亲治伤，从此姐姐失去了读高中的机会。经过两年多的治疗，母亲基本康复，但遇到天气不好时，就会有腰骨疼痛等毛病，至今还留有后遗症。小时候曾记得，母亲每年都要砍些柴火，这些柴火全是交给五七妇校养猪场的，如完不成就要扣工分。学校放假时孩子们都会到山上帮母亲背柴火。有一次母亲在山上砍了好多的柴火，我们全家大小一起出动，背柴火到妇校养猪场，一直干到晚上才回到家里。这时候的母亲不顾一天的劳累，又要继续为全家人做饭菜、洗衣服，真是可怜天下母亲心啊。

为了养家糊口，挣几毛钱一天的工分，急、难、险、重、脏、乱、臭、恶、累、差的事情，母亲们样样都做过，是名副其实的"半边天"。河口、司前、中村、夏家曾、榜坑、深渡水、樟树湾、南屋角、矿井、矿上，处处留下了母亲前辈们的青春岁月、劳动的身影和奋斗的足迹。

生活的艰辛、环境的恶劣，并没有压垮我们的母亲，而是造就了她们勤劳善良、美丽淳朴、吃苦耐劳、意志坚强、乐观向上、拼搏进取的精神和高尚的品格。为了丈夫、为了孩子和家庭，母亲们无私地奉献了美丽的青春，有的还付出了伤痛，甚至宝贵的生命。由于多年的劳累，多数人都留下了风湿、中风、骨病、腰腿疼痛等后遗症。

回顾母亲们走过的人生历程，我们做儿女晚辈的，还有什么比前辈们更辛苦的呢？我们为有这样的母亲而深感骄傲和自豪。

世界上有许多美丽的花，在孩儿的心里，开得最艳丽、最灿烂的那朵就是——母亲花。我把母亲比作花，那是母亲给了孩儿青春和生命、美丽和幸福；我把母亲比作花，那是母亲用甘甜的乳汁养育孩儿健康成长；我把母亲比作花，那是母亲教会孩儿学会学习、学会生活、学会做人的道理。母亲花，就是世上永远不会凋谢的精神之花！

（此文刊于《北江》2016 年总第 222 期）

特定的历史铸造一支能打善战的矿山女子台车掘进队

吴厚鸿

尽管，历史已翻越过 40 个春秋；尽管，石人嶂钨矿已完成了社会主义建设时期和改革开放后的历史使命。但是，作为矿山的过来人，曾经想过写一写石人嶂钨矿梅子窝坑口三八女子台车掘进队的事迹。和她们最近的一次会晤，是今年的五一国际劳动节，在韶关市山水华府酒店。那是石人嶂钨矿梅子窝坑口文艺宣传队 45 年首次聚会。她们大都是文艺骨干，能歌善舞。尽管岁月的沧桑使她们增添了丝丝白发，昔日羞涩的脸庞也刻印了几多沟沟坎坎；尽管流年似水让她们饱尝了太多的艰辛和当奶奶、外婆的劳累，但是石人嶂的精神、山里人豪爽的精气神一直伴随着她们。随着悠扬的乐器声响起，她们婀娜的舞姿和百灵般的歌声又呈现在我的面前……

借此机会，我采访了原石人嶂钨矿梅子窝坑口三八女子台车掘进队队长、广播员刘巧兰，话题当然离不开梅子窝坑口女子台车掘进队。

20 世纪 70 年代，石人嶂钨矿是广东省"学大庆"先进典型集体。时任副省长刘田夫等领导到石人嶂考察，充分肯定了我矿学习大庆发扬艰苦奋斗精神的思想政治工作经验。《南方日报》曾对此发表评论和做专题报道。当时，比较出名的有石人嶂钨矿梅子窝坑口和女子台车掘进队，她们创造了像男矿工一样下井采矿掘进的先进事迹。同时还有矿区家属组织的"五七妇校"集体经营种养和服务矿工生活经验。这两个女子集体曾经获奖无数，其中女子台车掘进队两个台班组组长刘巧兰、刘爱群也多次获奖，并在全省推广经验。

1976 年，全国各行各业如雨后春笋般出现了"女子采伐队""女子民兵营""铁姑娘队"，旨在突出妇女解放和男女平等、男女同工同酬，妇女能顶半边天。石人嶂梅子窝坑口三八女子台车掘进队，也就在那个特定的历史条件下应运而生。

这支女子台车掘进队共有 14 人，分两个台班组。组长分别是刘巧兰（兼）和刘爱群，归二工区管辖。工区指导员是罗锡华，工区长是唐于亮。这帮女孩子当时最大的21 岁，最小的 18 岁，均来自机关和选厂，共青团员居多，有的还是刚走出校门参加工作的姑娘。

女子台车掘进队的诞生可以说是轰动整个矿区，在当时实在是稀奇事。因为井下掘进作业强度大，环境条件差，一个风钻工光身负矿帽、工服、胶衣胶裤、长筒胶鞋加上钻风机就几十公斤，加之有些掘进面因地质断层引起的渗透扬水，男同志作业都很辛苦，更何况是女同志。引起轰动的另一个原因是女子台车掘进队下井作业，激发了男矿工们的工作热情，调动了他们的积极性，因为女同胞能干的活，男同志自然不敢偷懒。不是说"男女搭配，干活不累"吗？总而言之，女子台车掘进队的产生，在当时来说确实是街头巷尾的新闻话题。

当时二工区主要负责 600 中段主巷道的开拓掘进，女子台车掘进队两个台班组开始虽然配有男矿工师傅跟班指导，但是巷道掘进如打风钻、爆破、装岩、钉道、拉矿，这帮女子巾帼不让须眉。她们用柔弱的身躯与男矿工一样拼搏在井下千里巷道，用泪水、汗水、青春托起了石人嶂钨矿梅子窝坑口天坪架下的半边天，队长刘巧兰说："有一次坑口大会战，为了赶进度，掌子面区域炮烟还没散尽，赖华香等就冒着浓浓炮烟抢装岩石，被熏倒在矿井里。"有时女工来例假，照样要在透水的巷道作业，以致落下妇科病，至于轻伤不下火线等事例更是不胜枚举。有些人甚至因为体力透支影响了当班任务而痛哭不已。她们机械化作业虽比不上男同志，但每天两个工作面经常干满12个小时，不知疲惫。记得离开矿山时有一位领导对我说："这帮花季女孩真不容易，是咱们矿山难得的一笔精神财富，值得大书特书。"

是的，在当时那种特定的历史条件下，她们用执着和朴实无华的敬业精神，谱写出特定时代的"花木兰篇章"，为石人嶂钨矿年年超额完成上级下达的生产任务而贡献了她们的光和热。

（2018年6月13日）

广东石人嶂钨矿吊罐法掘进天井月进尺406.4米

去年6月，梅子窝坑口吊罐天井掘进队在学习无产阶级专政理论的热潮中，用28天掘进天井11个，创造了吊罐法掘进急倾斜天井月进尺406.4米的新纪录。

天井均沿石英脉掘进，围岩为变质砂岩、矽化板岩和花岗闪长岩。天井倾角为80~88度，岩石普式硬度系数为8~14（其中以10~12的居多），天井高度为30~44米。除了个别天井是单一矿脉外，大多有数条小矿脉，围岩稳固，爆破后松石较多。11个天井分布在四个中段。天井断面为1.6×2.4米，所用主要设备是2.8千瓦游动绞车2台，小斜罐2台，华-1型装岩机2台，01-45型凿岩机6台，BR-52-2型11千瓦局扇4台，电铃信号装置2套，BA-100型潜孔钻2台。

天井掘进队由20人组成，24小时分两班轮流作业，每班10人，其中风钻工4名，绞车司机1名，炸药运输工1名，装岩机司机1名，推车工3名。为使准备工作走在前面，有的人负责信号、吊扇的安装，有的人负责电源电缆的架设和绞车、吊罐的搬移。

独头天井掘进时，每班完成3~5个循环；同一中段有两个相距较近的天井时，采用双天井轮流作业，每班完成4~6个循环，最高达7个循环。循环时间一般为2小时，最短时间仅1.2小时，最长时间为3小时。

（此文刊于《煤矿技术革新》，1976年7月25日）

我的父亲

——石人嶂钨矿职工归国华侨郑佛的爱国情怀

郑照炎

我的父亲郑佛，1903 年 7 月 1 日出生于广东增城正果镇西湖滩村一个农民家庭，父亲念过 3 年书，10 岁那年由于祖父去世，只能辍学在家务农。20 岁时只身到广州寻工做，被人贩子卖到南洋即印度尼西亚邦加烈港锡矿做苦力，父亲凭着吃苦耐劳、勤奋好学的精神，从一个担泥工成长为电流技术员。有了技术的父亲在当地站稳了脚跟，并娶华裔刘钦顺为妻，育有 6 个小孩，分别是大女儿郑乙嫒，二女儿郑乙瑛，三女儿郑乙金，大儿子郑乙邻，二儿子郑乙墨，小儿子郑照炎。

郑佛全家合影

1949 年 10 月 1 日，中华人民共和国成立，父亲通过报纸和电影的宣传，了解到解放后的新中国百废待兴，急需各方人才，漂泊在外、饱尝苦难的父亲，毅然决定放弃相对安逸的海外生活，前往我国驻印尼总领事馆申请回国参加新中国的复兴建设。很快，父亲的申请获得了批准，在亲朋好友和同事的热烈欢送下，于 1953 年 3 月乘坐祖国派来的"芒万宜"轮船，举家踏上了归国的路程。经过七天七夜的航程，终于回到了魂萦梦绕、朝思暮想的祖国。从脚踏祖国实地的这一刻起，父亲就立志倾其所能报效祖国。在广州下榻石牌华人招待所期间，广东省人民政府华侨事务委员会有关人员征求父亲意见想到哪儿工作。父亲脱口而出，我是电流技术员，祖国什么地方需要我，我就到哪儿工作，无条件服从组织安排，足见父亲的爱国情怀有多深。就这样，父亲被安排到当时中央直属的粤北石人嶂钨矿工作。一到矿山，父亲铆足了劲，任劳任怨，不知疲倦地工作，架高压线，修电带徒弟，搞生产发明、技术革新，矿区生活照明维修，工作从不挑三拣四，浑身好像有使不完的劲儿。父亲年年被矿山评为先进生产者、劳动模范，他人交口称赞的榜样、五好先进职工。1964 年还出席了全国冶金系统在佛山举行的先进个人代表表彰大会。

父亲极其平凡地工作在他的岗位上，自豪地将他的后半生献给了祖国的矿山建设，虽没有惊天动地的业绩，也没有给我们留下金钱和物质上的遗产，但他和千千万万的海外赤子一样，有着一颗淳朴的拳拳报国之心，给我们留下了深深的爱国情怀，留下了品德高尚的无私奉献精神。

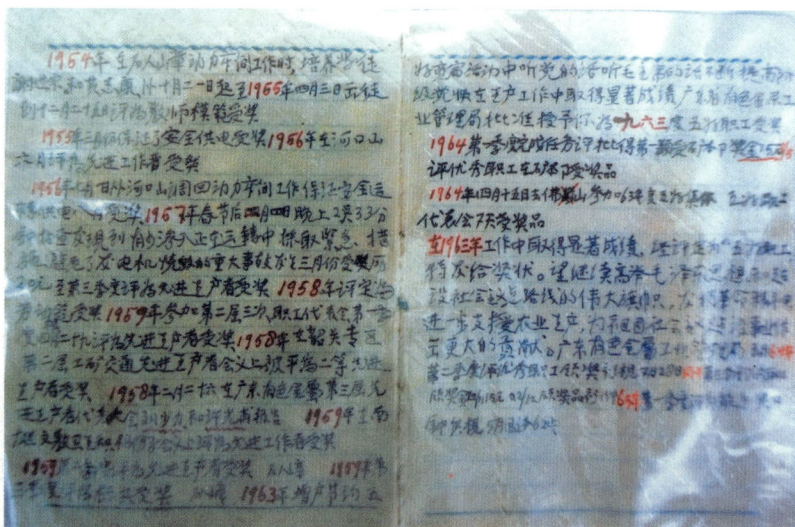

郑佛工作笔记

父亲于1964年永远地离开了我们，长眠在祖国温暖的土地上。

（2018年10月8日）

常回家看看

孔唐荣

2002年6月29日，矿里安排在矿本部灯光球场举行"庆七一迎十六大歌咏文艺晚会"。当晚灯光球场上欢歌笑语，球场四周坐满职工家属，热闹非凡。我爱人是矿中学教师，担任本场晚会的节目评委。我当天刚从广州开完会后与在广州工作的女儿一起回到矿上，也赶到现场观看演出。晚会主持人看到我后，突然宣布：下面，请孔矿长唱首歌。

虽然唐突，但我无从回避，不能让晚

孔唐荣全家合唱《常回家看看》

会冷场，只好应邀上场，接过主持人的麦克风，告诉在场的观众：今晚刚好我、我爱人和女儿，一家三口都在这儿，我把她们也请上来，同我一起来唱首歌。

石人嶂钨矿历史悠久，曾为国家建设做出过贡献；但现资源枯竭，经济困难是事实。全矿现有退休职工和抚恤家属2000多人，这一代老人，生小孩少的三四个，多的七八个，也就是说，那么多职工子弟分布在全省甚至全国各地，我希望，这些职工子弟都能像我的女儿一样，有时间就常回家看看，有条件的，经济上可给老人提供一些帮助，条件有限的，起码精神上能给老人一个安慰。所以，我们一家三口就合唱了一首《常回家看看》。

寻访石人嶂12个老矿工 始兴县工作组赴湖南上门办社保

谷立辉

3月15日至19日，由始兴县公安局石人嶂派出所和石人嶂离退休人员管理处（简称退管处）组成的4人工作小组，驱车至湖南，总行程近2000公里，途经郴州、衡阳、邵阳、娄底、湘潭、株洲6个地级市，先后寻访12位老人，顺利解决了困扰他们多年的"痼疾"。

这12位老人均系原石人嶂钨矿工人，由于历史的原因，他们于1958年被送劳动教养。1981年平反后，没有被批准复职，由石人嶂钨矿发放生活费。石人嶂钨矿关闭破产后，其生活费由广东省财政厅按照市城镇居民最低生活保障标准拨付，由石人嶂退管处发放。

生活费标准低，影响了这些老人的生活质量，老人们因此多次上访。石人嶂退管处和派出所根据实际情况，终于为这些老人争取到了一份《帮助石人嶂钨矿退养家属工缴费参加养老保险协议书》。协议中说明乙方只需缴费9000多元，就等同于最低缴费年限，马上可以领到每月八九百元的养老保险，并且百年之后还可以一次性拿到几万元的抚恤金。根据政策规定，参保人必须是参保地户口。经始兴县公安局批准，石人嶂派出所所长曾翼带着老人们的准迁证，主动上门办公，使他们免受路途劳顿之苦。

1. 大红鞭炮响起来

3月15日上午9时许，乍暖还寒，曾翼一行4人预备了10天的物品，从始兴启程直奔刘老家中。刘老家在衡阳市台源镇。当天由于大雾，影响了行车速度，并且中途盲从车载导航仪枉走一段路程，直到14时许才到了镇上。此时，刘老已在镇上等候了足足3个钟头。

"让您等得辛苦了。您快上车带我们去家里早点办完事吧。"曾翼见老人已现疲态，便打开车门请老人上了车。

当车开到刘老家门口时，门前一挂大红鞭炮就噼里啪啦响起来，这架势让曾翼等人始料未及，竟有点不知所措起来。

"应该的，应该的，你们都是贵宾啊！"老人喜悦之情溢于言表，"你们这么老远跑来为我办事，不要饿着了，先吃口饭吧。"吃饭时，大堂摆了3大桌，坐满了刘老特意邀请的亲朋好友和村里的干部，这更让一行4人受宠若惊。饭后，工作组迅速投入工作，向老人及其儿女逐一讲解相关工作要求和政策，认真听取了他们的建议和要求，经过简单商议后，老人便在协议书上签了字，随后曾翼带着老人到当地派出所办理户口迁出手续，并拍摄二代身份证照片，一路畅通无碍。临走之前，刘老硬塞香烟作为酬谢，不过这份礼没被接受，一行人马不停蹄地奔向邵阳市隆回县的寻访对象。

2. 要求检查警察证

"霸蛮"，湖南方言，指执着，在困难中吃得了苦，认死理。湖南人的这股精神劲儿，让曾翼一行人尝到了苦头。

3月16日上午10时许，工作组到达邵阳市洞口县。这个县有5个需要寻访的对象，为了提高办事效率，曾翼等人决定将他们集中到黄桥镇派出所一起办手续。11时左右，5位当事人全部到了派出所。

5位老人并不急着办事，而是沉湎于故友重逢互诉衷肠中。曾翼心想，如果这样继续下去只会徒耗时间，工作就会陷入被动。曾翼找了一位较冷静的老人沟通，把他们的话题慢慢引到办手续上来。

"什么？还要我们出钱？我不出！你看看我以前的判决书冤不冤？你们应该给我们出所有的钱！"没等工作人员讲完，一位周姓老人从身上布包里拿出一张陈旧发黄的判决书愤懑地说。

"老人家，我们都理解你们的过去，但那都是历史问题，您也要看开点，我们跑了两年才跑出现在这么个好政策，都不容易啊。"退管处的周主任好言相劝。

只是周老好像没听进去，并且开始鼓动起其他4位老人，没一会儿工夫他们的话题又回到了过去。"叫他们儿女过来吧，他们容易沟通。"曾翼与退管处领导商讨办法。

"他们的儿女大都不在本地居住，只有一个老人的儿子可以联系到。"退管处的黄主任翻着手里的名册说。下午1时左右，另一周姓老人的儿子到了派出所，曾翼等人又详细地讲了办手续的要求。不料，老人的儿子竟怀疑警察的身份，要求拿曾翼的警察证到当地派出所检验真伪。经过一番周折，这位周先生终于答应签订协议，几位老人也陆续签了字。

3. 就像见到久别的亲人

3月16日晚在娄底市新化县检察院门口，曾翼一行人打听寻访对象时，竟巧合地问到寻访人的女儿，双方都大感神奇，随后相谈甚欢，并办妥相关事项。

　　3月17日下午，曾翼一行人找不到目的地，被困在路上。位于东山乡的谢老吩咐其儿子和朋友，骑着两辆摩托车到市区来带路。到家后，谢老利落地签下协议，事后还要酬谢，但被曾翼等人婉拒。

　　3月18日下午，在株洲醴陵市茶溪村，曾翼一行人与当事人失去联系，只好入村询问村民，说明来意后，村民热情相助，很快就找到当事人王老的家。王老见是石人嶂的来客，大为欢喜，向曾翼等人讲起石人嶂曾经的人和事，如数家珍。

（此文刊于《南方日报》，2012年4月9日）

第四章

创新争先

——石人嶂钨矿突出人物代表

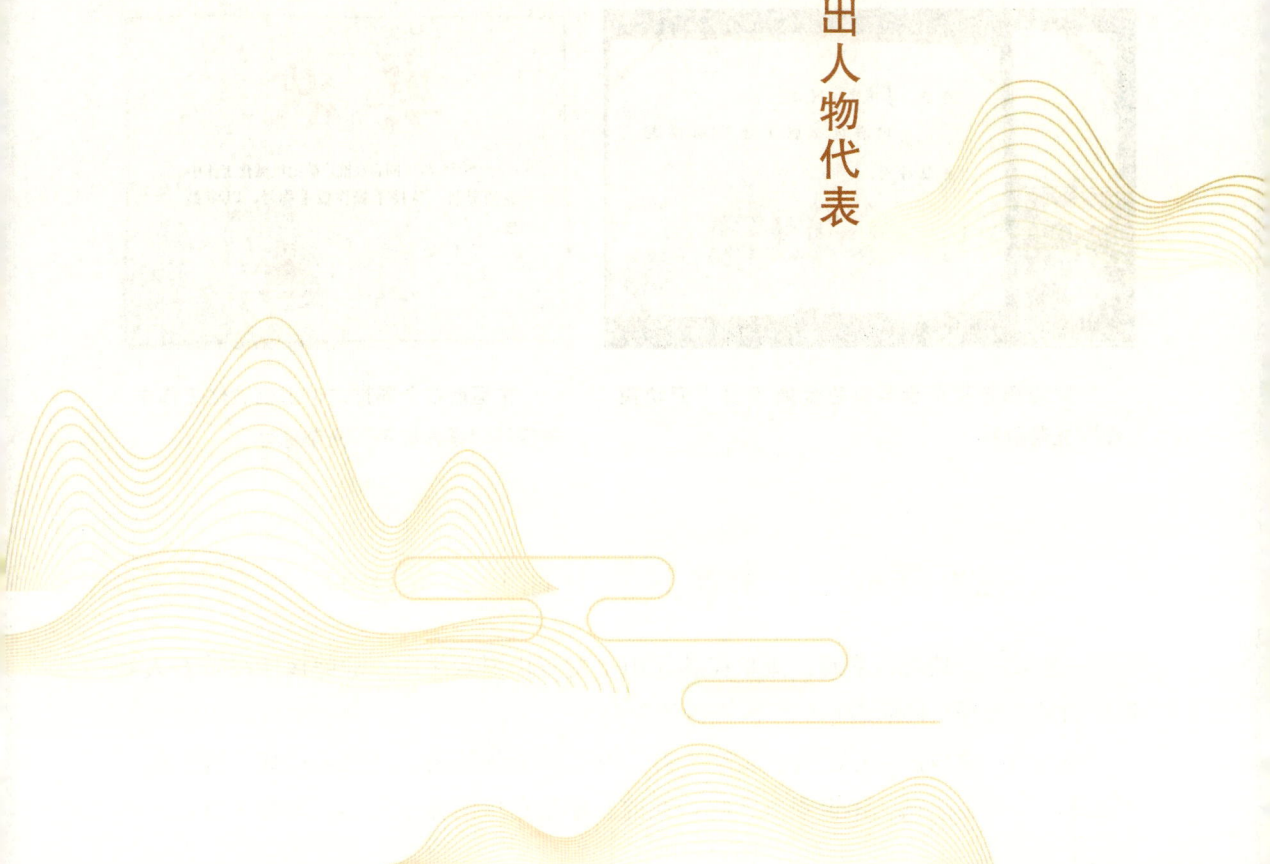

石人嶂钨矿存在的几十年里，在这片热土上，在这群山峻岭之下，无数矿山儿女，以艰苦奋斗的拼搏精神、坚韧不拔的革命意志、勤学好思的学习热情、勤俭节约的传统风尚、淳朴清白的为人品德，演绎了许许多多的动人故事，涌现了许许多多的模范集体、风云人物。

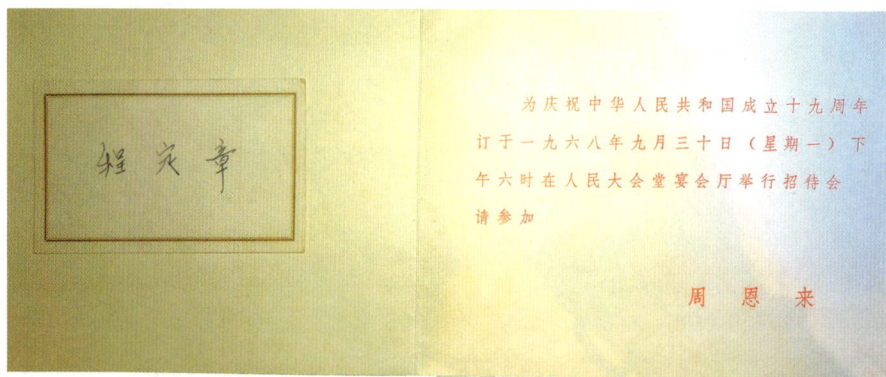

矿山工人代表程定章受邀参加国庆招待会

罗沛德被授予全国有色金属工业"劳动模范"光荣称号

朱运朋在全国推广矿山机械化工作中被授予"操作能手"光荣称号

一、老红军战士、朱德的警卫连长：乔国章

一座坟，一块青石墓碑，掩映在莲花山下的青山绿水之间，静静地注视着石人嶂钨矿的风起云涌，聆听着选矿厂区机器的轰鸣声。

乔国章，这位出生在四川的农家子弟，1933 年参加革命，经过长征战火洗礼的红军战士，以对党忠诚，不惧艰难，吃苦在前、享乐在后的赤子之心，书写了自己的传奇人生。

乔国章的部分立功勋章

乔国章（第四排右二）参加桂林有色干校
培训班临别留影（1955年12月）

　　红一、红四方面军会师后，乔国章被派往朱德总司令的警卫连。一天夜晚，正逢朱总司令查岗，他忠于职守、严于律己的作风，给朱总司令留下了深刻的印象。朱总司令把自己的左轮手枪解下，给他作为奖励，并任命他担任警卫连的连长。

　　抗日战争和解放战争期间，乔国章两次负伤。到1949年底，他随第四野战大军一路南下到了韶关，接到上级命令，让他转至地方，参与矿山的建设工作。他们几个人，从韶关兵站出发，经一天一夜，步行60多公里，到达了始兴北郊的高营，原石人嶂钨矿机关驻地，开始了他近40年的矿山工作生涯。

　　矿山初创时期，条件极为艰苦，驻地与采矿区相距几十公里，尚未通公路，来回全凭两条腿步行。在师姑山工作期间，乔国章与农民一起挑着钨砂产品，还需全副武装，备足干粮，沿着羊肠山路，过天狗坳，餐风饮露，将一吨吨国家急需的战略物资——钨产品，押运至上营中转站。

　　为了提高政治素质、文化水平，乔国章参加了广西桂林的培训班学习。近50岁的年龄，半辈子和枪林弹雨打交道，拿起笔来学文化，笔似千斤重。曾经因为写不好字，急得把书台都砸坏了。但是，这并不影响他对党的忠诚，对工作的尽职尽责。当年，矿山职工的困难补助，必须由他加盖私章才能生效。别看他没有什么文化，但他心里有一本账，谁家困难，谁家还过得去，他清清楚楚。如果不符合困难补助条件，即使是上级领导，他也会不留情面。正因为正直无私，敢于负责，他赢得了干部群众的尊重，大家平时都尊称他为"乔国老"！

　　20世纪50年代末，经济困难时期，粮油食品极度紧缺，单位食堂也常常难见油腥，各种办法都用尽了也无济于事。这时乔老主动请缨，不辞辛苦，到743矿，利用老战友关系弄到了2大桶糠油（约300斤）、10袋面粉，缓解了单位的燃眉之急。即使是这样，乔老自己家里也没沾到什么油水。作为老红军战士，也不是没有机会享受更好的待遇，上级领导也曾几次商调他到省城工作，但都被他婉转拒绝。他说：我是奉毛主席、朱总司令的命令到矿山工作的。

1966 年，矿山环境受到严重影响，领导干部受到冲击，生产形势不容乐观。面对失控的风险，乔老义正词严，暂时稳住了局面，并以老红军沉稳果断的作风，将一批干部、技术人员秘密地送到刘张家山林场保护起来。因此，即使是风起云涌的动乱局势下，骨干力量也得到一定程度的保护，依然完成了国家下达的生产任务。碍于乔老的老红军身份和其正气凛然，造反派也不敢触动虎须，但又咽不下这口气，只能朝其家属下手，以莫须有的罪名将其妻子关入了监牢。面对家人的灾

老红军乔国章向矿山民兵传授枪支使用经验

难，乔老不为所动，巧为周旋，协助根正苗红的南下干部，使各生产坑口的局面大体稳定，保证了生产秩序的正常进行，直至部队支左干部的到来。

1975 年，乔老作为特邀代表，参加了第四届全国人民代表大会。以后的十多年里，他以顾问身份参与矿山的管理工作。关于乔老的传奇故事，时常被人们广泛传颂。尽管有人说他没什么文化，脾气还有些不好，也不讲情面，但是，他不计个人得失、甘于清贫、不怕艰苦、一心为公、无私奉献的品质，则是有目共睹的。他也因此获得了矿区上下的广泛尊重！

乔老生前留下遗言，百年后要葬在莲花山脚下，陪伴着他曾经工作过近 40 年的矿区，以青山绿水为伴。这就是石人嶂钨矿这座红军墓的由来。

二、全国"五一劳动奖章"获得者：吴天

吴天，1954 年出生，1980 年进入矿山工作，在石人嶂钨矿梅子窝坑口井下担任平巷掘进风钻工，后任台班长。1984 年起被选为县人大代表，并且连续 4 年被评为全矿模范职工；1989 年，被评为全国有色金属工业特等劳动模范；1990 年，被授予全国"五一劳动奖章"。

在短短的十年时间里，一个普通的掘进风钻工，用自己勤劳的双手，紧握钻把，在深邃幽暗的巷道，借助微黄的矿灯照射，硬是打出了一片辉煌的天地，这不得不从他的童年说起。

二十世纪五六十年代，石人嶂钨矿仍处在初创时期，住的是杉皮板房，吃的是粗茶淡饭，穿的是补丁衣服，生活条件很艰苦。在那火红的年代，父母忙于工作和生活，也没有太多心思顾及小孩。因此，矿山的小孩，爬山越岭，上树下坎，大都有点儿野性。

吴天十四五岁前的成长，与大多数的矿山子弟差不多。不同的是，从幼时起，兄

弟俩由养父抚养。养父家祖籍湖南，解放前，家无田亩，靠帮人剃头维持生计。由于各村剃头往往都是被某一剃头匠包村，生意难做。其养父被迫三次替人顶"壮丁"当兵。因为有这门手艺，在部队也是理发员。

1949 年，全国解放前夕，其养父第三次顶"壮丁"，在国民党薛岳的部队当兵，在台湾三个月，随部队调防厦门后脱离队伍，又回到了老家。1953 年，随老乡来到了矿山，还是从事理发员的工作。到了 20 世纪 60 年代后期，也正是这段顶"壮丁"的坎坷经历，给家里带来了重大变故。1971 年，在读高中的吴天跟随养父回到了湖南醴陵老家务农。

1978 年，随着养父问题的解决，吴天兄弟俩与养父一起，回到了阔别近七年的、曾经熟悉的矿山。第二年，也就是 1979 年底，吴天穿上了工作服，如愿以偿地成了一名工人。

从手握风镐钻把的第一天起，吴天就有一个朴实的愿望，也就是养父说的：好好珍惜眼前这份工作。已经 26 岁的吴天，既有青年人的干劲，又带着成年人的稳重。他心里憋着一股不服输的劲儿，总觉得别人能干的，我也能干，而且，要比别人干得更好。井下岩层，地质构造不同，岩石软硬也不同，挡头面的炮眼数量、疏密也应该不同，钎杆旋进的角度也应该有所变化。每一槽炮后，都会留下残眼，通过对残留炮眼的分析，吴天找到了各炮眼的角度、深浅变化与效能的关系。很快，他就成了一名技术过硬的风钻工。

一个掘进台班组一般配置 2 名风钻工、1 名爆破手、1 名装岩机工、2~3 名电机车工和倒矿工。吴天担任台班长后，他不仅是风钻工，还是多面手，并且还考取了爆破操作合格证。在吴天的影响和带动下，吴天台班成了名震一时的先进台班。该台班先后有 5 人被评为矿先进生产者，其中 2 人被评为矿最佳装岩机工、最佳爆破工；年完成任务稳定在 115% 以上，年均掘进进尺 500 米以上，稳列全矿掘进台班之首。

20 世纪 80 年代中期，湖南长沙中南工业大学课题组带着"射幅式直线中心空孔爆破"的研究实验，来到石人嶂钨矿梅子窝坑口进行实证。原传统的直线拉槽技术，一槽炮下来，进尺好的，也就是 1.8 米左右。为了配合好实验，坑口锻钎房还专门锻造出了 2.6 米的钎杆，木工房也拿出了 2.4 米长的装炮棒。吴天台班按设计要求开钻，仅用了两三槽炮，就达到了课题组的设想，一槽炮下来，最好的进尺达到 2.2 米。在 760安全通道掘进中，坑口对"射幅式直线中心空孔爆破"组织检验，12 槽炮共达进尺21.92 米，平均每槽炮 1.83 米。

1989 年，以 9 月的 30 个工作日为期，以优异成绩向新中国成立 40 周年献礼。以完成井下采掘计划为重点的阶段性劳动竞赛，在全矿如火如荼地举行。吴大台班计划掘进 42.5 米，实际完成 79.5 米，为计划的 187%，成为当之无愧的掘进冠军。

吴天还是"既要夺高产，又要降低消耗"的效益观念的领头人。吴天台班坚持从一颗铁钉、一筒炸药、一寸风水绳等做起，处处节约材料。自 1985 年以来，吴天台班每年节约的材料费用均在 3000 元以上，5 年累计 1.5 万元，且工程质量和安全性能都达到要求。

吴天（右）在聚精会神地工作

吴天（右四）参加广东有色金属工业劳动模范报告会（1989 年 10 月）

中色广州公司劳模报告团到矿作巡回报告，左图为吴天在作报告，右图为五位劳模与中色广州公司工会领导和矿领导在招待所合影（1989 年 11 月下旬）

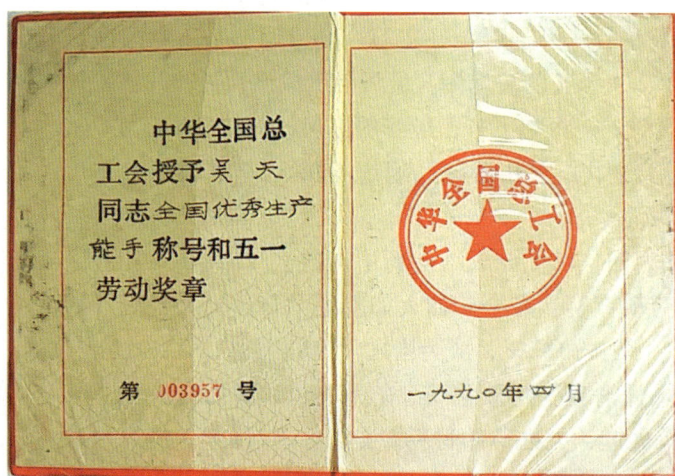

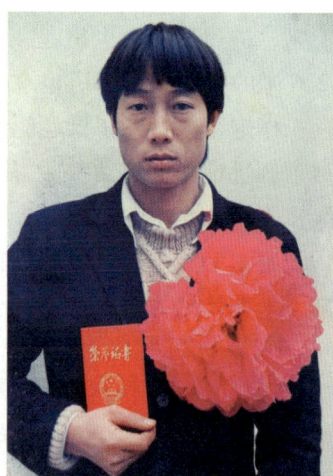

吴天荣获"全国优秀生产能手"称号和"五一劳动奖章"

长期从事风钻工作业对身心健康有一定影响，因此，一般能在风钻工岗位上做七八年的，已是很不错的了。可是，吴天一干就是 14 年，梅子窝从 560 至 924 十个中段的掘进掌头面，都留下了吴天打风钻的印记。这对所有台班来说，也是绝无仅有的。

1993 年，吴天接受矿里的委派，在对外承包的龙门铅锌矿，负责贯穿 140 中段至 170 中段 62.5 米的通风斜井。由于是控制性工程，龙门铅锌矿定出的台效是每天 2.4 米，共 26 个工作日完成，并且许诺每提前一天，奖励 200 元，平时瓶装酒加餐，完成任务后，另外再奖励两瓶五粮液。吴天台班 5 人，2 人打钻放炮，3 人耙矿出矿，仅用了 15 个工作日，就打穿了斜井。每个工作日掘进 4 米多，掌子面工效 0.8 米多，达到了全国先进水平。14 年的井下掘进工作，按巷道宽 2.2 米、高 2.4 米粗略计算下来，吴天台班掘进进尺不少于 6000 米。

2002 年，石人嶂钨矿因资源枯竭关停后，吴天被任命为石人嶂钨矿驻韶关办事处主任。虽然已年过花甲，但他仍然精神抖擞地为矿山、为矿工及其家属服务。

三、教师立法第一人：朱源星

朱源星，1944 年生，1966 年大专毕业后被分配到石人嶂钨矿矿本部中学任教。曾任教师、班主任、级主任、学校党支部书记兼副校长。

1985 年以来，朱源星多次呼吁教师立法，研究并起草了《〈中华人民共和国教师法〉设想草案》，沉甸甸的一摞油印文稿，就是我国教师法的开山之作。这一草案，比国家教育委员会的同类草案，早了整整一年零八个月。

这一草案，反映了广大教师的愿望，喊出了神圣的心声；它立意新颖，体系完整，具有很高的学术价值，获得了全国人大教科文卫委员会、国家教育委员会、全国教育工会和有关专家的高度评价。

《羊城晚报》曾于 1985 年 9 月 8 日在头版位置刊登了一篇配有朱源星照片的通讯：《在粤北山区，有这样一位园丁》。从此，朱源星成为全国教育界的新闻人物。在国家艰难地孕育教师法的漫长 8 年里，他多次应邀参加国家教育委员会、全国教育工会召开的教师法研讨会。在各方提交给大会讨论的 6 份教师法草案中，朱源星的那一份，既是最早的，也是唯一以个人名义起草的。参加研讨的代表中，大多是来自中央机关以及高等院校的领导和专家，唯独他是来自基层的中学教师。朱源星，他是教师立法的真正开拓者，是一位可以写进历史的人物。

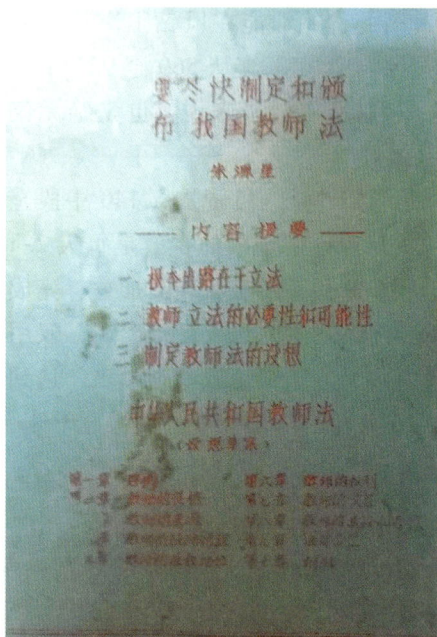

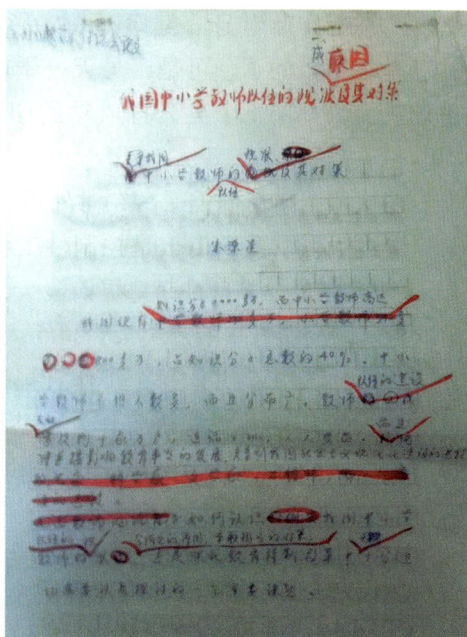

朱源星的《中华人民共和国教师法》草案手稿

《羊城晚报》头版头条报道朱源星事迹

朱源星

值《中华人民共和国教师法》实施之际，《羊城晚报》于1994年1月4日在头版头条又对朱源星作了报道：《教师立法第一人》；次日，该报还发表了《羊城晚报》原总编辑、著名专栏作家微音的《将相本无种》短评。之后，全国十多家报纸、杂志、广播电台、电视台，也从不同角度作了宣传报道。其中《位卑未敢忘忧国——我国教师立法的开拓者朱源星》一文，还荣获了国家教育委员会《人民教育》"红烛奖"报告文学征文二等奖，入选国家"八五"规划重点图书《师范群英耀中华》（第九卷）、《师魂》（广东·广西·海南·台湾·香港卷）。

这位在全国省级以上报刊发表过近百篇有关教育的文章，其中呼吁教师立法和提高教师待遇的达十多篇的新闻人物，1988年，调往广东省人大常委会教科文卫委员会办公室，从事专门的教育立法研究。实践出真知。正如微音所说，像朱源星这样一个普通的语文教师，如果不是由于他具有丰富的教育工作经验，又如果不是由于他善于总结这些经验，并且从教育立法这个层面加以精心的研究和总结，那么，他的草案就不可能在全国6份教师法草案中脱颖而出，成为唯一的以个人名义起草的，立意新颖、体系完整并具有很高学术价值的教师法草案。

谈起反复论证，修改了8年的教师法，他感慨良多：教师法是我国第一个经过两届全国人大常委会才通过的法律。教师法中规定"教师的平均工资水平应当不低于或者高于国家公务员的平均工资水平，并逐步提高"。朱源星说："国家以立法形式来维护教师的合法权益，这在我国教育史上是第一次，实在来之不易。"

四、"三次方程新解法"的发明者：范盛金

解一元三次方程问题，是世界数学史上较著名，且较为复杂而又有趣味的问题，虚数概念的引进、复数理论的建立，就是起源于解三次方程问题。

1545年，意大利学者卡尔丹发表了三次方程 $x^3 + px + q = 0$ 的求根公式，卡尔丹是第一个把负数写在二次根号内的数学家，并由此引进了虚数的概念，后来经过许多数学家的努力发展成了复数的理论。一元三次方程应用广泛，用根号解一元三次方程，虽然有著名的卡尔丹公式，并有相应的判别法，但是使用卡尔丹公式解题比较复杂，缺乏直观性。

下面，我们来看一新的解题法：

当 $\Delta = B^2 - 4AC = 0$ 时，盛金公式3：

$$\begin{cases} X_1 = \dfrac{-b}{a} + K; \\ X_2 = X_3 = \dfrac{-K}{2}, \end{cases}$$

其中 $K = \dfrac{B}{A}$ $(A \neq 0)$。

盛金判别法：

①当 $A = B = 0$ 时，方程有一个三重实根；

②当 $\Delta = B^2 - 4AC > 0$ 时，方程有一个实根和一对共轭复根；

③当 $\Delta = B^2 - 4AC = 0$ 时，方程有三个实根，其中有一个二重根；

④当 $\Delta = B^2 - 4AC < 0$ 时，方程有三个不相等的实根。

范盛金

以上引自一篇数学论文的公式 3 和判别法。还有公式 1、2、4 及定理。这篇论文，一般人看不懂。但是，已经得到了数学界的公认。它所证明的公式，被命名为"盛金公式"。因为它的作者姓范，名盛金。

范盛金是湖南常宁人，生于 1955 年。原名陈芝生，芝麻开花节节高，芝兰有秀。意为前程美好，品德高尚，成为优秀子弟。

由于文化的差距与思想观念和性格的不合，加之是旧社会父母包办的婚姻，在陈芝生满一岁那年，他的父母离婚了。几个月后，母亲谭辉容带着陈芝生嫁给了石人嶂钨矿工人范云丰，陈芝生随养父姓，改姓名为范圣芝。

范圣芝 1969 年上初中后，对数学产生了浓厚的兴趣。上数学课他听讲特别认真，作业工整，每次作业的评语都是一个"好"（作业本至今保存完好，是珍贵的纪念物）。那时，作业一般不打分，只有测试才打分。测试的题量也不大，一般只有 5 道题左右，每题 20 分左右，范圣芝每次测试都达 95～100 分，数学成绩全班排名第一。

在矿职工子弟学校数学老师罗建强的精心辅导下，范圣芝掌握了解一元二次方程和三角函数的知识。范圣芝好奇心强，问："掌握解二次方程的知识后，下一步就可以学会和掌握解三次方程的知识了？"然而，罗老师说："解三次方程，就是大学数学系的学生也不容易掌握。"

范圣芝找到课外读物，对已有的卡尔丹公式作了一定的认识和了解。用卡尔丹公式解三次方程，解题过程较复杂，不太好掌握，解题速度较慢。能否找到比卡尔丹公式更实用的解三次方程的公式呢？这个问题一直埋藏在他的心里。那时他还没有能力解决这个问题，但他知道，只有扎实打好数学基础，才有能力探究著名难题。这时的范圣芝，还只是把学习数学当成一种乐趣，这为他以后探究出比卡尔丹公式更实用的公式，打下了扎实的数学基础。

1978 年，范圣芝当上了中学数学教师，1981 年改名为范盛金。从事数学的教学工作后，读初中时解三次方程的疑惑，就更深深地萦绕在他的大脑中，这时的他便开始思考着，如何研究出比卡尔丹公式更实用的求根公式。

1988 年，范盛金经过深入研究和探索，推导出一套由重根判别式 $A = b^2 - 3ac$，$B = bc - 9ad$，$C = c^2 - 3bd$ 和总判别式 $\Delta = B^2 - 4AC$ 构成的形式简单、记忆方便、解题效率高的，体现数学有序、对称、和谐与简洁美的，比卡尔丹公式更实用的一元三次方程求根公式——盛金公式，并建立了简明的、直观的、实用的新判别法——盛金判别法，同时提出了盛金定理，清晰地回答了解三次方程的疑惑问题，且很有趣味。

著名数学家范盛金（右）和恩师罗建强合影

盛金公式解题法"一元三次方程的新求根公式与新判别法"于 1989 年发表在《海南师范学院学报》（自然科学版）第 2 期。

或许有人会问，盛金公式有什么用处呢？它在哪些范围之内有用呢？

大凡科学技术成就有两种：一种是经济价值明显，可以用多少万元、多少亿元来精确计算的，叫"有价之宝"；另一种是在宏观世界、微观世界、宇宙天体、基本粒子、自然科学、经济国防哲学领域发挥作用的，其经济价值无法估计，叫"无价之宝"。"盛金公式"就是无价之宝。

盛金公式及其判别法在大学教学中的应用价值包括：

①可激发学生的创新意识和创新思维；

②可方便学生解决三次方程方面的实际问题；

③可让学生更为熟练地掌握和操作科学计算器；

④可让学生受到数学美的熏陶，激发学生的学习热情与兴趣；

⑤普遍受到好评，如：盛金公式及其判别法和定理简洁、优美、易记，解题直观、准确、高效，非常好用！

三次方程还被广泛应用在如气象学、电力工程、电气工程、水利工程、建筑工程、机械工程、动力工程、化学工程、生物工程、航天工程、软件工程、军事工程、国防科学技术、电子科学技术、数学研究、数学教学、数学文化、数学思维品质培养、数学史教育、数学美学教育等领域，这些领域都有用到解三次方程的知识。

盛金公式解题直观、准确、高效，具有实用性、广泛性，在实际应用中受到专家学者的一致好评。

在始兴石人嶂钨矿，出了一个"三次方程新解法——盛金公式解题法"的发明者——中学教师、著名数学家范盛金！

五、技术革新的排头兵：邵桂津

邵桂津，1940 年出生，1964 年毕业于中南矿冶学院（现中南大学），后分配到石人嶂坑口任技术员，先后担任矿动力科副科长、科长，高级工程师。1968 年起，一直被评为坑口、矿劳动模范，1982 年被评为广东省先进工作者。1992 年调往佛山工作。

在石人嶂钨矿工作的 28 年时间里，邵桂津主要承担的是机电技术的工程维护与改造工作：

（1）主持设计选矿厂卸矿推车机。选矿厂卸矿，最先是用人力推进，很费力，效率低，钢丝绳在地上拖拽，工人作业时很容易受伤。邵桂津带领工程技术人员，与操作人员一起设计了一台推车机，将满载矿石的斗车推进翻罐笼内，并自动脱钩，既大大提高了效率，又安全可靠。

（2）设计安装竖井信号。井下竖井原有信号装置陈旧落后，经常出现故障。维修电工经常忙得团团转，处理故障时，还要在 160 米高的井筒内爬上爬下，既辛苦又影响生产。于是，邵桂津与工人们一起研究、设计了一套新的竖井信号系统。投入生产后，几十年里，很少出现故障。

（3）自行设计吊车。二十世纪六七十年代，要买一台洋吊车，起码要两万多元。即使花了大价钱，买来了洋设备，检修使用时也很难准确定位，维修时既不方便，又不安全。于是，邵桂津自行设计出了一种涡轮蜗杆自锁吊车，停车、起吊、定位非常准确，灵敏度高，使用非常方便。在此之前，因为没有吊车，只能使用手动葫芦，检修一台电机车或装岩机需三个人以上才能操作，采用自行设计的吊车后，一个人就可以检修操作了。

邵桂津的大学毕业文凭

邵桂津荣获"广东省先进生产（工作）者"奖状

（4）设计安装了竖井卸货台。在 200 米深的竖井内，原先转运一台装岩机或电机车至少要三个人才能操作。几人把设备拉到井口，放入竖井，一人开机操作，工作起来相当危险。为了解决这一问题，邵桂津设计了一个竖井平台，货物到井口时，先将井口盖住，把货物推入平台，提吊放下货物，运到任何一个中段，一个人就可以操作全过程。

（5）改进水泵操作系统。石人嶂坑口原 340 中段到 598 中段，250 米的高差，200多米长的水管，多次发生水锤伤断的问题。有几次，操作工忘了程序，导致几百米的水管被拉坏。鉴于此，邵桂津改进了出水开关和启动电器的联动，彻底排除了水锤给供水管道所带来的伤害。

（6）主通风系统的改进。全坑的主通风系统担负着全坑井下巷道的通风工作，几十公里长的风道，空气流通随意性大，风机功率大，启动的电流大，启动的时间也长，经常会引起全坑的总开关跳闸。为了解决此问题，邵桂津在风机前增设自动风门，风门自动关闭后才能启动；启动后，风门再自动打开。这样，启动电流大幅降低，彻底解决了跳闸的问题。

（7）改进装岩机的轮轴结构。

（8）改进矿井卷扬机提升 160 米刹车装置。

（9）改进液压锻钎机压膜。

（10）改造高压（10 千伏）供电系统。

邵桂津，他主持或参与了各种项目的设计和改进。其中，有关选矿厂卸矿推车机、竖井卸货台的设计等多篇论文发表在《冶金科技》等刊物上。

邵桂津领奖　　　　　　　　　邵桂津作先进经验交流

为了完成设计或技术改造革新，邵桂津经常加班加点，吃睡在现场，获得了一个又一个的成果，也得到了领导和工人们的赞扬，党和政府给予了很高的荣誉。1985年，还被安排到北戴河疗养，每月享受政府的多项津贴。

石人嶂钨矿，正是有许许多多像吴天、邵桂津、罗沛德、朱运朋等的英模典范，用自己的聪明才智，用不计报酬的辛勤劳动，解决了生产工作中一个又一个的问题，才创造出了矿山开发一个又一个的辉煌。

六、开发矿业英雄简谱

1971年4月19日，《南方日报》第2版整版报道了以"狠抓矿山建设，大打矿山之仗"为主题的"矿山英雄谱"。

该报道在前言中说：在山高林密的矿区，在蜿蜒曲折的井下巷道，石人嶂钨矿的英雄矿工们，英姿焕发，豪情满怀。为了落实毛主席关于"开发矿业"的号召，他们发扬了一不怕苦、二不怕死的革命精神，与顽石宣战，与风雪搏斗，英勇顽强地向地下要宝；他们把冲天干劲和科学态度结合起来，打破旧框框，机智勇敢闯新路，百折不挠地挖掘老矿潜力；他们不为名，不争利，把自己的精力献给祖国的矿山建设事业。英雄艰苦创业，老矿焕发青春。石人嶂钨矿矿石生产连续3年实现大幅度增长。在这场开山劈岭的战斗中，涌现出许多英雄人物。

1. 艰苦创业的带头人——曾伯连

曾伯连原是坑口工区指导员，后被提为坑口革委会副主任、主任，他职位虽高，但艰苦奋斗的本色却不变。在纵横交错的巷道里，他经常一身泥浆一身水，打钻、推车、装岩，甚至往井下挑送饭的活儿他都干，被工人们称为"身不离劳动，心不离群众，艰苦建矿的带头人"。

采空区是矿山的"老虎口"，原矿顺势由上而下，矿仓里面残留一些矿石，从溜矿漏斗中放不出来，丢弃也是合理的。但曾伯连和老工人认为，这些矿石应该耙出来。他和技术人员、工人5个人，小心地沿着石壁，走遍了整个采空区，全面细致地检查了每一处的安全情况，同时，在采取了相应的安全措施后，才由其他工人来生产，为国家回收了大量的矿石。

曾伯连总是以一个普通劳动者的姿态出现在群众面前。有一次，他给一个风钻工当助手，风钻突然坏了，风钻工正要背起风钻送去修理，他却一把抢过来说："这是助手的事。"工人感动地说：老曾言传身教，是我们的好带头人！

从工人中培养出来的青年干部曾伯连，被评为省工业学大庆先进工作者。

《中国画报》上的曾伯连

石人嶂矿工人出身的石坑党总支书记曾伯连(左)，学习毛主席关于理论问题的重要指示之后，更加自觉地参加集体生产劳动，群众称赞他当上干部后依然奋不离劳动，心不离群众。
《韶关报》供稿

南方日报
一九七三年六月十六日
第三版

《南方日报》上曾伯连先进事迹的报道

2. 不知疲倦的"老黄牛"——刘金龙

石人嶂坑口电工刘金龙，被人们誉为不知疲倦的"老黄牛"。

矿山的电工，工作范围很大，从山顶上的高压线路，到遍布矿区的低压电网；从井上井下的电器设备，到屋里屋外的电灯照明，方圆十多公里，到处都有电工的身影。

为了当好"先行官"，刘金龙不分白天黑夜，不分上班下班，哪里有问题，他就出现在哪里。

一个严冬的夜晚，雨雪交加。凌晨2点多钟，刘金龙被一阵急促的敲门声吵醒，有人告诉他，山上的高压线路出了故障。他便拉开隔离开关，带领大家架设了临时线路，恢复了供电。雨雪不停，狂风不止，线路上积冰增多。下午2点多，一条高压线又断了。刘金龙又奋不顾身地带领大家抢修，直到6点多才修好。当他回到家里，刚端上饭碗，全坑山上山下，又是一片漆黑，线路第三次发生故障。他把碗筷一丢，又往外走。爱人心疼地说："你从半夜忙到现在，饭没吃饱，怎么能去？"他说："多停一分钟电，矿山生产就多一分损失，我饭可以少吃，生产生活可不能停。"

线路抢修完毕后，他又向领导建议，必须马上巡查线路。于是，他又和领导、同事们一起，踏冰雪，踩荆棘，互相搀扶着，一步一步地往山上攀登，跌倒了，爬起来，再前进。来回不到4000米的线路，足足花了3个小时才走完。

像这样不怕疲劳、连续作战的事，对刘金龙来说，是家常便饭。电工的工作岗位是平凡的，但是刘金龙却始终以饱满的热情，迎来一个个不平凡的日日夜夜。

3. 智勇双全的勇闯将——徐正光

梅子窝坑口工人出身的工区长徐正光，勇于实践，敢于创新，是闻名全矿、智勇双全的闯将。

1969年，坑口生产大发展，井下运输坑道与此不相适应。坑口生产技术股提出另开一条新的运输巷道。这样的方案，至少要花费 10 个月的时间，投入 50000 余元。徐正光认为，不能墨守成规。他建议把原有主巷道加宽，将单轨改为双轨。

这个大胆的设想一提出，马上轰动全坑口，大多数人赞成，但也有人提出了各种疑问。徐正光认为，这条主巷道是我们自己开掘出来的，岩石的"脾气"早摸透了，几千个炮眼，可以在交接班和空隙时间较多的晚班进行，这样就不会影响正常的生产运输。

坑口领导接受了他的建议，并集中了大家的智慧，制订了"集中打眼，一次爆破，突击装岩"的加宽主巷道的方案，并且将此方案交给他来完成。"这个活儿，我包下了。"在徐正光的带领下，大家共同努力，实施加宽主巷道的工程，仅用时 37 天就胜利竣工。

开凿放矿的漏斗，过去都是先用木板搭起操作平台，一次放炮，平台也炸掉了，就再支第二次。打一个漏斗，要放 4 槽炮，就要炸掉 4 个平台。徐正光决心改革这种浪费木材的规程。他参考兄弟单位的先进经验，利用高压风作动力的原理，画出了气动升降切割平台草图，经过十多天的努力，第一台气动升降切割平台做了出来，代替原来的木平台，正式投产的 4 个月里，就为国家节省了大量的木材。

4. 钢打铁铸的硬汉子——杨和定

1934 年生，江西余江人，小学文化，韶关市始兴县石人嶂钨矿职工，1965 年荣获"广东省五好职工"称号。

杨和定

矿山工作是比较艰苦的。特别是风钻工，要克服人们想象不到的许多困难。但是，杨和定，这个 14 岁就给地主当长工的矿工，深深懂得什么是苦，什么是甜，浑身充满韧劲和干劲。

一次，坑口决定开拓一段平巷。这里断面宽，每个档头面要比平时多打一些炮眼；但岩石硬，钻头接触岩石，就迸发出震耳的响声；地下水多，作业条件不好。这场硬仗该谁上？杨和定第一个主动挑起这个重担。

这里的地下水也实在大得出奇。每打完一个炮眼，钎杆刚从岩石中抽出来，泥浆水立即从钻孔里喷射出来，弄得人一脸一身。然而，杨和定仍坚持快速掘进，平巷掘进定额是每天打 2 个循环，打眼、放炮、装岩，他却坚持每天打 3 个循环。经过连续几个月的艰苦战斗，终于提前完成了巷道的开拓任务。

"明知征途有艰险，越是艰险越向前。"杨和定就是这样一个人。一次，有一个中段正在放矿，漏斗门突然掉了下来，电机车已经装满，矿石还是轰隆隆地往下溜。千钧一发之际，杨和定毅然决然地抱起一块木板，跳上电机车，扑向漏斗，拼尽全力顶住漏斗口，在大家的全力配合下，阻止了矿石下泻而堵塞巷道的事故的发生，保证了正常的生产。

杨和定虽当上了工区长，但一不怕苦、二不怕死的精神没有变。他经常是一身汗，一身泥，一身水，哪里最艰苦，就在哪里出现。工人群众都称赞他是"钢打铁铸的英雄汉，建设矿山的硬骨头"。

5. 廉洁奉公的好厂长——黄灿青

地处粤北山区、名不见经传的石人嶂钨矿民爆产品加工厂，1995 年又获得两个文明建设双丰收：产量完成计划的 106.4%，全员劳动生产率达到 3.01 万元/（人·年），上缴税金 33 万元，人均创利税 7000 多元；被评为全矿先进党支部、文明单位和广东有色金属工业系统劳动竞赛先进集体。

说到加工厂这几年取得的成绩，职工们一致认为："关键是有一个好带头人，头功应该记在书记兼厂长黄灿青的身上。"

黄灿青 1967 年从湖南来矿工作，先后当过石坑井下推车工、风钻工，井下工区值班长、党支部书记，坑口党总支副书记、党总支书记兼坑长，1988 年调到加工厂，在基层一干就是近 30 年。作为党政职务一肩挑的领导干部，他处处严于律己，保持一身正气。1994 年，加工厂被评为全矿年度唯一的先进单位，获得奖金 1 万元（其中矿里指定奖励黄灿青 1500 元）。他领取了矿里指定的奖金后，不但没有再参加厂里职工的奖金分配，而且还从自己的奖金中拿出 350 元，作为对班组骨干的额外奖励。

厂里因修建工程，需用砖瓦。按矿里安排，他们分别到 10 公里外的石人嶂坑口和 20 多公里外的罗坝职业病防治院拆除旧房子。他带领十多名职工，加班加点，冒雨奋战，仅用 6 天时间，就把 400 多平方米旧房子的砖瓦全部运回厂里，一些职工说："跟着厂长干活，确实比较辛苦，但我们心情舒畅，没有怨言。"

黄灿青既当厂长，也当"家长"。职工搬家，他便组织职工家属，义务装卸车；自力更生为职工建起取暖房，减少职工冬天受冻之苦；为每一个职工配置一个军用壶，解决上班过程中的喝水问题；为职工家属联系工作，为职工小孩联系读书事宜，等等。领导干部朴素的情怀和作风，调动了职工的工作积极性，使他们出色地完成了两个文明建设的任务。

石人嶂钨矿其他曾被评为省级先进个人的名单如下（部分，选自《广东省劳动模范大全》）：

1924 年生，江西永新人，小学文化，1965 年荣获"广东省先进工作者"称号。

肖连秀

1937 年生，湖南湘乡人，初小毕业，1964 年荣获"广东省五好职工"称号。

王发光

1940 年生，广东信宜人，小学文化，1974 年荣获"广东省先进工作者"称号。

曹家福

1948 年生，广东廉江人，小学文化，1985 年荣获"广东省劳动模范"称号。

钟 权

七、石人嶂钨矿历届主要领导以及高级专业技术职称人员一览表

石人嶂钨矿历届行政主要领导成员一览表

姓名	职务	级别	任职时间	备注
关开兴	矿长	正处	1953—1955	专职
程希仁	副矿长	副处	1953—1955	专职
胡延光	副矿长	副处	1953—1956	兼职
张景堂	副矿长	副处	1953—1954	专职
牛贵	副矿长	副处	1953—1954	专职
程希仁	矿长	正处	1955—1961	专职
齐九龄	副矿长	副处	1956—1961	兼职
王景昌	副矿长	副处	1956—1957	专职
雷钺	副矿长	副处	1957—1961	专职
赵福和	副矿长	副处	1957—	专职
徐庆福	副矿长	副处	1957—1959	专职
祁振荃	副矿长	副处	1958—1967	专职
陈家禄	副矿长	副处	1958—1965	专职
雷钺	矿长	正处	1962—1965	代理
程希仁	矿长	正处	1966—1967	专职
李德兴	副矿长	副处	1966—1967	专职
林松	革委会主任	正处	1968—1976	兼职
李锐	革委会副主任	副处	1968	部队支左干部
张继春	革委会副主任	副处	1969	部队支左干部
谭纪芳	革委会副主任	副处	1970	部队支左干部
杨保庭	革委会副主任	副处	1970	省厅下放干部
程定章	革委会副主任	代干	1968—1973	兼职
祁振荃	革委会副主任	副处	1970—1972	专职
卢正梁	革委会副主任	副处	1970—1979	专职
叶瑞湘	革委会副主任	副处	1970—1976	兼职
钱海山	革委会副主任	副处	1971—1978	专职
傅为镜	革委会副主任	副处	1974—1977	专职

（续上表）

姓名	职务	级别	任职时间	备注
李全锁	革委会副主任	副处	1975—1978	专职
刘应芳	革委会副主任	副处	1976—1978	专职
孟楚坤	革委会副主任	副处	1976—1978	专职
叶瑞湘	革委会主任	正处	1977—1979	兼职
喻永保	革委会副主任	副处	1977—1978	兼职
满继章	革委会副主任	副处	1977—1979	专职
钱海山	矿长	正处	1979—1985	专职
丁吉令	副矿长	副处	1979—1984	专职
卢正梁	副矿长	副处	1979—1983	专职
满继章	副矿长	副处	1979—1983	专职
陈德宝	副矿长	副处	1979—1983	专职
石远天	副矿长	副处	1983—1984	专职
李全锁	副矿长	副处	1979—1983	专职
余士华	副矿长	副处	1984—1985	专职
徐成新	副矿长	副处	1984—1987	专职
贺扬眉	副矿长	副处	1984—1985	专职
余士华	矿长	正处	1985—1992	专职
丁武军	副矿长	副处	1985—1992	专职
唐珍茂	副矿长	副处	1985—1987	专职
王达芳	副矿长	副处	1987—1992	专职
孙懿能	副矿长	副处	1987—1991	专职
李远培	副矿长	副处	1987—1992	专职
孔唐荣	副矿长	副处	1991—1992	专职
孔唐荣	矿长	正处	1992—2002	专职
丁武军	副矿长	正处	1992—2002	兼职
罗锡华	副矿长	副处	1992—1994	专职
熊国荣	副矿长	副处	1993—2001	专职
谢正安	副矿长	副处	1994—1997	专职
褚燕生	副矿长	副处	1996—2002	2002 年 3 月任矿法人代表

石人嶂钨矿党委纪委主要领导成员一览表

姓名	职务	级别	任职时间	备注
晨光	党委书记	正处	1953—1957	专职
朱林清	副书记	副处	1953—1956	专职
胡延光	副书记	副处	1953—1956	兼职
齐九龄	党委书记	正处	1957—1958	专职
兰青	副书记	副处	1957—	专职
程希仁	党委书记	正处	1958—1961	兼职
丘明	副书记	副处	1958—1962	专职
齐九龄	党委书记	正处	1962—1966	专职
丘明	副书记	副处	1962—1967	专职
刘宏基	党委书记	正处	1966—1967	专职
林松	副书记	副处	1966—1967	专职
林松	党委书记	正处	1968—1976	专职
刘宏基	副书记	正处	1968—1969	专职
杨保庭	副书记	副处	1970—	兼职
谭纪芳	副书记	副处	1970—	兼职
祁振荃	副书记	副处	1971—1972	兼职
叶瑞湘	副书记	副处	1972—1976	兼职
叶瑞湘	党委书记	正处	1977—1985	专职
钱海山	副书记	副处	1973—1985	兼职
喻永保	副书记	副处	1977—1978	兼职
刘应芳	副书记	副处	1977—1978	兼职
丁武军	副书记	副处	1984—1985	专职
王惠云	党委书记	正处	1985—1988	专职
余士华	党委书记	正处	1989—1992	兼职
罗振杰	副书记	副处	1989—1991	专职
丁武军	党委书记	正处	1992—2002	专职
谢元华	副书记	副处	1992—2000	专职
刘普生	监委书记	副处	1958—1961	专职
齐九龄	监委书记	正处	1962—1965	兼职
林松	监委书记	正处	1966—1976	兼职
叶瑞湘	监委书记	正处	1977—1985	兼职
江学龙	纪委书记	副处	1986—1992	专职
谢元华	纪委书记	副处	1993—2000	兼职
褚燕生	纪委书记	副处	2001—2002	兼职

石人嶂钨矿历届工会共青团主要领导成员一览表

姓名	职务	级别	任职时间	备注
胡斯增	工会主席	正科	1954—1955	专职
刘烈泉	工会主席	正科	1956—1957	专职
赖明威	工会主席	正科	1958—1965	专职
黄吉祥	工会主席	正科	1966—1973	专职
傅为镜	工会主席	副处	1974—1977	兼职
程定章	工会主席	代干	1978—1981	专职
黎道凡	工会主席	副处	1982—1984	专职
孔唐荣	工会主席	副处	1985—1990	专职
孙懿能	工会主席	副处	1991—1994	专职
谢正安	工会主席	副处	1995—1996	专职
谢元华	工会主席	副处	1997—2000	兼职
丁武军	工会主席	正处	2001—2002	兼职
官化元	团委书记	副科	1953—1955	任职时间系推算，可能不太准确
杨纯	团委书记	副科	1956—1957	
邹克华	团委书记	副科	1958—1959	
吴绍基	团委书记	副科	1960—1961	
林富源	团委书记	副科	1962—1963	
叶瑞湘	团委书记	副科	1964—1965	
刘伟民	团委书记	副科	1966—1974	专职
邓玉英	团委副书记	副科	1975	专职
孟楚坤	团委书记	副处	1975—1976	兼职
秦石生	团委书记	副科	1977—1980	专职
谢元华	团委书记	副科	1980—1981	专职
吕增	团委书记	副科	1982—1986	专职
廖志敏	团委书记	副科	1987—1994	专职
胡志年	团委书记	正科	1995—1998	兼职
吴新章	团委书记	副科	1999—2002	兼职

石人嶂钨矿部分高级专业技术职称人员一览表

姓名	职务	文化程度	专业	备注
余士华	矿长	大学	采矿	高级工程师
孙懿能	副矿长	大学	采矿	高级工程师
李强中	科长	大学	采矿	高级工程师
李兆魁	校长	大学	采矿	高级工程师
谢仲桥	科长	大学	采矿	高级工程师
何振鹏	主办科员	大学	采矿	高级工程师
文沛	科长	大学	采矿	高级工程师
袁日安	主办科员	大学	选矿	高级工程师
梁耀光	副科长	大学	选矿	高级工程师
王达芳	副矿长	大学	选矿	高级工程师
黄安发	科长	大学	地质	高级工程师
苏泽民	副科长	大学	地质	高级工程师
黎日新	科长	大学	机电	副教授级高级工程师
王惠云	党委书记	大学	机电	高级工程师
邵桂津	科长	大学	机电	高级工程师
陈新鼎	科长	中专	机电	高级工程师
黄朝阳	副科长	中专	测量	高级工程师
曾文超	副科长	中专	测量	高级工程师
王克仁	副科长	大学	化验	高级工程师
罗振杰	党委副书记	大学	教师	中学高级教师
邓岳昌	教师	大专	教师	中学高级教师
丁武军	党委书记	大专	政工	高级政工师
谢元华	党委副书记	大专	政工	高级政工师
黄继特	党委办主任	大专	政工	高级政工师
钟朝阳	宣传部部长	大专	政工	高级政工师

八、石人嶂钨矿人物榜[①]

钱海山

钱海山：1930 年 1 月出生。祖籍吉林舒兰。初中文化。

1947 年 6 月参加工作。1952 年 10 月，任石人嶂钨矿保卫科科长；1953 年矿甲等模范；1954 年矿甲等模范；1958 年 12 月至 1960 年，任石人嶂钨矿组织部部长；1979 年至 1985 年 6 月，任石人嶂钨矿矿长。

黄继特

黄继特：1943 年 10 月出生。祖籍广东揭阳。大专学历，高级政工师职称。

1966 年 8 月至 2002 年 5 月，在石人嶂钨矿工作，先后任职工子弟学校教师，矿党委宣传部理论教员，石人嶂坑口井下工区党支部书记，矿党委秘书，党委办副主任、主任和党委委员等职。退休后，任党工委委员等职。

任职和返聘期间，曾多次获评全矿、上级公司和韶关市的优秀干部、优秀党务工作者和先进政工干部。

黄显昌

黄显昌：1925 年 8 月出生。祖籍广东阳春。大学学历，助理政工师职称。

1950 年 1 月参加工作。1953 年 9 月，被提为企业四级科长（副科），并先后任矿长室秘书、秘书科科长、民窿科科长、地质测绘科科长、技术监督科科长、生产技术科科长、计划科科长、技术革新办主任、调度室主任、小型机械化办公室主任。1982 年初调任红岭钨矿矿长，后又调回石人嶂钨矿任调研员，直至退休。

---

① 排名以收到《原石人嶂钨矿风云人物采访填报表》的时间先后为序。

何福兴：1935 年 12 月出生。祖籍广东始兴。初中文化，助理政工师职称。

1952 年 12 月参加工作，先后担任通信员、记录员、材料员、化验员、梅坑团支部书记、工区指导员、坑口以及矿本部工会主席（副科）等职务。

何福兴

孔唐荣：1949 年 10 月出生。祖籍广东广州。大学学历，工程师职称。

1968 年 11 月参加工作。先在梅坑选厂任选矿技术员、梅坑子弟学校任高中教师，后在石人嶂钨矿中学任教；之后调任石人嶂钨矿党委组织部任干事、副部长，石人嶂钨矿工会主席，石人嶂钨矿生产副矿长；1992 年 8 月至 2002 年 12 月任石人嶂钨矿矿长。

孔唐荣

程定章：1939 年 11 月出生。祖籍广东佛山。初中文化。

1956 年 8 月参加工作。先后任机修厂工人、革委会副主任、矿工会办公室主任、矿工会副主席、矿劳动服务公司经理。1983 年 9 月到广州筹建办事处，先后担任食堂管理员、副主任、主任兼党支书，至 2000 年退休。

曾于 1968 年 9 月下旬，作为广东省赴京代表团成员参加国庆观礼，并于 9 月 30 日下午应周恩来总理之邀，参加了国庆招待会；10 月 5 日晚，在人民大会堂，毛主席亲切接见了全国工人国庆观礼代表团成员。

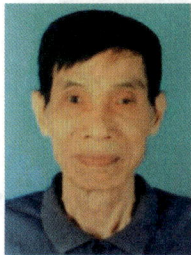

程定章

赖兴科：1935 年 7 月出生。祖籍湖南醴陵。小学文化，助理经济师职称。

1953 年 12 月参加工作。做过井下工、电工、材料员、经济核算组组长、石人嶂坑口经营副坑长、矿供应科科长、党支部书记。

赖兴科

邓伟新：1941 年 8 月出生。祖籍广东广州。大专学历，高级政工师职称。

1957 年 8 月参加工作。先后任矿石人嶂坑口人事干部、党支部书记，矿宣教科科长、宣传部部长等职。后调往广州市珠江水泥厂。

邓伟新

何四川：1932 年 10 月出生。祖籍广东始兴。初中文化，助理政工师职称。

1952 年 2 月参加工作。先后任师姑山司称工、石人嶂直属选厂架空索道值班组组长、师姑山选厂指导员、矿技工学校政工干事、矿本部地区工会主席；1985 年 12 月，调矿纪委任主任科员，至 1992 年 10 月退休。

何四川

黄灿青：1943 年 8 月出生。祖籍湖南益阳。初中文化，助理政工师职称。

1967 年 6 月参加工作。先后任石人嶂坑口值班长、工区指导员、坑口副书记、副坑长、书记兼坑长，矿炸药加工厂书记兼厂长；矿本部地区党总支书记、管理区主任。其中，1969 年 7 月，出席广东省"活学活用毛泽东思想"经验交流大会。

黄灿青

罗沛德：1941 年 8 月出生。祖籍广东连州。初中文化，工人技师职称。

1958 年 12 月参加工作。先后任工人、班组长、工段长，被评为工人技师；其间，多次被评为矿先进生产者；1993 年，荣获中国有色金属工业总公司授予的"劳动模范"称号，享受劳模津贴。

罗沛德

廖志敏：1956 年 1 月出生。祖籍湖南宁乡。研究生学历，高级工程师职称。

1978 年 1 月，从广东矿冶学院毕业，任石人嶂钨矿技术员、工程师。1986 年至 1991 年，连续担任矿团委书记，出席了中国有色系统和省有色系统工作会议；参加了市第八次、省第七次共青团代表大会，并作大会发言。

廖志敏

刘巧兰：1955 年 9 月出生。祖籍湖南衡山。大专学历，助理会计师职称。

1971 年 8 月参加工作，先后在梅子窝坑口担任广播员、三八女子台车掘进队队长、坑口出纳、矿财务科助理会计师。1994 年 6 月，调离石人嶂钨矿。

刘巧兰

罗振杰：1943 年 7 月出生。祖籍广东兴宁。大学学历，高级政工师职称。

1967 年 9 月参加工作。1966 年 9 月，毕业于华南理工大学；1968 年 7 月，分配到石人嶂钨矿，历任教师、中学校长、教育科科长；1989 年 1 月，任矿党委副书记；1991 年 3 月调往广东省岭南工商第一技师学院（原名广东有色金属工业第一技工学校），任党委书记。

罗振杰

施小俐：1943 年 7 月出生。祖籍广西灵山。高中学历，小学高级教师职称。

1963 年 9 月参加工作。1967 年起在石人嶂钨矿小学任教；1988 年被评为韶关市三八红旗手；1990 年被评为省小学特级教师。

施小俐

孙懿能：1937 年 10 月出生。祖籍四川开江。大学学历，高级工程师职称。

1960 年 9 月参加工作。1962 年 9 月 3 日，从广东矿冶学院调到石人嶂钨矿，先后任采矿技术员、梅坑生产副坑长，后调矿地测科、生产科，1985 年 4 月，升任副矿长。1990 年，被选为中国钨业协会矿山分会副会长。

孙懿能

罗锡华：1954 年 6 月出生。祖籍湖南冷水江。大专学历，政工师职称。

1973 年 12 月参加工作，先后任梅坑二工区指导员、工区长、党总支书记、第一副坑长、坑口党总支书记兼坑长，1992 年，调往石人嶂钨矿本部，任副矿长。

罗锡华

汪小平

汪小平：1961年6月出生。祖籍湖南衡山。大学学历，高级政工师职称。

1979年12月参加工作，先后担任石坑台车风钻工、坑口青年干事、团总支书记；1983年被评为韶关市"五讲、四美、三热爱"积极分子，先进事迹刊登在《中国冶金报》上。1991年2月，调离石人嶂钨矿。

吴再华

吴再华：1934年9月出生。祖籍湖南。高小文化，政工师职称。

1956年12月参加工作，先后任坑口团支部书记、工区指导员、坑口党总支副书记、坑口党总支书记兼坑长、矿纪检会书记，1982年起，在矿职工医院任书记、院长至1994年退休。

夏光忠

夏光忠：1945年3月出生。祖籍湖南益阳。大专学历，政工师职称。

1967年6月参加工作，先后任梅坑值班班长、工区党支部书记，坑口党总支副书记、副坑长、工会主席、党总支书记，始兴生活区直属支部书记兼主任等职。1995年9月，被中国有色金属工业广州公司授予"先进工作者"称号。

徐成新

徐成新：1940年12月出生。祖籍云南保山。大学学历，高级工程师职称。

1968年9月到石人嶂钨矿工作，先后任石坑生产股技术员、副股长，副坑长、坑长；1984年调矿本部任石人嶂钨矿副矿长；1988年离开石人嶂钨矿，到广州工作。

李远培

李远培：1938年4月出生。祖籍广东三水。中专学历，统计师职称。

1954年10月参加工作，先后任办事员、干事、科员、主办科员、副主任、副科长、副坑长、科长、主任，石人嶂钨矿副矿长、副总经理等职。擅长宣传报道，在各级报刊、电台发表（被采用）稿件60余篇，获奖论文6篇。曾被评为广东省"三电"先进工作者；系中国钨业协会矿山分会副主任；喜爱文体活动，是篮球、乒乓球国家二级运动员。

袁日安：1932 年 1 月出生。祖籍湖南隆回。大学学历，高级工程师职称。

1952 年 12 月参加工作。1954 年起，先后担任河口山坑口选厂的建厂设计工作；主持石人嶂坑口机选厂的设计施工；在石人嶂坑口 598 增设手选，使用索道运输矿石，提高处理量；主持师姑山坑口 125 选厂的设计工作；主持梅子窝坑口 375 选厂的设计施工，任设计组组长。

袁日安

张继航：1937 年 9 月出生。祖籍福建永定。初中学历，政工师职称。

1956 年 8 月参加工作，在矿机修厂当工人。1974 年起，先后担任党支部书记、党总支书记。

张继航

张俊豪：1935 年 11 月出生。祖籍广东紫金。初中学历。

1955 年 10 月参加工作。1970 年从梅子窝坑口到矿车队，从事安全管理、党务管理工作。矿车队多年被省、市评为安全行车先进单位。

张俊豪

朱运朋：1953 年 3 月出生。祖籍广东兴宁。大专学历，助理政工师职称。

1975 年 9 月参加工作。1979 年参加全国冶金矿山机械化作业线比赛，荣获冶金工业部机械化作业线"操作能手"称号。1994 年，任石人嶂坑口党总支书记至退休。其间，多次被评为优秀党务工作者。

朱运朋

谢元华：1940 年 6 月出生。祖籍湖南新化。大专学历，高级政工师职称。

1958 年 8 月参加工作，先后担任梅坑团总支书记，工区党支部书记，坑口政工股长，党总支副书记、书记，矿团委书记，纪委副书记，组织部部长；矿党委副书记兼纪委书记、监察室主任、矿工会主席等职。曾荣获中色广州公司优秀纪检、监察干部及中国有色金属工业总公司优秀纪检、监察干部的荣誉称号。

谢元华

余士华

余士华： 1936 年 12 月出生。祖籍湖北宜昌。大学学历，高级工程师职称。

1960 年 11 月参加工作。1985 年 6 月任矿长兼总工程师。曾主持梅子窝 560 工程开拓的设计和施工；5000 米的 4×2.6 米断面独头掘进；375 选厂的设计、审批和施工、投产；石人嶂坑口精选厂的设计投产等工作。

丁武军

丁武军： 1942 年 1 月出生。祖籍湖南澧县。大专学历，高级政工师职称。

1961 年 8 月参加工作，先后任石坑政工干事、工区党支部书记、坑口党总支副书记、革委会主任、书记兼坑长，1984 年 1 月至 2002 年，任石人嶂钨矿党委副书记、副矿长、书记。

黄苏华

黄苏华： 1959 年 12 月出生。祖籍广东揭阳。大学学历，工程师职称。

1980 年 7 月参加工作。先后任广东省有色金属工业第一技工学校教师、矿汽车队技术员、矿汽车保修厂厂长、矿机械厂厂长；2003 年 10 月至今，任石人嶂钨矿关闭破产办主任、离退休人员管理处办公室主任、党工委书记。曾多次获上级表彰。

侯石仁

侯石仁： 1971 年 8 月在石人嶂钨矿参加工作，1973 年 9 月就读于广东省冶金工业学校（中专），1975 年 9 月毕业，被分配到石人嶂钨矿，历任机电技术员、机电工程师、机械动力科副科长、三发空调阀门厂厂长等。1995 年调入佛山粤海汽车空调设备有限公司（中外合资企业），任开发部经理。2000 年自主创业至今，任广州市迪坦空调设备有限公司董事长。

尹恒仁

尹恒仁： 1931 年 12 月出生。祖籍湖南祁阳。中专学历，选矿工程师。

1952 年参加工作，1954 年调入石人嶂钨矿，主要负责生产技术工作。曾在梅子窝坑口选矿厂担任厂长职务。1988 年担任石人嶂钨矿精选厂扩改建工程总设计、总指挥，兼攻关组组长。此项目正式投产后，为石人嶂钨矿"扭亏为盈"做出了贡献。1992 年退休。

郑薰荪：又名郑宝卞，1889 年出生。祖籍湖南浏阳，早年毕业于湖南陆地测量学校。历任工程师、基建科科长、公路修建段段长、重大工程项目修建技术专家等。

一生均从事土木工程建设的设计施工工作。解放前在国民政府资源委员会中央机器制造厂、湖北鄂北公路工程处、汉口市政府工务局以及湘潭、衡阳、昆明等地工作。中华人民共和国成立后，1950 年入职中央重工业部有色金属工业管理局中南分局，1951—1952 年在重工业部湖南有色金属局瑶岗仙钨矿工作；1953 年起在广东石人嶂钨矿工作至退休，先后多次被评为单位劳动模范和先进工作者，为石人嶂钨矿建设做出了贡献。

郑薰荪

这里刊录课题组收集的部分人物的简历，既是他们的工作经历，也是成千上万矿山干部职工艰苦创业、拼搏奋斗的缩影。我们期望每一个人都能从他们身上找到自己曾经走过的道路和不懈努力的芳华岁月。

手记

课题组采访朱德当年警卫员乔国章的后人

始兴县社科联

为了更加真实、准确、全面地呈现石人嶂的光辉历程，课题组通过多方面努力，联系上了朱德当年的警卫员、原石人嶂钨矿干部乔国章（已去世）的后人。近日，课题组一行 5 人前往乔国章后人的家中进行采访，乔国章后人见到课题组人员，非常热情，拿出了乔国章的所有遗物，并跟课题组成员一一介绍，又详细叙述了乔国章在参加革命前后、长征时期、转业到石人嶂钨矿等各时间段的人生轨迹与感人故事，突出了他对革命理想坚定的信仰、淡泊名利的高贵品格和勤劳踏实的苦干精神。

乔国章参加了举世闻名的二万五千里长征，曾任朱德总司令的警卫员。抗日战争时期，他在八路军西安总司令部警卫团、山西总司令部警卫连、东北 386 旅 64 团历任战士、班长、副排长、排长、副连长。1946 年后在中国人民解放军 142 师 25 团、江西 48 军独立团先后任连长、保管员、股员、管理员等职。新中国成立后，他怀着开发有色金属矿业，为建设社会主义祖国贡献力量的强烈愿望，于 1951 年 7 月转业到条件艰苦的广东有色金属管理局粤北管理处石岭分处师姑山管理站任副站长。1953 年，石人嶂钨矿成立，他历任矿福利科股长、矿办公室副主任、矿工会副主席、矿巡视团团长等职务。1978 年离休，1989 年逝世。

(2018 年 6 月 5 日)

始兴出了一位数学家
始兴县广播电视台

近日，著名数学家、"三次方程新解法——盛金公式解题法"的发明者范盛金，回到曾经学习生活过的始兴县，见到了阔别已久的老师和同学，找寻到在始兴学习生活的记忆。

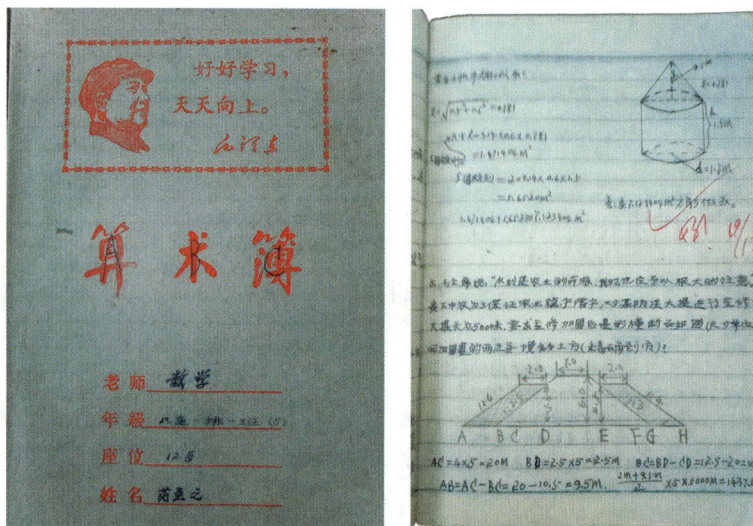

范盛金求学时的数学作业簿

记者见到范盛金时，他正在和他的初中数学老师、同学交谈，回忆在始兴石人嶂钨矿职工子弟学校读书的情景。他说，当时还是属于"文化大革命"时期，全国的教育还不是很正规，不时要搞建设，但是初中数学老师罗建强的教学却让他喜欢上了数学，他的数学成绩长期在全班排名第一，这也为他今后"三次方程新解法——盛金公式解题法"的发明打下了良好的基础。

范盛金说：我们罗老师呢，在数学教学方面很有一套方法，因为罗老师是华南师范学院毕业的，所以罗老师的教学方法特别好，上课我听得都特别明白，所以做作业也做得很好，这样我就打下了很好的基础。

　　退休教师罗建强说：这个范盛金同学呢，当时读书的时候，刚好赶上"文化大革命"，各个同学都觉得读书无用，都不想读书，但是他做的作业、写的字都非常工整。我当时就很感动，进入"文化大革命"还有这样的学生，那么认真读书，所以我当时在班里开过玩笑说，你们这批人，能够认真读书，说不定能出个数学家。我当时无意中的激发，谁知道真的出了一个数学家——范盛金。

第五章

异彩纷呈

——石人嶂钨矿的文体活动

矿山地处山区，远离城镇。为了丰富矿工的文化生活，满足工作之余的文娱需要，缓解空余时间里思乡而孤独的心情，增进彼此之间的情感交流，石人嶂钨矿千方百计开辟多种文化场地，提供多样的文化内容，广大干部职工也在各种文化活动中大显身手、施展才华，不少积极分子成为家喻户晓的明星人物。

一、文化俱乐部

20 世纪 60 年代中期开始，从矿里到坑口，都建有俱乐部或文化室。内有报纸杂志和小人书；配有乒乓球台、棋牌桌。70 年代末，矿本部还新建了一幢三层楼的俱乐部，配有乐器道具，可以举办小型的文艺演出。这在当时县里都是比较上档次的娱乐场所。各工区、厂、学校和医院，也安排有相应的娱乐场地。各种文娱活动形式多样、丰富多彩。

丰富多彩的文艺活动

矿中学老师与技工学校老师曾令红（右）的业余爱好

梅子窝学校儿童节文艺会演

石人嶂钨矿中学和梅子窝学校组织师生开展野炊活动

参加文艺演出和健美操比赛获奖的石人嶂钨矿医护人员

在文娱活动相对匮乏的年代，文化俱乐部是人们休闲时的好去处。靠大路边的一面墙，往往是黑板报的宣传栏，文字简洁，图文并茂，其中有很多精美的书法、美术作品，书法绘画的人才也因此层出不穷。各单位还不定期地举行各类比赛。比赛奖品价值不大，可能就一块香皂、一条毛巾；获得第一名的，奖励一条床单，就很了不起了。但人们的参与热情很高，这些活动极大地活跃了人们的休闲生活。打乒乓球是最常见的休闲活动，无论男女老少，都可以抽上几板，发几个旋转球。至今，人们在回忆过往时，还在争论乒乓球的水平，是"乌嘴巴"强些，还是"佬佬"厉害一些。

文化室里，还可以借阅图书。一本本爱不释手的"小人书"，是伴随着孩子们成长的童话，最受孩子们的欢迎。每当新图书上架，大家都争先翻阅；本矿子弟罗秀英，还上了《学毛选积极分子》连环画册，引来孩子们的羡慕和崇敬，以她为荣耀，以她为楷模；每个小孩，都能讲述几则书中的小故事。有的还描摹书中的图画，用小蜡笔涂上心中的色彩。

文化室里，最安静的是一群看书报的人。书报架上，各大报刊，应有尽有，人们通过报刊了解国际国内的动态。有时，也会有稍许议论或争论。有些重要的新闻报纸，不知被翻看了多少遍。

文化室里，总有那么几个常客。他们在棋盘桌前杀个昏天黑地，棋手在冥思苦想，围观的人在搓手顿脚，又不敢多言——观棋不语真君子！大家都遵守规则，否则，会被别人骂一顿，甚至赶走。

改革开放初期，文化室成了电视放映厅。那时的电视都是宝贝的，锁在一个大柜子里，由专人保管，定时开放。每当夜幕降临，不管节目好不好看，图像稳不稳定，每一个工区的文化室都围满了人。有时候，窗台上，还会多几双眼睛。直到电视进入寻常百姓家，这种热闹才逐渐散去。

二、电影院（大礼堂）

在矿本部以及坑口等二级单位，都建有电影院（大礼堂）。由十几个座位连成一排，一般可容纳五六百人至千余人。矿里有专门的放映人员。先是 16 毫米的单机，后是 35 毫米的移动双机或座机。每当到各单位放电影时，放映机有专门的人员接送，放映人员也最受欢迎，往往被当成贵客招待。

放映电影前，礼堂周围会贴出海报，坑口广播也会预告。当大家听到广播"今晚 8 点，在坑口礼堂播放电影《×××》"时，整个单位，就进入了欢乐的氛围中，小孩催促父母，早早吃了晚饭；大人们放下家务活，女人们还会梳理一番。沿着山道，早早赶到礼堂买好票，大人需购票，也就几毛钱。小学生一般免票，调皮的大男孩为了免票，会把腰弯下来，蒙混进去，当然，往往会被验票的揪出来。不过，最后还是会放进去的。人们早早进入礼堂，占据观影的好座位。后来者，则有可能站着看完一场电影。

那时候放映前，先会播放由放映人员预先刻制好的幻灯片。幻灯片的内容往往是结合时事的几句标语口号，或是矿山新闻，或是好人好事。为了不至于单调，会在幻灯片的口号边，绘上一些插图，这时，放映人员一边放幻灯片，一边用略带乡音的普通话大声播报。先是大家耳熟能详的一句"毛主席教导我们说……"，洪亮的声音通过扩音设备掩盖了急躁的声音，在礼堂内回荡；然后是播新闻简报片；简报播完以后，才开始播放电影。那时放映的大多是战争片，当八一制片厂的五角星闪闪出现在片头时，全场往往掌声雷动。天气晴朗时，有时也会在球场露天放映，此时有的观众干脆就席地而坐。

矿区的电影放映员在认真准备放映

聚精会神、一丝不苟的观众

那时，除了八个样板戏，还有《小兵张嘎》《英雄儿女》《金牙子5号》《智取威虎山》等，它们伴随着孩子们度过了幸福快乐的童年。那时的电影拷贝不多，经常放的是"老片"，比如《地道战》《地雷战》《南征北战》，这"三战"，许多人看了不下10遍，有些台词都耳熟能详，像"高，高，实在是高"等。但人们，尤其是孩子们，仍旧乐此不疲，前往观看。1974年，新片《闪闪的红星》播映，由于拷贝的是跑片，直到晚上11点多才正式开映。

电影放映队放映员不但为本单位放映，他们的足迹还遍布本县各乡村，其中放映员"小明"，至今仍为村民记得。放映队每到一处，都受到老百姓的热烈欢迎。

三、文艺宣传队

文艺宣传，是矿山文化的又一阵地。每个单位都有一些文艺活动的积极分子，钨矿各坑口都建立了不脱产的宣传队伍。每当有活动时，临时抽调上来，进行简单的培训和排练后就在单位表演。装扮简单，就那么几套服装，再涂抹点腮红；配乐也简单，锣鼓铜钹，几把二胡。但很受大家欢迎。

宣传队队员不仅是生产上的能手，更是宣传上的一把好手。20世纪60年代末，在进入各单位的路口，往往都有一个简易的凯旋门，由木柱松板搭就，有的还用松枝装饰一下，再插上鲜艳的彩旗，每逢过年过节或有宾客莅临，宣传队队员便盛妆出迎，踩着鼓点，扭着秧歌，好一派喜庆热闹的气氛。后来凯旋门逐渐由钢筋水泥代替，成为进入各单位时首先映入眼帘的标志性建筑。

为了配合各时期的宣传，宣传队也会编排一些节目进行表演，使标语口号深入人心。"杨子荣""小常宝"等，不少人至今仍记忆犹新。很多节目就是身边的故事，亲切、感人至深。每当演出时，最高兴的是孩子们，他们有的趴在舞台边，欣赏节目，有的干脆窜到幕后，看演员化妆。

矿山生产生活丰富多彩，宣传队也会把实际生活或生产编入节目。比如矿山汽车队最兴盛的时期，有大小车辆58台。两台小轿车，一台北京小吉普，一台自行改装的能坐九人的大吉普；还有两台在当年堪称陆地"巨无霸"的载重15吨的大卡车，车轮的直径都有1.2米。当然，更多的是清一色的老解放牌车型，尖圆的车头，帆布加装的遮阳棚，跑起来，威风凛凛的。它们除负责日常的矿山货物运输外，也会被派往地方，担负抢险应急的运输任务，是矿山一道亮丽的风景线。矿山道路狭窄，坎高坑深，安全生产是第一的，矿里除指定一位常委分管此项工作外，在司机、修理、装卸、养路四个作业班，都选出了安全监督员，切实加强检查督促；从矿里出来的公路，就是这么弯曲险恶，矿里的司机师傅们，就是这么饱经风霜，几经磨炼，运送鎢砂和物资。每天奔驰在崎岖不平的山路上，创造了许多个百万公里无事故的奇迹。他们的事迹，也被搬上了舞台。"喇叭叭叭的：一声响，请注意；两声响，让一让；三声响，很危险。"能成为一名卡车司机，是当时矿山子弟的一种荣耀。

矿里有时也请外地的剧团到矿区演出，每当有外地剧团来演出，矿山更是沸腾了，人们都会议论上好几天。演员的要求也不高，演出结束后，也就弄个夜宵，一碗稀粥，几个馒头、包子，几根油条，就很知足了。

组织各坑口文艺宣传队进行培训

文艺宣传队成员蒋龙海苦练摄影技术

宣传队不仅丰富了矿区的文娱生活，而且培养了一批批文艺人才，并且渗透到矿区的日常生活中。湖南的花鼓戏、江西的采茶调、广东的粤曲，时不时会在某个角落里听到，孩子们常常因会唱几首新歌，尤其是会吹笛子、拉二胡而感到骄傲。

四、矿山男女篮球队

1970 年，为了加强与兄弟厂矿的交流，活跃矿山的文体生活，矿山决定从潮汕和开平等地方体校招收几批篮球队员，组建起石人嶂钨矿男女篮球队。

这些球队队员，大多被安排在矿机修厂和配电厂工作。平时，是钳工、电工等技术工人；闲时，活跃在球场上，进行篮球比赛的训练。

他们充满青春活力，高大而健硕的体魄使他们无论在矿区的哪一个角落，都是耀眼的明星。其中的部分队员，每当在球场上训练和比赛时，都习惯性地披一条比洗脸巾大、比洗浴巾小的大毛巾，这是潮汕地区的习惯。在与兄弟厂矿比赛时，还有过一场不小的误会，矿里的球员被误认为不是正式的矿山工人。

在枯燥的矿山生活中，男女篮球队无疑带来了一缕春风。无论是在矿本部，还是在坑口、工区，球场上总会有青春跳动的音符。有的篮球爱好者，甚至不惜花费半个月的工资收入，托人从外地购买球鞋或球衣。

矿山篮球队参赛的新闻报道

罗坝职业病防治院成立的女子篮球队

活跃的矿山男女篮球队

　　男女篮球队队员，平时在各自的岗位上工作，业余时间就参加训练。他们也时常被派去参加冶金系统的各类比赛，并与地方进行友谊联赛。其他地方的球队到矿本部、梅子窝等坑口来比赛时，矿区比过节还热闹。坑口球场是用了八个月的时间，在海拔840米的高山上，削平了三面山坡，挑来了上万立方米的沙石，填平了一条山沟才建立起来的。天然的看台，人山人海，看不看得清球员的球技已经不在乎了，大多数人图的是这份热闹。当然，前排的观众则大饱眼福，一个动作，一次投篮，可能会在赛后议论上一个星期，有时还会将动作模仿表演一次，引来一片羡慕的目光。

　　矿山男女篮球队的球艺，在本系统、本地区打出了名气。在友谊联赛中，还获得过第一、第二的好名次。

　　在矿本部的中心地带——俱乐部旁，建有三四个篮球场，并且有当时县里还不曾有的灯光球场。各坑口的球场中，梅子窝的条件要好些，也有灯光球场。各单位依坡就势，劈山垒坎，建起一个个运动场地。如果平时打球过程中篮球越过围栏，则只能中场休息，从沟底捡回篮球，有时得花上几十分钟的时间。

　　学校的体育课中，篮球课是最受欢迎的课程。三两个篮球，再调皮的小孩也变得好管理。高年级的学生，尤其是男孩，则会组织一场比赛，有时会是老师做裁判，更多的时候是自己来。球技好的，投篮准的，都会赢来一片喝彩声；各单位的球场上，经常活跃着一群年轻人的身影，健康而快乐的氛围总是洋溢在矿山的天空。球技出众者，也往往容易获得异性的青睐，结为秦晋之好。

当年在石人嶂钨矿因篮球喜结良缘的李远培、谢义球伉俪（摄影：钟县球）

昔日矿本部球场（对面是原矿本部职工医院，远处为石人嶂主峰莲花山）

逸 趣

家乡的电影院

彭广兴

　　一次偶然的机会看到了一部老电影，它把我的思绪带回到了童年时代，童年时代最留恋家乡的电影院。

　　家乡的电影院坐落在坑口山腰处，小时候唯一的文化娱乐就是看电影，哪怕是看过很多次的影片也是百看不厌，如《南征北战》。尤其喜欢看战争片，一部新片《闪闪的红星》预告几天后放映，那几天的日子可以说是魂牵梦萦……记得这部电影上映的那天，我从下午就开始等待胶片（拷贝）的到来，一直等到晚上10点才到，漆黑的夜晚里一辆汽车载着胶片，在盘山公路上穿行，汽车的引擎声和车灯射出的光线，在告诉我们激动人心的时刻就要到来了。

　　电影开映前，放映员会广播几句话，其中有句话是："在场内的同志请肃静！"由于普通话不准的原因，常常听成："卖糖粒子的同志请出去！"这句话至今还记忆犹新。

　　家乡人还有一个习惯，自带一些瓜子之类的食品（如"毛栗子"）看电影，边吃边看，别有一番风味。

　　熄灯后只见大厅内到处是手电筒舞动的光束，有些是迟到者在找座位，有些是工作人员在搜寻逃票偷看者。如果是白天放映，就不需要借助手电筒了，因为厚重的黑色窗帘布从来就没完好过，到处有光漏进，何况屋顶还有星罗棋布的瓦缝。

正式放映影片前，首先放映的必定是新闻纪录片，例如周总理接见外宾，中央召开重要会议，各地抓革命促生产的信息等，然后才是正片开场。

上映最多的是"三战"——《地雷战》《地道战》《南征北战》及八个样板戏。到了1972年，开始引进朝鲜、阿尔巴尼亚等国外电影，如《看不见的战线》《卖花姑娘》《宁死不屈》《广阔的地平线》等。

当时有人编了个顺口溜：中国电影新闻简报，越南电影飞机大炮，朝鲜电影哭哭闹闹，罗马尼亚搂搂抱抱，阿尔巴尼亚莫名其妙……

在我的记忆中，有个姓高的验票员，老是穿一身洗白了的工作服，好像从来就没戴过一副好眼镜。他的眼镜总有一条腿是用白线绕着的，缠绕的手艺拙劣无比。但他的眼神特厉害，进场的人群再混乱拥挤，他总能轻易地揪出没票而企图混入的人，就算是他亲戚家的小孩也别想逃票。电影开映后，他便拿着手电筒满场子搜寻逃票的人，我们这些爬窗或趁拥挤混进的细伢子，常被他揪出场。

那时，儿童可买半票，也就是三五分钱，而要凑足那三五分钱，差不多要积攒大半个学期。所以，不遇上十分过瘾的战斗故事片，就绝不会轻易去买票消费。但电影的诱惑实在太大，囊中羞涩、没钱买票堂堂正正入场的，便练就了爬窗入场的"一手绝活"。

有时候会有免费的露天电影，人们早早就从家里搬来凳子去占位子了，我有时候会和几个小伙伴跑到银幕后边去看。那时放电影的设备很简陋，放映机需要不停地倒换，一个胶卷看完再换上另一卷，一场电影往往需换四五次。如果碰上个技术不高的放映员，不时出现断片，观众中间就会响起一片唏嘘声。

在那个娱乐匮乏的时代，我们靠老电影的温情，涉过了早年的河流。好多年前，凭数得清的几部电影，就能把日复一日的枯燥时光过得怡然自得、意味悠长。

现在的电影数以万计，坐在家中或身处野外，也能从电视、电脑或手机上随意点播，日子却稍纵即逝，快得让我们无所适从。

如今的石人嶂钨矿老电影院，早已被时光淹没。而童年时代的快乐和幸福还历历在目，我非常怀念那些忠于职守的验票员，非常怀念和我一起观影的小伙伴们，也非常怀念那"毛栗子"的味道；永远记得电影《英雄儿女》里的经典台词："为了胜利，向我开炮！"

（2019年底于佛山）

石人嶂民歌奇葩：田夫

蒋龙海

民歌《乡里妹子进城来》曲作者田夫（原名赵甲初），1924 年生于零陵县（祖籍邵东），自幼聪明好学，喜爱音乐。受中共地下党负责人龙仲的影响，以教师身份为掩护参加地下党，并从事革命活动；曾任湖南解放军总队、湘中二支队、第二大队、第二中队政治指导员。

词作者李平（原名赵蕊芳），湘中二支队队员，与田夫一起工作。他将在邵东流传已久的《乡里妹子进城来》不完整的歌词进行了整理。由田夫根据民间口传的腔调写成歌谱，于 1948 年 11 月发表在邵阳的《劲报》上，从此《乡里妹子进城来》在邵阳地区家喻户晓。

《乡里妹子进城来》这首民歌 1978 年被县音乐工作者再次搜集整理，1980 年编入《中国民歌集》。

1949 年后，百废待兴，田夫被组织派遣到世界锑都湖南锡矿山任教育科科长。

1953 年，湖南省委响应党中央的号召，从各地抽调党政干部、技术工人"支援全国工业建设"。田夫和锡矿山几十名干部、技术工人先后来到广东石人嶂钨矿参加工业建设。

田夫在石人嶂钨矿先后任生产科科长、秘书科科长、工人报总编。

1957 年"反右"运动，田夫被错误划成"右派"分子，被开除党籍、降低工资待遇，并受到批斗、劳动改造；妻子、儿女们也受到牵连。从此开始了长达 20 多年的屈辱苦难人生，尝遍了人间的艰辛。

田夫患有严重的肺结核病，但还是先后被送往矿农场、坑口选矿厂进行劳动改造。他拖着带病的身体，年复一年，日复一日，不分严寒酷暑，从事最原始的艰苦劳动。

田夫不堪生理、心理上的重负，终于病倒了！在家养病期间（1968—1976 年），每月只有 21 元的生活费。

人生最痛苦的不是生活贫困、劳动艰辛、病痛折磨，而是政治上的绝望！田夫 20 岁走进革命队伍，在最艰苦的战争年代也没离开过党，"反右"运动却被赶出门外，沦为"阶级敌人"。为此他常常仰天长叹，于心不甘！

尽管时光已过去半个世纪，但往事历历，痛彻心扉，田夫至今难以释怀。

龙寿城（生于 1925 年）是龙仲的堂妹，20 世纪 40 年代初与田夫结为夫妻，默默无闻地为党的革命事业做了许多工作，她是舍生取义的好妻子；含辛茹苦地养育了四个儿女，也是善良、坚韧的好母亲！

　　田夫错误划成"右派"分子后，她也受到牵连失去了工作。特别是田夫病倒后，拿着这每月 21 元的生活费，望着正在发育长身体的孩子们，肝肠寸断，欲哭无泪！

田夫与妻子龙寿城合影

石人嶂钨矿生活区（田夫曾在此居住）

　　但她没有倒下，为了重病的丈夫和儿女们，为了重见天日的那一天，在"五七妇校"任劳任怨，忍辱负重地赚取少别人三至四成的工分（每天约 0.7 元），并开荒种地，解决食物匮乏的窘境。她就像是一只不知疲倦的陀螺在不停旋转着，在长达 20 多年的时间里，她几乎没有睡过囫囵觉，没有添加新衣裳，她用瘦弱微小的身躯撑起了一片天！

　　打倒"四人帮"后，矿领导根据田夫的身体健康状况，安排他到矿中学教书。十一届三中全会后，田夫恢复了党籍，恢复了政治名誉和原工资级别，予以彻底平反，并被任命为矿技校书记至离休。

　　2017 年 10 月，田夫的学生、中国著名书画家、现任燕京书画院名誉院长，81 岁高龄的杨艾湘教授，专程携妻看望分别近 70 年的田夫老师，并赠珍贵的《寒梅水仙》国画。寓田夫妻子似水仙，在寒冬腊月，仅凭一勺清水便亭亭玉立，胜似荼蘼和寒梅，让人叹为观止！

　　今年 95 岁高龄的田夫，是中国共产党的忠诚党员；他谱曲的民歌《乡里妹子进城来》，广为传唱，家喻户晓，是中华歌曲艺术宝库里一支绚丽的艺术奇葩。

（2018 年底于东莞）

球场遇险

祁广山

20 世纪 50—70 年代，我们的矿山没有网络，没有电视，文艺节目也不多，大家业余的娱乐生活多是看球赛。

篮球场是矿里最开阔的地方，也是活动最热闹、最集中的地方。矿里联欢会、运动会和各个坑口的篮球联谊赛、与外地来访的篮球队的友谊赛，特别是常和属地县球队的比赛，都在这里举行。

球场是露天敞开的，只有一面看台。它地理位置的独特之处，是在旧公路和新公路的交会处。两端篮球架的场地外边，一边是斜坡（上方是旧公路），另一边与场外新公路齐平。

场地为水泥地面，两端的篮球架是矿里机修厂工人巧手焊接制作的。旁边竖起高高的柱墩灯架，拉着数条电线，安装了多个上千瓦的灯泡。平日里不开灯，遇有球赛活动才亮灯。球场亮灯，照亮四方，驱散黑夜；这时的热闹喧哗，响遍矿区。我们都把篮球场叫灯光球场。

看球是矿里的一道精神盛宴。有球看了，晚饭后呼朋唤友，三三两两地陆续来到球场。篮球场的看台、前方草坪、旧公路和新公路方向的四周，不一会儿都是看球的人。懂行的看门道，不懂行的看热闹。

在炎热的夏夜看球，特别有趣。人们手握一把葵扇，像现在的歌唱晚会上歌迷们手中的小旗，但不是用来为崇拜的歌星助威呐喊，而是用来消热和驱蚊。每当场上比赛激烈，球员持球上篮时，看台上的观众都会屏气凝神，手中摇着的扇在刹那间不约而同地停止了摇动，神情专注地盯着篮球，直到知道了结果，方才呼出这口气。于是握在手上的扇，又开始散乱、悠哉悠哉地摇动了，犹如葵树园里无数枝葵叶在晃动，是一道特有的景观。当时我们看球的热情，不亚于现在看电视直播美国的 NBA 职业篮球赛。

第二天，矿里的人们又有了茶余饭后的谈资，他们津津乐道地回顾和评论昨晚的比赛。

篮球场看台正前方，扩建了块草坪，是我们露天看电影和休闲、聊天、玩耍的好地方。

看球次数多了，也免不了有精彩的花絮——

坑口篮球队员合影

　　有一回夏夜，吃过晚饭，天刚擦黑，球场亮灯了，我和初中的小伙伴来到球场看球赛。由于比赛还未开始，运动员们在场上练球。于是我和这位小伙伴在场外的草地上坐下，漫无目的地闲聊，聊得正兴奋时，突然间"哗"声响起，人们四散跑开，我身边的小伙伴早已不知跑到哪去了！我抬头往球场看，只见挂在高空的电线和照明的电灯在猛烈摇晃，初以为是电线杆要倒下，会有砸到人的危险。而后，可怕的情景出现了：靠着篮球架边的新公路上，冲来两头健硕的雄性黑水牛。它们可能是从赖屋村跑来的，在斗殴，斗红了眼，输了的前面跑，赢了的后面追，蛮横霸道地冲向了球场内。摇晃的电线杆、电线和电灯，原来是被它们庞大的身躯碰撞造成的。这立刻引发了骚动，场内的运动员和场外的观众纷纷躲让；水牛将头一摆，向我冲来，面对着离我仅有十多步的两头水牛，突然意识到危险即将发生。我不能再仔细研究分析了，逃命要紧，我可不想被凶狠的水牛撞倒、踩踏。我敏捷地起身，以百米冲刺的速度拼命向前奔跑。由此，在场的观众有了眼福，在篮球开赛之前，先看了场"少年和牛赛跑"的插播节目。我的运动神经十分发达，这得益于平时常和小伙伴们玩"打野仗"的游戏。四散的人们似乎在大声喊叫，听不清，我拼命地向前跑，豁然看到靠近医院的一条横沟旁有个大石礅，猛然间耳旁飘来"转弯！转弯！"的声音，我灵机一动，这是个绝佳的逃离危险的时机，便立即绕着石礅来了个急转弯。随后，"嗒嗒，嗒"的牛蹄声，从我的身边扬尘而去，随后看到赖屋村几个健壮的汉子手持木棒、竹竿，向牛跑的方向追了过去。

　　我逃过了一劫，气喘吁吁地站着。要感谢那声"转弯"，也要感谢铺地工人留下石礅的预见，他们在关键时刻帮了我。看来投资有风险，看球也有风险。这时围观的人走近了我。

"哇！哇！好危险哟！差几步就追上了！"我的小伙伴惊慌地看着我。

"牛！牛！牛哦！牛都跑不过你！"一位高年级的学生，竖起了拇指在调侃。

"哎哟！好危险哟！给牛撞到就惨喽！"有个大妈双手拍着大腿说道。

"嗯嗯，嗯嗯……嗯！小家伙，真勇敢，身体蛮好，跑得真快！"有位疗养的劳保工大伯，重重地咳嗽几声，眼神羡慕地看着我。

这时，走来个成年人，戴着眼镜，手握一把纸扇，颇有学者风度，到我跟前，"叭"的一声脆响，纸扇一收。

"你知道吗？牛为什么就追你呀！"

大家都好奇地望着他，他看了下大家，将手中纸扇往我胸前一指："就因为你今天穿了件红背心，招惹了斗红眼的牛！"

大家看了我穿在身上的背心，立马理论联系实际："哦，是喔！"发出了惊叹的赞同声。成年人得到大家的认可，"哗啦"一响，纸扇打开，得意地摇着。这时我低头注意到身上被汗水浸透的背心，果然是我平时喜欢穿的红背心。

以后，每当看到电视里转播西班牙的斗牛节目的道具——红布时，我总是有所感悟。

（2018 年 7 月，本文不作史料考究，纯属怀旧娱乐）

第六章

情起矿山

——石人嶂钨矿的地方特色

石人嶂钨矿，因钨而成矿，因钨而聚人。人们在矿山的工作生活中，逐渐形成了独具特色的风土人情。这种独具特色的风土人情，不会因时间推移而消散。相反，时间愈久，其味愈浓烈深沉。

今日石人嶂（摄影：李江丰）

一、独具特色的"矿山普通话"

石人嶂钨矿位于南岭南麓，始兴境内，当地居民交流主要用客家方言。而石人嶂钨矿山，其员工的来源，根据人事部门的统计，来自全国20多个省市。当然，主要由湖南、江西、广东三省籍的人员构成。

在几十年的矿山工作生活中，职工、家属、小孩的语言交流，在小范围内，讲的是家乡话；离开小圈子，久而久之，大伙共同使用的话语，则是独具特色的"矿山普通话"。

这种独具特色的"矿山普通话"，以湘籍口音为底色，由中央人民广播电台的播音演化而来。每天清晨六点的广播，嘹亮的高音喇叭声响彻整个矿区，人们迎着初升的太阳，意气风发，迎接新一天的到来，每个人都有一种无形的向上的力量；下午五点钟，全矿有线新闻联播准时播报。人们沐浴着夕阳的余晖，三五闲谈，吃着简单的饭菜，品味着播音员清脆甜美的声音，有时，还会评论下咬字的音准。矿山的职工，尤其是女职工，若能成为矿或坑口的广播员，那是一件很值得骄傲的事。

这种独具特色的"矿山普通话"，在当地留下了深深的烙印。每月的三六九县城墟、一四七顿岗墟、二五八罗坝墟，矿山工人家属乘坐矿上安排的货车或县里的客运班车，前去赴墟（也就是北方人的赶集）。当地老百姓一听口音，就知道是矿山的，或说"湖南佬"，或说"石人嶂的"，开价马上提高。能操客家方言的，买东西则会实惠些。

当地老百姓也喜欢与矿工们做生意。矿工家属外出购物，由于汽车开停有固定时间，如果赶不上，可能就要徒步走上几公里或十几公里路了。因此，只要看上了，价格贵点也会买。而且矿区风气本就比较敦厚、直率，也不太会几分几厘地讲价。当年，样板戏风靡全国，《智取威虎山》中有一句台词家喻户晓。每当矿山的矿工、家属成群来赶集时，当地老百姓便戏称："威虎山的土匪下山了！"所不同的是，土匪是"抢劫"，这里是"抢购"。

后来，矿区慢慢也有了农贸市场。附近的农民用胶轮板车将土特产运来贩卖，或乘班车托运，后来便用拖拉机、摩托车等。他们也学会说石人嶂的普通话，开始与矿区居民讨价还价。尤其是听着一些中老年人，普通话夹杂着客家话的交流，那是一首动人的乐曲，有时还会忍俊不禁；笑完后，接着砍价。不过，其农贸市场也有自身特点。比如，矿本部的是早市，清晨六点多，道路两旁，熙熙攘攘的人群，讨价还价的吆喝声，好不热闹。但是八点一过，工人干部纷纷上班，家属干活，热闹的市场也就货去人空，恢复了原有的宁静。

星期天最热闹，一般到十点多才散场，附近农民也时常会到矿商店买布、棉被等生活用品。后来，矿山的家属也会将自己种植的蔬菜拿到市场上去销售。

始兴山清水秀，蛙鸣虫啁，鸟语花香。矿山更是云山雾绕，空气湿润，天然润养着山里人。人们的肤色白里透红，加上当时矿山的生活条件也比较好，时髦的服饰配上靓丽的肤色，在当地人群中很是突出。山里人深深地爱上了这片云雾袅袅的土地，这里的风土人情，这里的百姓人家！

即使是几十年后，枝散花开，特别是在矿山下马后，大家天各一方，在陌生的大都市、列车上，偶然听到这种独具特色的"矿山普通话"，都会倍感亲切，许多人都会情不自禁地回头张望、呼朋唤友。

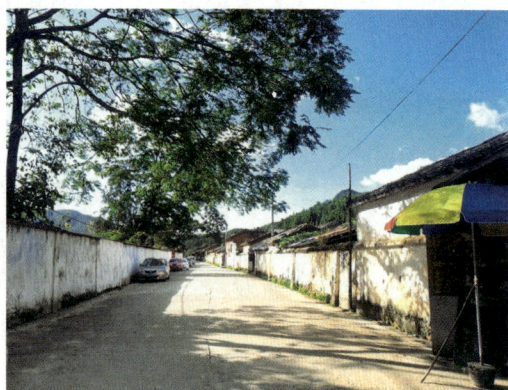

多么熟悉的地方，永远也不会忘记——石人嶂的建筑与街道

附：矿山普通话

（1）吃饭，不叫吃饭，叫"呷饭"；

（2）小孩调皮捣蛋，父兄教训一下，曲弯右手五指，敲打下小孩头顶，往往伴随着一声：给你个"鹅粒攻"；

（3）喜欢在人前显能耐，他人又不屑时，就会说"显老彩"；

（4）一件事很难做但偏要去做，叫"霸蛮"；

（5）比自己大的男孩叫"男婆子"，比自己大的女孩则叫"女婆子"；

……………

二、"大杂院"的居住格局

建矿初期，条件艰苦，且地质队提供的地质勘探资料表明，钨矿储量只够开采8年。所以，当时秉承着"有条件要上，没条件创造条件也要上"的精神，工人的住房都是因陋就简，就地取材，由杉树皮木板或由毛竹茅草搭就。就连矿本部的大礼堂，最初也是木板隔墙。20世纪60年代中后期，开始有夯土墙（俗称干打垒），后来陆续建有青瓦顶的住房。当时，能住上红砖房是一件很奢侈的事。

矿机关原来在县北郊高营的一座碉堡（围楼）内。1957 年，道路开通后，本部搬迁至距县城约 20 公里的深渡水乡窝洞。这里位于莲花山脚下，地势相对平缓。在矿山鼎盛时期，大部分已是红砖青瓦平房。在进入矿区检查站的左手边，有一大片房屋设施，那是矿汽车队所在地。以邮局所在地为界，以下 19 公里，叫防修区；以上为东风区，后改为一区、二区、三区、四区。核心区依次分布有矿本部小学、邮政银行、公安派出所。河西，实际上也就是一条不多水的山溪，70 年代中后期，建起了几栋复式二层小楼，主要安排工程技术人员和教师居住，一般称为"河西区"。

河西区也曾经是矿医院的所在地，后来搬迁至罗坝南山坑，与职工疗养院合并。医院迁移后，改造并新建了楼房等配套设施，至 1976 年，广东省有色金属工业第一技工学校由矿托管开始，面向全省厂矿招收学生。

总部顺山势至莲花山腰，依次是机修厂、矿完全中学、石人嶂坑口选矿厂区和家属住宅区。完善的基础设施，熙熙攘攘的人流，尤其是夜晚，点点的灯火，与星光交相辉映，构成了一幅绝美的风景画，俨然就是一座繁华的小县城。

河口山坑口百家房美不胜收（记忆画，作者：刘烈华）

由于矿山位于大庾岭山脉，各生产坑口，如石人嶂坑口在莲花山下，梅子窝在天平架下。住房建设就只能依山就势，因地制宜。选择相对平缓的山坡，劈山垒坎，平整出一块块建房地基，3～5 间为一栋平房建筑。因此，就形成了"大分散、小聚居"的职工家属住宅区。

这些住宅区在称呼上当时有"红旗区""反修区""反帝区"的叫法，后来有"一区""二区"的称呼；但更多的是依据房屋的建筑栋数来命名，比如"十三栋房"；或依据周围环境的特点来命名，比如"燕窝"，像矿本部地区，距离县城 20 公里，就叫"20 公里"。

这种住宅区包括：职工单身住房，建筑面积每间约为 12 平方米；职工家属住房，建筑面积每间为 20～25 平方米。厨房都是简易搭就，每个小区都建有公共厕所。住房一般按工作的工区，由单位主管后勤的行政股统一分配。最初，每户家私也不多，三两口木箱笼，有的干脆就用空炸药箱来盛放衣物，能有个上海出产的皮箱都是很骄傲的。床板、条凳也依据需要一并到单位领取。

那儿有一座小小蜗居，等待着我们（摄影：李江丰）

莲花山郁郁葱葱（摄影：李江丰）

师姑山俯览尾矿坑口（摄影：苏是）

俯瞰梅子窝坑口全景和仰望梅子窝坑口全景（摄影：彭广兴）

这种"小聚居"的格局，形成了"鸡犬相闻，守望相助"的居住环境。邻里之间没有太多的隐私，也免不了有些摩擦，但更多的是相互交流、沟通和帮助。邻里之间，上下栋房之间，串串门、坐一坐，一杯小酒、几颗花生，说一说工作生活的琐事。如果有谁探亲回来，都会带些家乡的土特产，比如湖南的烟熏肉、兴宁的竹壳茶、肇庆的大肉粽等，与工友们一同分享。即使是一杯清茶，起初是北方的大碗茶，20 世纪 70 年代，潮汕的"工夫茶"开始风靡整个矿区；三五好友坐下来，一边品着茶香，一边聊天。小孩更是有些"出格"，吃一餐饭，东家进西家出的，看看谁家有可口的菜，会毫不客气地夹上一筷子。矿山的许多孩子，都是吃百家饭长大的。过年包油糍炸煎果，今天一群人去张家包，明天大家又去李家包，后天又去王家包，一家有事大家帮；一本连环画小图书，这个看了那个看，如《西游记》《三国演义》《一千零一夜》等。

那时的交通不如现在方便，除了本矿定时的客车外，县里到矿本部有两趟客车，而往返师姑山、梅子窝的只有一趟。每天班车来去时，迎来送往，这时是矿区最热闹的时间点。有的倚着坎边栏杆，瞧着热闹，有的会陪着客人走上一段，小孩甚至会追着客车跑。车转过山路消失了，人也就散了，这里也归于平静了。

客人来到矿区，最初会迎来许多人审视的目光，但很快就会感受到大家的热情，矿上的人会主动与客人打招呼，盛情邀请客人到家中坐一坐；当然，阿姨们还会问长问短，不要以为她们爱打探别人的隐私，实在是因为她们太热情了。比如：一位新来的老师，挑着简单的行李，一群小孩子，围着哄闹，问是否可换"糕糖（麦芽糖）"。没有想到，第二天的课堂上，发现是新来的班主任，这群孩子就只有乖乖的份儿了。

"小聚居"的居住环境，也形成了守望相助的浓浓的人情味。山区气候多变，晒在外面的衣服，一旦下雨，只要有一人在家，整栋房的衣服就不会淋湿；谁家有点好吃的，也会与邻居分享；谁家大人上班，小孩在家，和邻居招呼一声，就放心去工作了，邻居甚至连孩子的午饭也管了。几十年过去了，大家虽然天各一方，但在 QQ 群、微信群里，彼此相互沟通，心意相连。当有的矿友家中遇到困难，需要帮助时，一经发动，大家都会热情地伸出援手，解囊相助，如一矿子弟的女儿需要做肾移植手术，三四天时间，捐款额就达八万多元。

这种"小聚居"的格局，在三五年、十几年，甚至几十年里融合凝聚成了浓浓的矿山情。某一区、某一栋，某一片、某一窝，时常会挂在嘴边。斗转星移、时代变迁，大家重聚时，聊得最多的还是当年。

三、难忘的"矿友情缘"

"我们都是来自五湖四海，为了一个共同的革命目标，走到一起来了。"钨矿采掘、选矿、运输的现代化生产，要求各工种通力协作，地测采选、机电化验，要求各专业密切配合。井下风钻工、爆破工、装岩工，缺一不可；各种设备运转良好，放矿、出矿、手选、机选，一环紧扣一环。从事生产工作的员工，一方有难，八方支援，工人和技术干部合力解决问题。在日常的工作中，结下了深深的工作情谊。

矿山职工的来源，远的有东北、内蒙古，近的在湘赣粤；一年一次探亲假，在家也就半个来月，有的人三五年回不了一次老家。远离家乡，远离亲人，尤其单身职工，缝缝补补、洗洗涮涮，甚至相亲、结婚生子等生活琐事，很多都是工友帮助完成的。朝夕相处的工友，不是亲人，胜似亲人！

十里不同风，百里不同俗。各地人文地理、风俗习惯都不相同，所谓"一方水土养一方人"。比如北方人的直爽，南方人的细腻；湖南人的吃苦耐劳，广东人的灵活机动。各地的人汇聚到矿山，一个工区，一个生活区，早早晚晚，十几年，甚至几十年、一辈子，兼容并蓄，凝合成独特的矿山风俗习惯，注入工友情中。

矿山地处山区，青山绿水，鸟语花香，环境清幽。工作生活却是相对单调而枯燥的，除了轰隆的机器，就是油、泥、水、石头。尤其是井下，几百米、几千米的窿道，深邃幽静，纵横交织，只听到渗水的滴答声和心脏的跳动声。置身其中，难免不想放歌一曲。人们也渴望交流，渴望亲情！

一方有难，全矿支援。比如，1975年和1996年的冬天，梅子窝坑口、石人嶂坑口大雪封山，遭受严重的冰冻灾害，断水断电近半个月，矿本部紧急调集全矿电工，抢修高压输电线路，调配车辆抢运物资。再如红白事的请客，那时，也没有什么大酒店，都是把酒席摆到左邻右舍。各家不仅出台凳、碗筷，还要出人，负责招待客人；一人有难，工友之间，那是有钱出钱，有力出力，嘘寒问暖。当时条件艰苦，工作任务繁重，但率直、真诚、淳朴的感情，却深深地感染着每一个人。

浓浓的矿友情，还在于良好的党群关系、干群关系。建矿初期，南下工作团的干部，怀揣着解放劳苦大众、为工人群众服务的理想。他们的精神，影响了一代又一代。中后期的很多领导干部都是从大专院校毕业分配到矿山，从矿山基层第一线提拔上来的。他们以身作则，吃苦在前，享乐在后，为工人群众做出了好榜样。尤其是在过年时，矿坑领导分片包干，到每家每户登门拜年，喝上一杯清茶，聊上几句家常，给群众带来温暖和关怀。这一习惯，一直延续到20世纪80年代末。若干年、几十年后，许多退休的工人、干部，要么回到了老家，要么到儿女处养老，但待不了多长时间，就会回到矿上，或到县市矿友聚居区，见见老工友、老同事。特别是到外地和子女一起生活的，不是子女不孝顺，也不是生活条件不好，但有相当多的人情愿回到矿上，夫妻二人一起生活，甚至老伴走了，一个人也要守着老房子。因为这里有老工友、老同事、老感情。子女们也无可奈何，只能时不时回来看看。2002年，矿山下马后，大家分散在各地，借助于微博、QQ等社交工具，构起了一定的联络纽带。到了微信时代，在李仕程等热心矿友的努力下，更是形成了遍布省会、省内各大县市的微信平台。目前，各坑口、各行业、各层次建立的微信平台有好几十个。借助这些平台，矿友之情愈发紧密、愈发深厚。

由于交通条件的改善和人们生活水平的不断提高，隔三岔五，总有一些矿友会找个地方聚一聚。有的还组织几十人甚至上百人，回到曾经工作生活过的地方，寻找、追忆那曾经激情飞扬的峥嵘岁月。

四、说不清、道还明的"矿山子弟情结"

几十年的矿山生活，造就了这样一个特别的群体——矿山子弟。他们有的在老家出生，后随父母迁到矿山居住；有的是随父母工作的变动，由外单位调入；但更多的是在矿山出生、长大的土生土长的矿二代、矿三代。

穿着开裆裤一起长大的"发小情"。20 世纪 50 年代到 80 年代初，生活条件极其艰苦，物资供应严重不足，粮食凭粮票，布匹凭布票，定量供给。每个家庭子女也多，少则三四个，多则七八个。小孩穿着补丁衣服，也就不是什么稀奇的事情。"新三年，旧三年，缝缝补补又三年"，正是当时的真实写照。

儿童的心里，可没有太多的忧愁。一团泥巴，可以搓弄半天；围着一群蚂蚁，也可以划拉上半天；一个烤红薯，你一半我一口的，焦煳粘满嘴也不在乎……父母忙于工作，也管不了这么多。风里雨里，一个个长大了，背着小书包，进入学校读书了。

似水年华的"同学情"。20 世纪 60 年代末到 80 年代初，石人嶂钨矿共办有 6 所子弟学校（其中附设初中部的 5 所），其中完全中学 2 所（其中梅子窝坑口高中部于 70 年代末撤销）、技工学校 1 所（还与广东矿冶学院、韶关大学等合办过职工大学，培养矿山技术专业人才）。整个矿山发展最高峰时，共设教学班 80 多个，在校学生达 2400 多人。

上小学低年级时，课业负担也不重，就语文、数学两门课。坐的是连接一体的座位，大都是男女生同桌，在桌子的中间，几乎都有条"三八"线。课余时间，跳方格、跳橡皮筋、滚铁环、打陀螺，各种游戏，丰富多彩。

上了中学后，虽然课程内容有所增加，但难度并不是很大。当时师生关系和谐融洽，课堂上，老师教学生数理化基础知识和实用技能；课堂外，学生教老师山里的生活技能，捡香菇、挖冬笋、砍木头，各尽所能。受父辈和矿山环境的影响，许多同学都期待走向工作岗位，能从事技术工种最好。"万能的钳工，光明的电工，'不要脸'的电焊工，站着干活的车工"，就是那一代矿山子弟对事业的追求；"学好数理化，走遍天下都不怕"，更是那一代矿山子弟对知识的渴求。他们一起下过乡，接受贫下中农的再教育；一起被招工，接过父辈的风镐，为矿山的发展奉献青春；一起走出矿山，在各行各业工作。

罗锡华、褚燕生、周作标，就是矿山子弟的杰出代表。他们穿上父辈的工作服，参加矿山工作，从一个普通工人干起，先后任工区的指导员、工区长，后被任命为副坑长、坑长。

这里，不得不提的是另一类特别的矿山子弟群体。他们的父辈都是二十世纪五六十年代从事井下一线工作的老工人。由于建矿初期，井下通风条件差，打手锤，打干钻，劳保防护较差，致使大量的粉尘吸入体内，相当一部分工人得了职业病——矽肺病。他们过早丧失了劳动能力，俗称"劳保工"。到矽肺病的第二、第三期，生活自理都显得困难，导致不少"劳保工"英年早逝，留下不少只得靠抚恤金维持生活的孤儿寡母。可以这样说，矿山的辉煌，在隆隆的、崩山破石的爆炸声中诞生，其创业史，也是一部悲壮史。

难忘的矿友情

生活在这样的家庭中，子女过早地承受了他们本不该面临的艰辛苦难，甚至是生离死别的悲痛，但也磨炼了他们坚强刚韧的品格。并且，在矿山这个大家庭里，能受到相应的照顾。比如，父亲去世后，家属、未成年子女，每月有一定数额的抚恤金，生活有基本的保障；减免学费，保证子女完成学业；过年有一定的补助；日常生活中，遇到困难，左邻右舍也会伸出援手。

人间自有真情在。矿山的子弟成年以后，走上了工作岗位。除部分子承父业，留在了石人嶂钨矿外，大部分都在韶关、珠三角等地工作。他们把矿山忠诚、正直、坚韧而又热情的品格，带到各自的工作、生活舞台，为社会、国家做贡献。当稍有所成，有一定能力时，也不忘曾经养育他们的矿山。2015年重阳节，经过近一年的精心筹备，"山在人在情更暖，孝在德在寿更高"敬老大聚会在韶关举办（如下图）。许多老人在子女的陪伴下，从湖南、江西、深圳、佛山等地赶来，最高寿的邓婆婆，98岁了，也欣然到会。有人说，这些矿山子弟，是没有根的一代人，这话似乎有些道理。2002年，矿山下马后，有子弟回到矿山寻旧，看到曾经生活过的地方，现在却是一片荒芜、长满杂草，不禁跌坐于地，泪流不止。其实，真的不用悲伤。因为，山在，家乡就在；树在，亲情就在；人在，亲人就在。

2015年重阳节石人嶂敬老大聚会在韶关举办

同批入职40年的9名护士在深圳大梅沙和矿医院领导欢聚（2014年）

石人嶂钨矿职工子弟中学1978届同学毕业39年欢乐今宵晚会

石人嶂南雄老乡聚会合影（2019 年 10 月 19 日）

矿地质队部分队友在韶关市聚会合影（2015 年）

石人嶂知青赴城南胆源（五十周年）纪念聚会

部分矿友返回石人嶂矿本部聚会留影

石人嶂坑口矿友群三周年庆典合影（始兴，2018 年 10 月 27 日）

石人嶂矿友联谊会合影（南雄）

石人嶂矿友联谊会合影（清远）

部分矿友相聚韶关（2018 年 6 月）

部分矿友相聚广州（2020 年 7 月）

矿友们开心小聚

今日石人嶂钨矿办公楼

今日石人嶂钨矿俱乐部（摄影：徐志文）

今日炸药加工厂（摄影：徐志文）

今日机械分公司（机修厂）（摄影：何广湘）

今日石人嶂精选厂（车间）（摄影：徐志文）

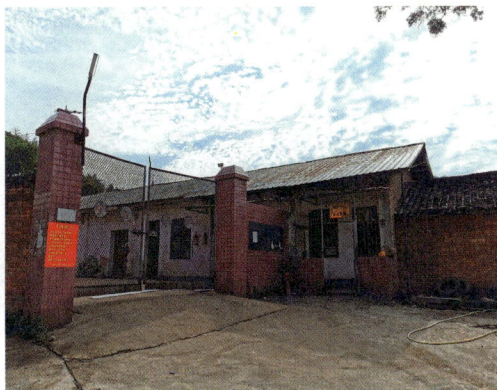

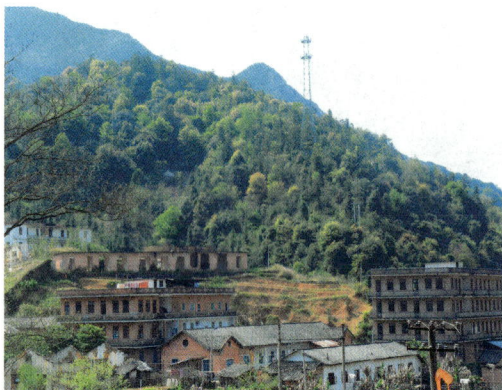

石人嶂钨矿技校（现为广东省岭南工商第一技师学院）旧址

师姑山坑口水质清澈，当年矿工可以直接饮用；现溪流里的土石因为矿物质的浸染而呈浅蓝色（摄影：苏是）

司前河口山坑口旧址

罗坝南山坑口旧址

罗坝文政坑坑口旧址

搬迁到县城的石人嶂职工医院

矿 友 联 谊 之 歌

1=D 2/4

中速稍慢

词曲　黄秋琼

(0 1 2 ‖ 3·3 36 | i·6 | 2 2 3 376 | 5 — | 356 i | 656 3 | 2·3 56 | i —) ‖

5 5 3 2 3 5 | 1·2 | 3 2 7 6 3 | 5 — | 5·6 i 1 1 | 656 3 | 5 5 5 6 | 1 2 3 2 |

巍巍　莲花　山呀，悠悠墨江　河，带上我的　思　念，载着我的　祝
巍巍　莲花　山呀，悠悠墨江　河，低吟矿山的 故　事，高唱我们 友　谊的

2 — | 3·3 2 3 5 6 | 1 1 0 2 | 5 5 3 5 6 7 | 6 — 5·6 i | 6 5 6 3 | 6·1 3 2 1 |

福。深情问候　你呀　坑口的矿　友，难忘那 过去　的 青春岁
歌。亲切呼唤　你呀　坑口的矿　友，逝去的 年华　如 陈年老

1·1 2 | 3 3 3 3 6 | i·6 | 2 2 3 3 7 6 | 5 — 6 5 6 | i·i | 6 5 6 3·3 |

月。啊　回坑来 看一 看呀，回家来 走一　走，勿　忘那 养育 咱的
酒。啊　回坑来 看一 看呀，回家来 走一　走，几十　年的 春　秋

5·3 5 3 | 2·1 2 | 3 3 3 3 6 | i·6 | 2 2 3 5 3 5 | 6 — 0 5 6 i | 2·3 |

石　人　嶂！啊 回坑来 看一 看呀，回家来 走一　走，勿忘那 当年
涌　心　头！啊 回坑来 看一 看呀，回家来 走一　走，老友　重逢

‖¹ 3 2 3 5 6 | i·(1 2 ‖² 3 2 3 5 6 | i·1 2 | 3 3 3 3 6 | i·6 | 2 2 3 3 7 6 |

并肩的 矿　友。　热　泪　流。啊 回坑来 看一 看呀 回家来 走一

5 — | 6 5 6 i·i | 6 5 6 3 | 5·3 5 3 | 2·1 2 | 3·3 | 3 6 | i·6 |

走，莲花　山呀 墨江　河 牵着 你和　我。啊 共 叙 矿山 情 呀，

2 2 3 5 3 5 | 6 — 5·5 6 i | 2·1 2 | 3 — 3 — | 2 — i 6 |

同唱　友谊　歌，同唱 石人 嶂 坑　口　　友 谊 之

i — | i — | i·0 ‖

歌！

[2018年10月15日为石人嶂坑口
矿友联谊会（始兴）而作]

家乡梅子窝的车站

彭广兴

离开家乡广东石人嶂钨矿的梅子窝坑口已经有 **20** 多个春秋了，家乡的情境总是在我的脑海里浮现，尤其是昔日那小小的车站，更让我记忆犹新——虽然只有百十平方米的一块露天停车场，家乡的人却称它为"转车坪"。它是家乡人出山入窝的唯一"港湾"，也是山里人看外面缤纷世界的一扇"窗口"。

别看这么一个小小的转车坪，它却是家乡最热闹的场所之一。每天当班车（长途客车）到站的时候总有不少人聚集在车站——有来接亲送客的，有来托运、领取东西的，有来托人办事的，有来咨询情况的，有来销售熟食、日用品、土特产的，甚至还有来凑热闹的……偶尔也有电影胶片从县城运来，有些人是为了目睹电影片名而来，因为能提前知道电影片名，也是一件非常荣耀、非常开心的事。

家乡人的每一次相聚都充满了喜悦，特别是每逢佳节来临，父母盼望儿女回家团聚，从他们来接车的面部表情及语言表达就能知道什么是笑逐颜开、心花怒放；而每一次离别都充满了忧愁，特别是每逢开学、参军、调离时，父母送别儿女，从他们来送车的面部表情及语言表达就能知道什么是语重心长、依依不舍……在车站每当听到车子的引擎声由远而近时，接车的人群就开始激动起来了，当汽车驶入接近车站的弯道处长鸣喇叭时，这意味着班车就要进站了；车还未停稳，人们的目光早就围着车窗转起来了，想透过车窗看到自己的亲友；坐在车里的人同样把头和手伸出窗外，一边挥舞着手，一边用目光扫视接车的人群，寻找自己的亲友；车上车下沸腾起来，各种呼叫声响彻山谷，欢欣雀跃的场景令人难以忘怀——亲友相见虽然没有热烈拥抱，但有山里人

梅子窝坑口转车坪

最朴实的礼节，就是快速接过对方的行李，手拿肩扛、满载而归，一路说笑，特别是有些长辈，走路都变得挺胸阔步了，见人就会说："我儿子（女儿）回来了！"这就是山里人的荣耀情，这就是坑口人的幸福感！也有人失望而归，当目光看到最后一个人走下车但仍然没有自己的亲友时，一种沮丧的心情油然而生，不过他们依然相信亲友明天一定会到来，第二天会继续在车站等待……

　　车站很小，进出的客车每天只有一个班次，春运期间更是一票难求，说明在外打拼求学的游子们总是不管旅途多么遥远，交通多么艰难，也一定要回家过年，就算没有坐上车，走几十里山路回家也是常有的事。转眼间几十年过去了，车站还是原来的车站，只是没有班车了；空空的车站成了私家车的停车场——改革开放后的家乡人都富裕起来了，私家车代替了班车。

"情系梅子窝，攀越天平架"联谊活动

　　记得 2015 年 5 月 30 日，72 名家乡子弟带着思乡怀旧的心情又回到了家乡，相约共赴"情系梅子窝，攀越天平架"联谊活动。转车坪一路延绵停放着十几辆小车，那欢呼雀跃的场面前所未有，家乡子弟那金黄色的统一着装把小小车站装扮成亮丽的风景线。

　　"情系梅子窝，攀越天平架"联谊活动，是家乡子弟思乡怀旧的真实写照，一张张难忘的画面成为我们挥之不去的时代印记，家乡的面貌、家人的情缘将永存我们的脑海。

矿本部医院门诊医护人员合影（1985 年）

坑口再相会

昔日矿友喜相逢

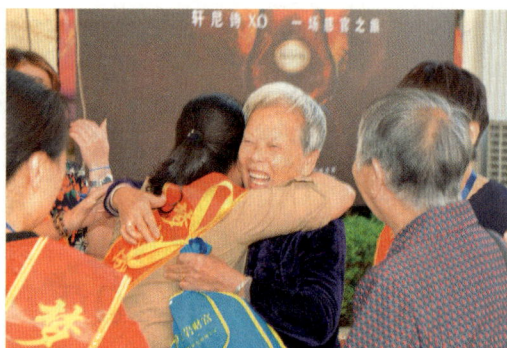

（此文刊于《韶关日报》，2020 年 11 月 29 日）

想起了石人嶂

清　风

　　前几天，几位老同学聚在一起喝茶聊天，谈到读书时的一些往事，心中不由得想起了石人嶂。在石人嶂住了 5 年，毕业离开后很少回去，加上父亲退休后又从矿区搬到县城居住，回去的机会就更少了。

　　石人嶂钨矿位于粤北韶关市始兴县境内，距始兴县城约 20 公里，是广东省重要的黑钨生产地，建矿开采历史悠久，下辖多个采矿区。从县城有一条公路可通往矿区，在一个叫深渡水的地方拐入，大约经过 5 公里的蜿蜒沙石公路就可到达矿本部。

矿本部是整个矿的行政中心，只有一条主街，街道两边布满了错落有致、依山而建的民房，这些房屋大部分是砖瓦结构平房，高楼很少，如果继续沿着公路盘山而上可以到达石人嶂坑口。每当夜幕降临，灯光一亮，从山脚到山腰，到处灯火辉煌，景色非常迷人。

梦萦石人嶂（记忆画，作者：刘烈华）

那时石人嶂矿本部环境确实不错，四面大山拥抱，民心朴实，治安又好，交通也方便，每天都会有两趟固定班车分别往返韶关和始兴县城。其余生活配套设施齐全，医院、学校、邮电局、银行、派出所、招待所、餐厅、电影院、菜市场、公共澡堂、娱乐中心应有尽有，犹如一座繁华小镇。唯一的缺点就是买菜有点不方便，方圆十里的农民一大早就将各种山货、家禽、蔬菜挑进来卖，上午卖完后下午就回去了，要是遇到下午家里突然有客人来，那是没办法买到菜的。所以，为了方便待客和节省开支，许多勤劳的矿工们还在工余时间自己养点鸡、开荒种点菜进行补充。

脑海里记忆最深的是读书时一起欢聚的日子。同学们都来自广东省内各大矿山，近的来自本矿，远的来自海南文昌（当时海南行政公署），大家都是矿工子弟，在一起玩耍很容易沟通。我们同窗三年，留下了许多美好的回忆。一起念书，一起实习。有时候班里组织一起去野炊，邀上几个要好的同学一块上山摘杨梅、挖兰花、打鸟；到黄草山抓螃蟹、刘张家山泡温泉、骑自行车逛县城。有的男同学还趁实习的时候偷偷地溜回宿舍睡大觉，回想起来确实挺好玩的。也许是发育晚的缘故，班里没有一对同学谈恋爱，那时大家心中满怀梦想，想到毕业后就可以马上离开这个大山沟，到外面繁华的大城市里去闯荡一番，当时的心情真是满怀憧憬、意气风发。如今，有的同学已颇有建树，但大部分还在各行各业里奋力打拼。

时光飞逝，20年一晃而过，如今我们都已到而立之年。石人嶂在这20年里也发生了很大的变化，往日的繁华和喧闹已不存在，到处是杂草丛生，唯一没变的是我自己脑海里对往日的记忆和同学们永续的情谊。

（2016 年 3 月于韶关）

难忘石人嶂的杨梅和毛栗子

祁广山

地处粤北山区的石人嶂钨矿，早些年山上植被茂密，原始森林丰富。一年四季有许多的野果，人们喜欢采摘来吃，但我最喜欢的还是初夏的杨梅和深秋的毛栗子。

初夏的天，时晴时雨，一会儿出太阳，一会儿下大雨，有时太阳当空照天却在下雨。人们管这"太阳雨"叫"杨梅雨"，因为此时到了摘杨梅的季节了。

杨梅最多的地方是在坪田，矿里人都知道。那里的杨梅品种除了常见的，还有红得发黑的"黑炭梅"和晶莹剔透的"白杨梅"。这两种杨梅的味道都酸甜可口，很有"杨梅味"，其中"白杨梅"还是稀有品种。

上山摘杨梅的人们，带着装杨梅的用具：有背箩的，有背筐的。由官坑的山路，沿着一条清澈的溪流边的蜿蜒小道上山，走去坪田。

这时挂果的杨梅树果红如火，硕大如珠，累累果实缀在浓密的碧玉式的枝叶上，满树出彩，散布在坪田的山野上，美得像花果山。到了山上来摘杨梅，先是美美地尝尝鲜，大饱口福。山里人自幼在山里长大，尤善爬树，能摘又大又漂亮的杨梅。经过大半天的劳动付出，有了收获的喜悦，箩里、筐里都装满了新鲜的杨梅，然后在上面放些杨梅树叶，防晒、保鲜。

背着满箩筐的杨梅，脸上汗涔涔，背上浸湿汗水的人们下山回家了。路人看到箩筐里红红的、水灵灵的杨梅，顿时感觉口腔酸水直流，随口夸道："哇！你摘的杨梅好漂亮！好新鲜哟！"——山里人淳朴、热情、好客，听了乐呵呵的，也非常愿意分享自己的收获，赶忙捧上一把杨梅递过去："尝尝吧！"路人赶紧双手往腰间蹭蹭，伸出双手捧接。新鲜酸甜的杨梅入口，生津止渴、开胃消暑，美滋滋的——满足和喜悦荡漾在脸上……

夏去秋来。到了秋风吹、寒意凉的时候，山里的毛栗子熟了。毛栗子最多的地方是刘张家山毛栗坪，矿里人都知道，那里的野生毛栗树多。

每到此时，上山的人又多了起来。捡毛栗子的人们，带好了装毛栗子的布袋。翻越两个坡，走几段崎岖的小路，到了一片高大茂密的树林——几乎都是毛栗子树，这就是毛栗坪了。秋风吹来，树枝摇晃，脱壳的毛栗子掉在了铺着枯叶和毛栗壳的地面上。

杨梅

毛栗子

看到光滑黑亮如玉珠般的毛栗子，人们不禁欢天喜地。有的显眼，有的藏在落叶和落壳下。矿友和家属在毛栗子树下，蹲下身，弯着腰，不时地扒拉着上面的枯叶和像刺猬一样的毛栗子壳，手如鸡啄米似的，将藏着的毛栗子拾起，放入布袋里。

大半天的劳作，腰也酸了，腿也麻了，手指也给毛栗子的壳刺痛了，却换来了收获的喜悦。布袋变得鼓鼓的，里面装满了沉甸甸的毛栗子。

走在寂静的、下山回家的路上，夕阳将金辉静悄悄地洒在山林和灰枯的野草上，洒在路旁山沟里的棠梨树梢上。被秋色染红的棠梨树，在橘红色的夕阳映照下，相映生辉，构成一幅美丽的图画，印入脑海，永留心中。

到了家，将布袋里的毛栗子倒在盆中，装入半盆水，滤去浮在水面上的空壳，将沉入水底的毛栗子洗净、捞起。放入锅里煮一会儿，再翻炒至壳裂开，香味溢出。这时毛栗子就炒好了，将香喷喷的毛栗子摊凉就可以美美地享用了。

于是家家户户有了消闲的美味零食——毛栗子。小伙伴们玩耍时，抓上一把放口袋里，分享着吃，其乐融融；甚至偶尔上学赶时间，抓一把，加几片红薯干就对付了早餐；家里来客，拿出一碟招待客人，边聊边吃，暖意融融；遇上晚上看电影，人们出门时，左右两边口袋都装得鼓鼓的。入座热闹的大礼堂电影院，边嗑着毛栗子，边看着电影。"咔嚓、咔嚓……"，坚硬的毛栗子壳从嘴里吐出，清脆悦耳的声音不绝于耳，矿友和家属们都沉浸在幸福中……

在那个物质生活匮乏的年代，地处偏僻山区的石人嶂钨矿，我们不会忘记大自然的恩惠，不会忘记大山馈赠的丰富的山珍野果。我们应当感恩大自然和大山。一颗颗鲜红杨梅的酸甜，一粒粒小小毛栗的香美，那味道是深情、难忘的，是孩提的记忆。

难忘矿里坪田的那片杨梅树，是否还在？还像往年初夏那样，满枝挂着鲜红耀眼的杨梅吗？

难忘刘张家山的那片毛栗树，是否还在？还像往年深秋那样，秋风吹，毛栗子熟吗？

（本文刊于《韶关日报》，2019 年 12 月 15 日）

家乡梅子窝的竹林

彭广兴

我从小就生长在竹林深处，家园被竹林环抱，对竹子有着深厚的感情。每当我回到家乡，漫步竹林，清幽的山路上溪水伴竹林，听着鸟语闻着竹香，犹如置身于仙境之中，这就是我可爱的家乡——梅子窝。

这里翠竹掩映，竹香四溢，空气清新，阳光从竹林顶的缝隙里洒落下来，笔直的竹木像剑鞘而阳光似剑，犹如万剑归鞘。

远处不时传来清脆的鸟鸣，一种远离喧嚣都市，返璞归真融入大自然的快感油然而生。极目望去，翠竹丛生，枝繁叶茂，烟波浩渺，竹浪翻涌；视线豁然开朗，心境顿时悠远。

梅子窝的"竹海"路

站在山顶环顾四周，逶迤的群山到处绿波叠起，嫩绿、翠绿、黛绿，层层推进。

吮吸着竹的芳香，品味着竹的气息，感到心旷神怡。

梅子窝竹海

　　面对迷人的风景，我快速拿出手机，拍摄下了山坡的这片竹林。枝叶繁茂，清新翠绿，青澜似海。阵风吹拂，连连竹叶，似少女摆着的青纱舞幔倒映河水之中，又似漂洗的墨绿帷帐，随波漂荡。这飘逸唯美的景致，令我痴迷沉醉。置身这青绿的时空，迷失的双眼饱受着绿意清新的缠绕，包裹起那五光十色刺激后的迟钝视觉。轻柔绵长的清风中偶有劲风挤入，使得竹枝不时轻盈地摇曳，与青叶的妖柔舞动演奏出悠扬的沙沙韵律。沉浸于这风起竹舞的沙沙之乐，让凡尘缭乱的心境，融入舒缓悠扬的梵音之中。轻风调和着竹叶的淡淡清香，深吸一口，清新扑鼻。思绪随着镜头的转动在飞扬：大自然赐予的这片竹林，以千年不变的姿态，演绎着千古风情。在这里忘却了凡事尘嚣，只留下青绿幽幽；在这里遗忘了时光的存在，只留下静怡的时空。

　　你看，它们脚踩沟沟壑壑的荒山野岭，甚至是石隙岩缝，植根于一片片十分贫瘠的土壤，但仍以坚韧不拔的毅力，在逆境中快乐而顽强地默默生长。

梅子窝竹林美景

梅子窝尾砂坝家属区（远处为茫茫竹海）

　　曾经的"光头山"通过人工种植，在贫瘠的土地上种出一片竹海，一年四季经受着风霜雨雪的抽打与磨炼，弯而不折，始终"咬定青山"，无怨无悔，相互依恋。

　　古往今来，多少文人墨客，诗词歌赋于竹韵之上，如苏轼的"宁可食无肉，不可居无竹。无肉令人瘦，无竹令人俗"，郑板桥的"咬定青山不放松，立根原在破岩中。千磨万击还坚劲，任尔东西南北风"，恰是竹之清、雅、孤、傲。竹之神韵，既无冬梅之赤艳傲雪，又无兰花般芊姿娇芳，也无秋菊之临霜金艳。此君只有那清风明月间的高风亮节，碧玉温润般的清新儒雅。"一节复一节，千枝攒万叶。我自不开花，免撩蜂与蝶。"这首诗赞美了竹子朴实无华、清淡高雅的气质。这些千古流传的佳句，把竹子坚韧不屈的精神描绘得淋漓尽致。亭亭玉立的竹子经霜雪而不凋，历四时而常茂，集坚贞、刚毅、挺拔、清幽于一身。先贤们爱竹、珍竹、迷竹，进而颂竹、画竹、写竹，把竹子誉为"岁寒三友"，与梅、兰、菊一道被称为"四君子"。人们不仅喜欢竹子的外形，更爱竹子的内涵，由此产生了竹文化。

竹笋（冬笋）也成为我们舌尖上的美味，冬笋素有"金衣白玉，蔬中一绝"的美誉。清·王慕兰的《石门竹枝词》中说道："山南山北竹婵娟，翠涌青围别有天。两两三三荷锄去，归来饱饭笋羹鲜。"在家乡荷锄挖笋堪称一绝活。记得小时候上山挖笋是件很有趣的事，有绝活的满载而归，没绝活的空手而归。

竹子在自然界中是那样的朴实无华，它无玫瑰、牡丹那样娇艳俏丽，也无玉兰、茉莉那样葱郁芳馨，更无杨柳那样婆娑柔美，但它美而不俗，淡中见雅，故有正直、高尚、廉洁的品格。

那大片的翠色，就是我心静如水的颜色……

人间最美是故乡——石人嶂的树与山（摄影：李江丰）

（本文刊于《韶关日报》，2019年11月17日）

忆石人嶂

尹林

天将破晓，晨曦万丈。
雄鸡一唱天下白，鸟儿叽喳忙梳妆。
广播响起晨曲，家家炊烟袅袅，
人们踏着《进行曲》节奏，兴致勃勃去上学上班。

新的一天开始，矿山热闹非凡。
选厂机器破石，学校书声琅琅。
处处充满了奋斗的音符，仿佛演奏着美妙的交响曲。

余晖落霞，如血残阳。
波光粼粼，小河之水哗哗响。
父母菜地施肥浇灌，儿女忙于收获乐开怀。
茄子、丝瓜、豆角，白菜、通菜还有芥蓝，
蜻蜓爱叶，蝴蝶恋花，菜地黄花分外香。

石人嶂，好地方。
人们享受山野乐趣，虽是个穷乡僻壤。
春冒烟雨摘杨梅，红红黑黑一筐筐。
夏去河边柳下垂钓，又到山涧水溪摸虾。
秋迎红枫拾毛栗，家家互送表衷肠。
冬踏霜露采野果，砍柴挑担家常饭。

尾砂坝上有去处，松杉环绕碧水潭。
多少儿童曾在这儿戏水，多少青年曾在这儿摄像。
恰同学少年风华正茂，青春之歌曾在这儿飞扬。

夜幕降临，月色浩荡。
户户门前排排坐，和风习习好纳凉。
谈天说地，论古博今。海阔天空，任鸟飞翔。

平观矿本部，仰望坑口选矿厂，到处是灯光闪烁，
好像夜空星光灿烂。
明月走云，勾起多少思念，引来无限遐想。
还记得：
篮球比赛，灯光球场热闹非凡。
节目表演，舞台美轮美奂。
市场买菜，人头涌涌。电影赶场，熙熙攘攘。

难得亲朋聚首一堂，谈论各自人生沧桑。
官场拼搏，创业艰难。劝君莫高傲、莫悲伤。
有道是"鸡鸭有食笼中困，鹤雁无粮天地宽"。
人生总有苦乐事，好过歹过求平安。

感谢石人嶂，让我们有半生栖息的地方，
山山水水，把我们抚养。
感谢石人嶂，让我们羽翼渐丰，
人生从这里开始翱翔。

（2015 年 6 月于东莞虎门）

石人嶂矿区十景

邓伟新

情怀故里写丹青。我原是广东石人嶂钨矿党委宣传部部长。退休前学习山水画，师从著名山水画家、华师美术系前主任黄云教授。我离开石人嶂钨矿已 30 年了，在矿工作期间长期下基层搞调查研究工作。因而，对广大职工有较深的感情。同时，对矿山的容貌和风土人情仍然记忆犹新，梦萦魂牵。

经过深思熟虑，我用画笔和色彩，饱蘸对广大矿工的深情厚谊，克服各种困难，以自己的审美和视角，创作了《石人嶂矿区十景》——这也算是向这灵山沃土、滋润我成长的地方献上一份珍贵的礼物。

矿部大楼

石人朝辉

土墙楼堡

选厂叠韵

严行厂景

梅坑峰云

师坑名胜　　　　　　　　　　　　　河坑泪别

中学黉堂　　　　　　　　　　　　　赖屋古村

（2019 年底于广州）

永远记忆的地方

枝　子

这里依然还保留着 20 世纪 50—70 年代的身影。

目前，这里在党和政府的关怀下已经开始了棚户区的改造，所有住户都将从这大山之中搬迁到城里居住，原有的住房可能会被拆除。为此，我要把它拍下来，好好地珍藏起来。

因为，这里是我出生和成长的地方；这里是我们父辈为之奋斗过的地方；这里又是我们以此为起点陆续走出大山的地方。

这个地方就是群山环抱的石人嶂钨矿。

从韶关到始兴经顿岗过幸福村，前方就是石人嶂钨矿。

清化河

在进入矿区之前，首先映入眼帘的是这条河流，它叫清化河。河水源源不断地流向远方，它承载了大山里所有人的梦想而川流不息，最终又汇入了大江大海而生生不息。

路边的这间小平房很有标志性，矿里的人都知道，朝向小平房的这个岔路口，也就是矿里称呼的"十五公里"，此处就是进出石人嶂钨矿的唯一路口。

距离矿山十五公里的岔路口

沿着一条崎岖、险峻、弯急的山路进入了矿区。一路之上，阳光普照、山环水绕、郁郁葱葱、空气清新、沁人心脾。

透过车窗看着这连绵不断而又熟悉的大山和周边的一草一木，就如同再次见到了久违的老朋友，它们还是那么年轻，那么富有朝气和生机勃勃。

一过石人嶂钨矿检查站，家就近在咫尺了。二十世纪八九十年代之前，每逢放假、过节、过年，在外工作的人们，顺也好，难也罢，都会千方百计地往家赶，如同鸿雁归巢，相聚一堂，走亲访友，好不热闹！

石人嶂钨矿的邮局

石人嶂钨矿汽车队旧址

以前，山里的通信没有如今这么方便和先进，而通向外界和接收外界的信件、电报、电话主要就是靠这一邮局来传递完成的。

那时人们乘车外出和回矿里主要通过公交车。那时进出大山的公交车特别少，交通十分不方便，两趟车之间间隔的时间很久，一天也没几趟车进出。就是在这样的条件之下，人们却始终都还是那么乐观和友好！

公交车站向南延伸的街道上店铺林立，派出所、学校、招待所、矿部办公楼和电影院以及矿里最早的粮站都在这条街上。

家门口

这就是 50 多年前的家！站在这既熟悉又亲切的家门口，儿时的气息又回到了身边。那时父母都还健在！父母和姐妹都相聚一堂，有什么事都是由父母支撑着、呵护着！每天天还没放亮，父母就早早起来，把房前屋后打扫得干干净净，浇菜、喂鸡，烧柴做饭，然后唤醒孩子们起床吃早餐上学。冬天的时候，山里特别寒冷，为了孩子一早起来能穿上暖暖的衣裤不受凉，父母还会把孩子的衣裤烤热后给孩子穿上，父母的点滴之恩至今都难以忘怀，永记在心。虽然当时的生活既艰苦又艰难，然而，这个小时候的家在我的心里却总是那么地温馨！

环顾四周，这里的青山、这里的小溪、这里的一草一木，以及山边的菜地和那一排排小平房都还是依旧如初！看到眼前这些原有的景色真是倍感亲切！

早前，矿里的宿舍地段是按区来划分的。最早是叫解放区、反帝区、防修区、大庆区等，后来改为一区、二区、三区、四区、五区，这是后来新建的楼房。

一路走去，石人嶂钨矿一区的住宅平房就进入了视野当中，过去，人们称其为"解放区"。

解放区

这一排排的小平房虽然比较低，屋内也比较阴暗和潮湿，它远比不上都市的高楼大厦那么地壮观明亮和设施齐全，可它却是我们当初最温暖的家园！

再往上走一小段路，就来到老邮局之上的这一片住宅区，这就是过去人们称呼的"反帝区"。

老邮局南边的这一大片住宅区是防修区和大庆区。房前屋后细长的小路纵横交织，它们如同一条条和谐的纽带把家家户户连接在了一起，就像手牵着手似的，相互照应着共同度过了那些难忘的岁月。

防修区

　　屋顶之上的无数瓦片，如同一页页尘封的日记，详细地记载了家家户户在这几十年里的生活历程。

　　矿里的住户至今还保留着用柴火煮饭炒菜的习惯。每当做饭的时候，袅袅的炊烟飘荡在山谷之中，柴火煮饭的米香四溢房前屋后。虽然身处大山之中，但是这里却有着一种浓厚而又简朴的生活气息！

　　各家各户的房前屋后一直都是那么整洁有序。这土坯墙和那陈旧的方木横梁以及三角形屋顶是那个年代的特色，它体现出了那个年代的质朴韵味。这样的建筑风格现在已经很难见到了。这是石人嶂钨矿五区住宅一景，房前空地种有辣椒、南瓜、长豆角，其中辣椒是绝对不可少的。

石人嶂钨矿住宅区

而门面上红漆的色泽随着时间的流逝都已褪去了很多很多，它展示出的是这几十年的时光流逝和岁月变迁。

远离了喧嚣的都市，大山里的人们年年都会在其房屋后面的山坡上种各类蔬菜瓜果。站在这里，感受到的是人与自然的和谐。此地此景，我不禁想起了东晋著名诗人陶渊明所写的这首《饮酒》：

结庐在人境，而无车马喧。
问君何能尔？心远地自偏。
采菊东篱下，悠然见南山。
山气日夕佳，飞鸟相与还。
此中有真意，欲辨已忘言。

大山给人们的感觉：一是安静沉稳，二是空气清新，三是纯朴、平和以及与世无争。

球场

商店

石人嶂钨矿的商店。当年，商店承担着日常生活用品和副食品的供应。由于后来矿山衰落，许多人都已经陆陆续续地离开了这里，现在看上去显得有些冷清，可它在那个年代里却给予了人们极大的便利。

石人嶂钨矿的肉菜禽类市场。过去，矿里的人多，这里一大早就热闹非凡。

肉菜禽类市场

粮站

石人嶂钨矿最早的粮站，它还是过去的模样，一点儿没变。

这是石人嶂钨矿的子弟学校。那时，家家户户的孩子都在这里上小学，每当放学，孩子们就像小鸟一样欢快地飞回家去。

石人嶂钨矿小学

运动场

石人嶂钨矿最早的电影院售票窗口！还记得曾经在此看了哪些电影吗？哦，《卖花姑娘》《闪闪的红星》《小兵张嘎》……

石人嶂钨矿最早的电影院售票窗口

石人嶂钨矿过去的招待所

　　站在山脚向半山腰望去，山上的选矿厂就像一个巨人，不论风吹雨打，不论严寒酷暑，它从20世纪50年代到今日，依然牢牢地站在那里，在夕阳的映照下，它还是那么地雄伟、挺拔和健壮！它永远不知疲倦地站在那里遥望着远处的山口，看看出去大山的人们是否又故地重游，重温往昔的那段经历……

　　走过了生活区，沿着崎岖的山路慢慢往上走，不一会儿就来到了生产区的选矿厂。

选矿厂

　　选矿车间过去十分繁忙，机器轰鸣，每当夜幕降临，站在家门口的路旁向山上望去，现场的点点灯光就如同夜空中的繁星，闪烁着明亮的光点。二十世纪六七十年代它默默地为国家做出过巨大的贡献！

　　选矿厂区十分陡峭，走到最顶层，传送带不停地输送已经破碎好的矿石过来，再由手工去精选。其中还会遇到一些形态奇特、晶莹剔透、异常美丽的天然水晶，其中有个别水晶真是精美绝伦，令人赞叹不已。

　　距离选矿厂不远的地方就是矿上的尾砂坝。从二十世纪六七十年代开始到今日，矿区的尾砂坝所沉积下来的泥沙填满了整个宽阔而幽深的山谷。

　　这里深藏着二十世纪六七十年代那种可贵的精神和当年人们为之奋斗过的青春岁月！

　　山上的工地与山脚下的宿舍区相守相望，无论如今走到哪里，对于曾经在此生活、工作过的人们来说，仍然怀有一种深深的眷恋之情。

　　山边的小水沟那清澈的潺潺流水，流淌的水声如同儿时的欢笑之声。小时候，时常与小伙伴们在这小水沟里寻找小虾、小蝌蚪和小鱼。这一切，对于那个年代的孩子来说就已经是很开心的事了。

矿山尾砂坝

矿区远景

站在半山腰向山坳望去，曾经生活过的地方竟是如此地美丽！那一栋栋老式的平房星罗棋布，错落有致地遍布在整个山谷之中，宛如世外桃源。

从选矿厂继续向上行走一段路程，矿里的最高峰——莲花山就出现在眼前了，这里既是采矿区也是坑口出矿的地方。

莲花山的顶峰云雾萦绕，很有灵气，天之杰，地之灵，如同一条巨龙由西向东蜿蜒向上。

盛夏的六月，山脚下的气温虽然高达三十六七度，但是此处却是十分凉爽，站在坑口的门前你会感到刺骨的寒凉和潮湿。

生活区

莲花山

当年，许许多多的老一辈为了矿山的建设，就是在这既危险又潮湿寒凉和弥漫着粉尘的井下从事着繁重的采矿作业，他们为之付出了艰苦的劳动，洒下了辛勤的汗水，有的甚至是宝贵的一生！

这两条铁轨还是当年的模样，只是略显苍老些，这是几十年来采矿的发展轨迹。

矿山铁轨　　　　　　　　　　　　　　　矿山远景

站在这高山之巅，向远处眺望，周边的景色一览无遗。这里群山连绵不断，山峦起伏，绿色植物给四周的大山披上了一件翠绿色的衣裳，就如同一幅绚丽无比的水墨画。

大山之中有野生的毛栗子树、杨梅树、野柿子树、酸枣树、板栗树，还有各类野生动物。

当年，人们在休闲之余，会上山去捡毛栗子、摘野柿子、摘杨梅、捡野生酸枣、摘红红小小的野生覆盆子（蛇莓）、摘捻子果和金樱子（刺果果）、挖新鲜的山竹笋和砍一些柴火回家。

这一切，对于经历过那个年代的人们来说，现在回想起来都还是那么令人回味和向往！

走遍了整个矿区，有一个地方是特意留下来最后去看看的，因为这个地方一直记在心里，屈指算来已经30多年没来看过了！

我背着行囊如同当年背着书包，面带笑容，踏着轻盈的步伐，跨过一座石桥，径直向前走去……

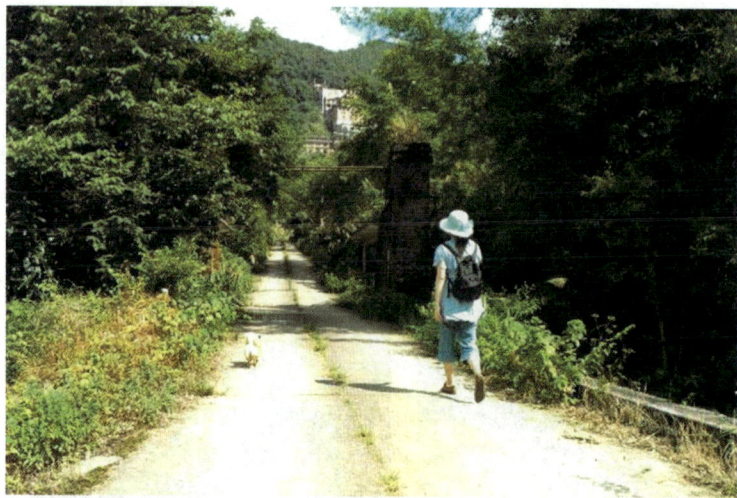

矿山小路

看到这里，你也许会问：这是什么地方？这就是石人嶂钨矿中学曾经的校址。

再次走进这熟悉的校园，耳畔又隐约地回响起当年那琅琅的读书声和老师激情昂扬的讲课之声。

环视老校园，校园内已杂草丛生，堆放着一些杂物，以前那一排排的小平房教室也都拆除很久很久了。如今保留下来的只有校园内的黑板报和那扇久经风雨、已经锈迹斑斑的老校门。

这扇锈迹斑斑、上有图案的老校门，你可曾记得？当年可不是这样！是的，一晃几十年啦，我们都像天上的云彩飘向了远方，而老校门却还默默地守在原地。

站在它的面前，用手轻轻地扶着它，静静地望了它很久很久……

我小声地告诉老校门，我们一直都没有忘记过您。一阵山风吹过，四周的树叶和山草发出哗啦哗啦的响声，仿佛就是老校门再次看到了当年的学子而发出的既开怀又爽朗的哈哈笑声。

一天的活动结束了，依依惜别了老校园，离开了我在此生活过的石人嶂钨矿，走出大山，已是黄昏。

在回城的路上，矿里的情景又一幕幕地浮现在我的眼前，这里曾是我儿时和年轻时最温暖、最快乐以及最幸福的家，这里有着许多难忘而美好的回忆，它是我心中的一片净土。

石人嶂钨矿当年的身影，如今看来依然如同这天际的景色，还是那么地美好和令人思念。

今日石人嶂——永远难忘的地方

康石英

一条小路曲曲弯弯细又长，一直通往迷雾的远方（摄影：何建中）

我要登上山顶，去寻找雾中的身影（摄影：康和山）

石人嶂钨矿，它就像一个母亲，养育了成千上万的子弟，它像神母般守护在莲花山上，它用母爱呵护着矿工的子弟们。它又像一个日夜守护在山顶的勇士，它是每天最早看到太阳升起，最晚看到太阳落山的母亲！每当她的儿女回去的时候，都会发自内心地祈祷：母亲！您的儿女们回来看您了。当儿女们来到您脚下看您的时候，总感觉到您还是年轻的母亲，您没有任何改变，您仍然默默地守护着石人嶂这个家，可您的儿女们已经白发苍苍了，他们带着儿孙来看望您这位日日夜夜守护在山顶的母亲。儿女们没有任何礼物送给您，他们送给您的都是一颗善良的心！愿母亲像观音娘娘一样，保佑您所有的矿山子弟永远平安健康！爱您——我们在莲花山的母亲……

亲爱的朋友们，我们缘何相聚在此？那是因为在我们每一个人的心中都无法忘记生我们、养我们的那一片土地。我们在那里留下了成长的故事、儿时嬉戏的快乐时光！我们的梦想也在那一刻编织，伟大的石人嶂造就了我们，虽然长大后天各一方，但思念却无时无刻不让我们在寻找那分别许久的情谊！岁月在烈火中燃烧，生命最终将带走我们所有的记忆，格外珍惜让我们追求相聚的美好时刻，亲爱的朋友们，相见就是缘分，让我们一起携手，共同营造安全、健康与和谐的未来！让无比快乐的时光永驻你我的心田！甩掉烦恼！拥抱生命！

（2017 年 7 月 4 日，矿群三周年庆典感言）

矿山旧事

——阿然的乡恋

袁玉萍

打小就渗入阿然记忆深处的，有关石人嶂的回忆，大概要从一座山和一条河开始说起。

这座山叫莲花山，被阿然这些来自五湖四海乡音迥异的矿山二代，傻傻地叫作了"连发山"。而这条河，到阿然高中毕业，从大山里出来时，仍然不知道她叫什么名字。梦回故土，那窄窄弯弯的一道清流，倒真真切切、不知名地流淌了几十年。直到最近看了一篇家乡的短文才知道，她蜿蜒逶迤来到十五公里外，才有了这个名字——清化河。

关于家乡的记忆，大概要从她的得名开始。石人嶂，或许源自莲花山的一处如石人般的小山峰。从年少时开始，阿然就一直追问长辈们"石人"的来历，那是个颇有仙气的名字。她甚至想亲自探查石

莲花山俯瞰今日石人嶂（摄影：徐志文）

人的真貌；只可惜，深山野岭无路可寻，山丘真貌隐藏在深山某处，"石人嶂"的得名也就无从考究了。在阿然看来，莲花山倒真像一座坐佛，坐南朝北地兜揽着坑口、选矿厂和矿本部，俯瞰着清化河从她腰眼中的尾砂坝，一直流淌到十五公里外的拦河坝。

莲花山护着的还有柑子园、梧桐窝、赖屋、上村和下村。莲花山外，就是梅子窝、师姑山、河口山、刘张家山、罗坝……每当阿然和同学们在微信群罗列那18年岁月铭刻下的地名时，它们恍如骨骼般撑起了我们这代人的回忆。

一年级的同桌

阿然的第一个同桌是防修区的孩子。听他说，他哥哥跟阿然他们解放区的孩子干过几架。阿然当时有些敬畏地望了望这位同桌，心里有些畏惧。

难忘的矿山童年记忆

那时解放区、反帝区、防修区是大的住宅区，同区的孩子玩游戏也是要分山头的。但只要大孩子们说"别区的孩子来了，欺负咱们，快去帮架"时，分占山头的孩子们不管有无惹事，都会赶去。帮架也好，打气也罢，凑热闹也没关系，只要往那一站，就是自家兄弟。在阿然看来，凡是敢"杀"出自己住宅区，到别的区攻占山头的，就是豪杰了。可是，最能打的，却是大庆区和小农场两个小区的孩子。听人说他们跟选矿厂、坑口的孩子都干过架。坑口，好遥远的地方！那是在莲花山的肩膀之上啊！几乎像跟奥林匹斯山的十二神开战了。

同桌因为有个能打的哥哥，可自豪了。阿然立时觉得同桌也有一股腾腾的气焰，处处小心翼翼，就怕被一个无名火给烧了。

冬天的石人嶂，最冷时，可滴水成冰。20世纪70年代的矿山，能有件妈妈缝制的棉袄，就算是家境"富裕"了，好多同学是里三层外三层地穿几件毛线衣。

窝在教室里的孩子，最受不了冷和静。一到下课，不管谁起的头，教室墙边经常排了一溜的孩子，都要往人群中挤，谁被挤出来就算输了。一群孩子奋勇争先，嗷嗷大叫着"挤棉花！挤棉花！"，都在往里边钻。同桌高瘦精干，浑身有使不完的劲儿，常常很轻易就掖进人堆里。他总对阿然说：快过来！快过来！我帮你挤进去！那包打天下的神情，让阿然忘了害怕他有个很能打的哥哥。

实在冷不过了，孩子们还有最奢侈的一件东西：自制暖手炉。

那时的商店，不单没有棉袄卖，罐头也是稀罕物。至于后来才有的竹编陶盏暖手炉，那也是外婆、祖母的宝物，孩子们轻易是用不上的。哪个孩子用了，倒像是贼一样，偷用了某些特权，不免有些惴惴不安。所以，自制暖手炉就成了孩子们的一大实用发明！

所谓的暖手炉，其实就是一个罐头听子。在听子顶圈，两边各打一个孔，穿上铁丝就做成了！火炭往里一放，冷得出窍的心神都能渐渐定下来；看着老师在黑板上书写，嘎嘎的声音，听上去也不再那么哆嗦了。一节课下来，火炭也差不多要灭了。这时，抢火炉就成了纯粹的技术活。一手提着铁丝轻柔一抢，在空中画几个同心圆，将灭的火也慢慢活泛了。如果抢的力道大了，木炭堆塌了火就灭了。力道弱了，炉里的炭火连着炉灰兜头洒下，一身都是星火灰炭。烫着手还是小事，衣服多几个窟窿眼可就麻烦大了。这可是讨打的活法——在物资极度贫乏的年代，人是不值钱的，只有衣服才算是财物！

只是，要真正做个趁手的暖手炉，也不是那么容易的事。实心的罐头听是不行的，没有新鲜空气，炉底的炭火很快就会熄灭。底部要钉几个气眼，多了炭火易烬，少了火头易灭。串绳的两个洞眼也不能偏离中轴线，要不铁丝一拉，一头高一头低，抢起来大费周章。男孩子最神气的就是在女孩子面前把火炉抢得圆滑熟溜。

炉火旺的奥妙除了那几个气眼，木炭的质量也起着决定作用。木炭如果炭化不够，容易起烟，而且不易热燃。老师是不会让炉火的青烟在教室里腾腾袅袅的。

并不是所有孩子都能用上自制暖手炉。炉有了，木炭可不是应有尽有。孩子们用手炉零零星星对付过最冷的几天，它就算完成使命了。实在没有木炭，就只好扎紧裤带了。阿然还记得，最冷的那天，同桌把他自己炉中最后那块拇指大的木炭，拈进阿然炉中。炭火一头实沉沉的黑，另一头煨得红火了，还笼了一层薄薄的灰，这样的炭火才不易熄灭。阿然抬眼看去，同桌的脸冷得有些发青，却故意摆了副毫不在乎的表情。

二年级后，阿然有了新的同桌。之后的十年，同桌换了不少，阿然也不再以解放区的孩子自居。后来，第一个同桌的名字也忘了，她只记得那个大冷天里的一小块炭火和一个似乎毫不在乎的表情。

选厂下来的班长

二年级时从选厂下来一位女孩，分到阿然他们班。女孩白白净净的，有一双大大的眼睛。当她静静地眽着阿然时，阿然觉得自己沉进了那一泓秋水里，浑不知身在何处。她黑黑的、柔顺光滑的长辫子，让只有两把棕刷子似的头发的阿然羡慕万分。

甜美文静的女孩自然是老师的宠儿，她成了阿然他们班的班长。新学年的第一次集合，新班长就站在她旁边。兴奋的阿然撑着旁边两个同学的肩膀就跳，毫不顾及是否素不相识。她的胆大妄为，把班长吓了一跳。班长侧过头望着阿然，带着些惊异。阿然咧嘴朝她一笑，她也抿嘴笑了。

清晨的阳光照在班长的脸上，阿然居然看到，阳光把她长长的睫毛，映在她的鼻梁上，勾勒出一道弯弯的月牙儿。月牙儿的上方，一双清澈的大眼睛也好奇地看着阿然。

课间时，男孩女孩都有各自的游戏。男孩子拉长江、甩纸包、砸石弹，这些算是斯文玩法。他们自制的铁丝枪、橡皮弹弓、竹筒枪，让不少女孩哭过鼻子。因为伤过学生的眼睛，这些危险玩具就被禁止入校了。那些精力过剩的男孩有时就会去砸女孩子的场，要么抢走她们的毽子，要么就冲进她们的长绳队，再不就在玩橡皮筋的女孩旁取笑怪叫。

那时跳橡皮筋，皮筋要从小腿逐次举到腰、肩和头顶，然后是小捺、中捺和大捺（捺是拇指和中指撑长后的距离）。大捺是最高一级了，每组都挑最高的女孩子来举，不单是手臂高举，有时连脚尖也要踮起来。这是最考对家的了，钩不下来就算输。对家的女孩大多得踮起脚，另一只脚朝空中一钩，把比自己还高的皮筋挑钩下来。实在够不着了，要么由队友抱着腰去够，要么就打侧手翻把皮筋钩下来。阿然最怕的就是大捺，她的侧手翻还没练成，翻出来的动作活脱脱就是乌龟侧翻。旁边男孩的起哄让她怯而止步，女孩们在男孩的围观起哄下，都有些羞窘。别看新来的班长文文静静，到她们队挑战大捺时，她站在皮筋前边，手掌往地上一撑，双脚轮画，脚尖绷得笔直，一个侧翻，整个动作像立起的圆纸片，轻巧地把皮筋钩了下来！钩下皮筋的班长神情自若，眉眼轻敛，没有一丝的兴奋激动。换作阿然，早就嗷嗷回敬那帮可恶的男生了。她的平静倒把旁边的男生镇住了，嗷嗷声硬是塞在嗓子眼里出不来。

这一手着实让阿然佩服。此后，每每说起选厂，阿然总会莫名其妙地把班长的那双眼睛跟选厂厂房的灯光联系在一起。漆黑的夜晚，厂房的灯光彻夜在莲花山间闪烁，像坐佛胸间的宝石。无论你在矿本部的哪个角落，抬头就能望见选厂的灯光。虽然无法看清每扇窗格，但阿然总想，窗格里定会有各自的主角。就像班长的那双眼，即使她眉眼轻敛，里面也一定是清澈明亮的。

梅子窝学校的教室

梅坑子弟学校的红小兵在操练

山里的果子

六七月，又到了梅子成熟的季节。火红的杨梅，未及入口，一眼望去满颊生津。每年这个时节，矿里的孩子们就开始相约摘杨梅了，呼朋唤友。年纪大的带上小的，会爬树的自然就有了绝对优势。

山里的路从来都是旧路叠新路，只要能寻见去年的那棵老树，即使隔着小坡头大山坳，满山都能是路径。爬坡攀枝走到它们面前，拍拍那黝黑皲裂的老皮：伙计，咱又找到你了！那满树的红彤一定不会辜负你一年的期待！

山里每年都会有各种的果子，只要你能找得回老地方，军绿色的斜挎包准能装得胀满。三月茶泡七月梅，老树毛栗十月熟。阿然五六岁的时候就知道怎样看哥哥的军挎包了：挎包没变色，大概是没找到那棵老树，里边胡乱塞了些青杨梅或半生不熟的红杨梅。爬了一整天，回到家天已全黑了。在昏暗的灯光下，哥哥准是没精打采的。妈妈总会安慰：这下就好了，能腌杨梅干了！如果挎包里满满的渗出的汁带黑紫色，那准是黑炭梅！熟透的红杨梅虽然抢手，真正稀罕的，却是黑炭梅和白杨梅。红杨梅十颗当中有三两颗酸得倒牙，黑炭梅却几乎没有酸的。白杨梅比黑炭梅更少见，个儿更大。

每当这个时候，阿然就会开心地端来大大的搪瓷盆往水缸旁边一放，看哥哥豪气十足地把杨梅往盆里倒！兄妹几个吃得牙齿嘴巴紫红紫红的。通常知道这两种杨梅果树所在位置的人，往往都秘而不宣以待来年。如果不幸让其他孩子发现了，那就只能悻悻地空手而归了。这一年一度的相会，让不少孩子期盼了好久！

阿然初中时就知道不少同学都摘过杨梅。大孩子常说：想摘杨梅就得会爬树，不然，你只能捡树上掉下来的！青的红的就看你的运气了！阿然只摘过两次杨梅，第一次啥都没摘到就回来了，同去的小伙伴们都不知道哪里有杨梅树。第二次是找到一个熟悉地形的孩子带去的，阿然总算亲眼见到杨梅树了。一人合抱的树身，虬枝峥嵘。几个大大的枝丫让孩子们攀爬得有些滑溜，一簇簇的红彤压得枝梢往下坠。孩子们先挑几颗熟透了的吃，如果不甜就少摘一些，半熟的基本上就留在树上了。晚上回到家，几拨孩子凑一块，品尝一下别人摘的杨梅，果树优劣自然就清清楚楚了。

毛栗子、板栗是极稀少的，一整天下来最多也只能有半兜。听哥哥说，捡板栗不仅要戴矿工的手套，还得用力敲开带硬刺的外壳，才能剥出板栗。绽开的硬刺外壳，像一朵朵金黄的花，褐色的栗子挤在一团煞是喜庆。毛栗子比板栗就容易对付多了。通常毛栗子熟时会从硬壳中剥落出来，散落在厚厚的树叶和刺壳中，得细心拨开落叶和果壳去捡。寻毛栗子、板栗的路要比寻杨梅远上好几倍，有果树的地方都是矿山孩子心目中最金贵的宝地了。从尾砂坝沿着山路往里寻去，有个叫坪田的地方，那真是一片宝林啊！每年那里出的杨梅又大又多，汁多果甜。它那儿的毛栗子跟别处比起来，很少有空壳的。

山上可以吃的果子其实还有不少——茶泡、酸枣、棠梨、野苹果、糖罐子、地稔子、白葡萄饭、蜜卵。叫不出名的，就直接简单地按颜色、味道来区分了，比如红粒粒、咸粒粒、酸粒粒。因为那时家家户户都烧柴做饭，林木越砍越少，农民们决定封山。封山时，阿然年纪还小，能分辨的也就只有这些了。

有首童谣，阿然他们儿时唱了很久：

骚婆子骚婆子骚粒粒，骚到树上结板栗，
板栗开了花，骚婆子搬了家……

阿然一直不知道骚粒粒是哪种果子。是酸粒粒，还是经霜了的咸粒粒？

十八公里的马路旁曾经有几棵很大的枫树，长途汽车七拐八弯绕过这里，就算出了矿本部的地界。每次出矿，阿然总要回望莲花山。每每想起已经外迁了的邻里乡人，总会不由得想起这句：板栗开了花，骚婆子搬了家……

阿然觉得，不论迁往何方，自己依然会是树上的那挂板栗。

抹不去的记忆——石人嶂钨矿

山娃子（实名：谭国良）

七律·矿山山城

莲花座下一山城，梦里千回入抱萦。
西市东街成气势，南腔北调暖心情。
夕阳温酒留香暗，深夜华灯璀璨明。
最是茶余三五坐，家长里短话人生。

七绝·矿本部

莲花羽瓣舞苍穹，可见观音端坐中。
青翠山峦环抱拥，矿区房隐树花丛。

七律·矿山井下

拱圆批锡窿门口，寒气随风刺骨吹。
铁轨双飞星点去，电车一线火花随。
且听风钻惊妖怪，遥感炮声震鼠罴。
地下王宫经纬构，四通八达费心思。
注：锡，读 tàng，磨之令平也。

鹧鸪天·风钻工

壁拱嶙峋隧道前，石英经络续联连。

胶衣藤帽星灯暗，作业平台炮眼圆。

风镐响，钻钎旋。泥尘水溅把扶颠。

山神抖擞重开路，地底钨金锃亮天。

西江月·矿山工人（一）

风钻轰鸣震耳，闷雷爆破惊心。

电车穿巷火花吟，轮轨咣当共枕。

小鬼阎王让路，石英矿脉弹琴。

如星晃眼亮钨金。亘古珍肴做甚？

七律·选矿厂区

巍峨耸立莲花岭，布达拉宫海市疑。

鳞次砖房依势起，比邻窗户向天咨。

摇床摆水留钨脉，磨棒研砂捣石锤。

更喜夕阳辉映处，炊烟袅袅碧空吹。

七绝组诗：我们都有一个共同的称呼——矿山子弟

矿区学校教基础，口语声音汇五湖。

四海俗风成习惯，几门游戏玩赢输。

工装飘逸窿门立，玉树临风钻把扶。

衣钵技能承继续，竖井攀爬喘吁吁。

曾经喧闹归安静，无可奈何弃特殊。

龙脉资源几滴乳，矿山子弟就三壶。

魂牵桑梓虽为客，身在他乡不觉孤。

雨打残墙青瓦碎，根深绿叶干枝粗。

沧桑正道无歧路，岁月征程壮志图。

人海茫茫何处问，矿山子弟是称呼。

七绝·老友重逢

缘伴相邻在矿山，闲聊总念当年艰。

好言一句三春暖，不是亲人泪喜潸。

七律·永恒的亲情

大厅如市头攒动，台满佳肴可闻香。

相遇嘘寒先问暖，此时知足不言伤。

历经风雨愁秋老，谈笑人生望月长。

忠孝传承襄盛举，更期后有再华章。

附　录

《钨金岁月》课题组工作日程

《钨金岁月》课题组自成立以来，成员在三年多的时间里，顶烈日、冒暴雨，牺牲节假日、分工不分家，齐心协力、多方奔走；文字记录、镜头定格、拍摄影像是常规，不计报酬、不辞劳苦、私车公用是常态。课题组多次到石人嶂矿本部、梅子窝坑口、师姑山坑口、始兴县城的低坝、解放路生活区、棚户区建设工地以及韶关、南雄、仁化、广州、东莞、清远、佛山、中山、深圳等地，采访了石人嶂钨矿当年的领导、专家、各工种矿工以及矿友代表；为《钨金岁月》（含配套纪录片）资料的收集拍摄、整理编撰积累了宝贵的素材。"千淘万漉虽辛苦，吹尽狂沙始到金。"现将部分工作日程摘录如下：

2018 年 3 月 31 日，申报 2018 年韶关市哲学社会科学规划课题（石人嶂《钨金岁月》）。

2018 年 4 月 23 日，《钨金岁月》课题组召开开题工作会议，明确工作任务。

2018 年 5 月 3 日，《不以苦为苦，感情的"根"在矿山——石人嶂钨矿职工艰苦奋斗小记》在《韶关日报》刊登。

2018 年 5 月 23 日，《钨金岁月》课题组首次到原石人嶂钨矿调研，此新闻于 5 月 26 日晚在韶关广播电视新闻台播出。

2018 年 5 月 25 日，在《钨金岁月》课题组的努力下，始兴县石人嶂钨矿资料征集启事在《韶关日报》刊登。

始兴县石人嶂钨矿资料征集启事

石人嶂钨矿位于广东省韶关市始兴县深渡水乡的莲花山，是在全国享有一定知名度且属省内最大型钨矿山的国有独资企业；从1953年2月建立到2002年关闭，数十年期间为中国的建设和发展做出了卓越而独特的贡献，也留下许多值得我们大力弘扬和宣传的"工矿精神"和"工矿故事"。为了更加真实、准确、全面呈现其光辉历程，传承这份弥足珍贵的精神财富，中共始兴县委宣传部、始兴县社科联决定征集始兴县石人嶂钨矿有关资料，并编撰成书《钨金岁月》(暂定书名)。具体事宜如下：

一、征集时间
即日起至2018年9月30日

二、征集内容和要求
1.征集范围：(1)关于石人嶂钨矿的文字资料(会议纪要、领导批复、内部报刊、新闻报道、文献书籍等)、数据(产量、表格等)；(2)关于石人嶂钨矿的荣誉奖励、学术成果；(3)关于石人嶂的相关照片(影像资料)，另附照片文字说明；(4)国家、部、省、市级领导莅临指导石人嶂钨矿的情况(图文)；(5)其它与石人嶂相关的事物。

2.所征集的内容必须真实有出处来源，图文复印件清晰(图片最好发电子稿)。应包括几个方面：(1)原版内容(及内容的解释)；(2)出处或地点；(3)年代；(4)作者或提供者的姓名、单位、地址、联系电话。

3.中共始兴县委宣传部、始兴县社科联将组织人员对所征集的资料进行甄别、筛选；并寄送出版书籍和对入选者给予适当的奖励。

三、联系方式
联系单位：中共始兴县委宣传部
　　　　　始兴县社科联
联系人：徐志文(13927891798)
　　　　钟县球(13922578138)
地址：广东省韶关市始兴县永安大道77号七楼
电子邮箱：sxxskl@163.com
咨询电话：0751-3327148

中共始兴县委宣传部
始兴县社会科学学会联合会
2018年5月25日

在《韶关日报》刊登的始兴县石人嶂钨矿资料征集启事

2018 年 6 月底至 7 月中旬，《钨金岁月》课题组部分成员前往韶关和仁化董塘采访原石人嶂钨矿工会副主席乔国章的儿子时，应其请求，团结一心、几经努力，解决了其户口本因当年工作人员出错导致的历史遗留问题，并收到了其寄来的感谢信。此新闻于 2018 年 7 月 8 日在韶关电视台《综合新闻》栏目中播出，并于同日刊载在韶关民生网"民生关注"。

2018 年 7 月 18 日，"钨金岁月：广东省石人嶂钨矿纪实"获准立项为 2018 年度韶关市哲学社会科学委托课题，编号：W2018002。

2018 年 8 月 8 日，《钨金岁月》课题组部分成员在参加石人嶂钨矿同学会采访时，知悉数学家范盛金当年在矿职工子弟学校求学以及刻苦自学、孜孜以求、默默奉献的奋斗精神，在新华客户端推送了《始兴除了朱熹平，还有另一个数学家》一文，点击量超过 50 万次，创造了始兴新闻新媒体点击量的历史纪录。

2018 年 8 月上旬，韶关市社科联常务副主席黄明奇一行 5 人莅临始兴调研指导，对始兴社科工作予以肯定，并对始兴社科工作尤其是 2018 年韶关市哲学社会科学委托课题"钨金岁月：广东省石人嶂钨矿纪实"等提出了很好的指导意见。

2018 年 9 月 7—11 日，《钨金岁月》课题组部分成员在广州采访时，获悉当年在石人嶂钨矿中学任副校长、党支部书记的朱源星的事迹，采写了《教师立法第一人朱源星：石人嶂矿飞出的金凤凰》，在"南方+"推送；采写了《你知道吗？〈教师法〉首个文稿出自韶关人之手》，在"韶关发布"推送；采写了《〈教师法〉首个文稿出自韶关教师之手》，发表在《韶关日报》等系列新闻，在社会上引起强烈反响。

2018 年 10 月 27—28 日，《钨金岁月》课题组部分成员参加了在始兴召开的石人嶂坑口矿友聚会。11 月 4 日，该新闻刊载于"南方+"。

2018 年 11 月 30 日，关于石人嶂钨矿的《全国"五一劳动奖章"获得者——吴天》在韶关电视台《综合新闻》栏目中播出，同日在广东电视台《触电新闻》栏目中播出。

2018 年 12 月 2 日，关于石人嶂钨矿的《谁说女子不如男——忆敢为人先的石人嶂青年女子台车掘进队》在《韶关日报》刊登；同时，刊登于韶关《南叶》杂志（2018 年第 12 期）。

2018 年 12 月 5—6 日，在韶关学院召开的韶关市"社科普及与学会建设工作会议"上，县委宣传部副部长、社科联主席徐志文作了题为"重实干　用真情　常宣传　乐分享"的工作发言，重点介绍了"钨金岁月"课题的工作开展情况和弘扬工矿精神的做法经验，得到与会人员一致好评，提高了石人嶂钨矿的知名度。

2018 年 12 月 10 日，《钨金岁月》课题组全体成员在县委宣传部召开了课题结题工作会议。此新闻分别在"南方+"（2018 年 12 月 11 日）、《韶关日报》（2018 年 12 月 13 日）、韶关市广播电视台（2018 年 12 月 13 日）报道（播出）。

2019 年 2—3 月，"南方＋"以及始兴县广播电视台对石人嶂钨矿的历史、文化等，进行了以"钨金岁月"为主题的系列报道，共推送 20 多篇报道，广大石人嶂矿友及其子弟好评如潮、积极转发。

2019 年 2 月 2 日，反映石人嶂钨矿历史、文化的《父亲在石人嶂钨矿创业时期的惊险故事》在"南方＋"报道。

2019 年 2 月 24 日，反映石人嶂钨矿历史、文化的《父亲的惊险故事》在《韶关日报》发表。

2019 年 3 月 3 日，反映石人嶂钨矿历史、文化的《"五七妇校"巾帼风采》在《韶关日报》发表。

2019 年 3 月 21 日，《钨金岁月：广东省石人嶂钨矿纪实》配套纪录片修改意见征求会在宣传部会议室召开，课题组成员听取了社科联主席徐志文关于《钨金岁月：广东省石人嶂钨矿纪实》的进一步修改以及出版进展情况通报，听取了始兴县广播电视台新闻部主任谭汉强同志关于纪录片制作情况的说明；同时，大家都提出了修改建议。此新闻，在"南方＋"发表。

2019 年 3 月底至 4 月中旬，《钨金岁月：广东省石人嶂钨矿纪实》配套纪录片的补充拍摄、修改完善持续进行，最后于 4 月 15 日定稿，并形成二维码，编入《钨金岁月：广东省石人嶂钨矿纪实》（封底）。

2019 年 4 月 14 日，反映石人嶂钨矿历史、文化的《石人嶂"义务劳动"的奉献精神》在《韶关日报》发表。

2019 年 4 月 15 日，经过《钨金岁月》课题组近一年的努力，无数的心血与汗水凝聚成的配套的纪录片《致奋斗的青春》已定稿，并于次日在腾讯视频推出；广大石人嶂矿友及其子弟再次好评如潮、积极转发。

2019 年 7 月 15 日，韶关市哲学社会科学委托课题"钨金岁月：广东省石人嶂钨矿纪实"（立项编号：W2018002）顺利结项；并获韶关市哲学社会科学规划领导小组办公室颁发的结项证书，证书号：SGSK－2018043。

2019 年 8 月 5—6 日，社科联主席徐志文等携《钨金岁月：广东省石人嶂钨矿纪实》修订稿，再次赴广州、清远等地听取孔唐荣等原矿领导、专家对书稿及其简介的修改意见；课题组成员综合再次赴石人嶂钨矿进行实地调研等，加班加点予以修改，并经韶关学院教授、学报编审王焰安修改把关。

2019 年 11 月 17 日，反映石人嶂钨矿历史、文化的《家乡梅子窝的竹林》在《韶关日报》发表。

2019 年 12 月 15 日，反映石人嶂钨矿历史、文化的《石人嶂钨矿的杨梅和毛栗子》在《韶关日报》发表。

2020 年 4 月 19 日，反映石人嶂钨矿历史、文化的《拳拳之心　赤子之情——石人嶂钨矿归国华侨的报国情怀》在《韶关日报》发表。

2020 年 5 月底，经韶关市社科联推荐，纪录片《致奋斗的青春》（增补版）被中共韶关市委宣传部确定为 2020 年度韶关市"社科文艺精品创作生产扶持项目"，正式启动拍摄、制作、传播等系列工作。

2020 年 7 月 5 日，反映石人嶂钨矿历史、文化的《打铁还需自身硬》在《韶关日报》发表。

2020 年 8 月 2 日，反映石人嶂钨矿历史、文化的《难忘蕉树窝　铭记地质队》在《韶关日报》发表。

2020 年 9 月 6 日，反映石人嶂钨矿历史、文化的《石人嶂钨矿汽车队安全行车千万里》在《韶关日报》发表。

2020 年 10 月 7 日，反映石人嶂钨矿历史、文化的《蓬勃发展的石人嶂钨矿文教卫生事业》在《韶关日报》发表。

2020 年 10 月 25 日，反映石人嶂钨矿历史、文化的《"大杂院"聚起浓浓矿山情》在《韶关日报》发表。

2020 年 11 月上旬，2020 年度韶关市"社科文艺精品创作生产扶持项目"、配套纪录片《致奋斗的青春》（增补修订版）经过《钨金岁月》课题组的艰辛努力，在始兴县广播电视台播出。纪录片客观、真实地呈现了广东省石人嶂钨矿国营建矿 50 多年的峥嵘岁月、奋斗历史；纪录片结构严谨、情景交融、波澜壮阔、引人入胜；有力地弘扬了珍贵的工矿精神，传承了内涵丰富的工矿文化。

2020 年 11 月 15 日，反映石人嶂钨矿历史、文化的《岁月易逝　矿友情深》在《韶关日报》发表。

2020 年 11 月 29 日，反映石人嶂钨矿历史、文化的《家乡梅子窝的车站》在《韶关日报》发表。

2020 年 12 月 20 日，反映石人嶂钨矿历史、文化的《独具特色的"矿山普通话"》在《韶关日报》发表。

2021 年 1 月 24 日，反映石人嶂钨矿历史、文化的《生气勃勃的矿区》在《韶关日报》发表。

2021 年 4 月 4 日，反映石人嶂钨矿历史、文化的《石人嶂钨矿粮食定量的故事》在《韶关日报》发表。

2021 年 6 月 20 日，反映石人嶂钨矿历史、文化的《将青春年华献给石人嶂钨矿的"轮换工"》在《韶关日报》发表。

特别鸣谢

《钨金岁月》课题组成员在工作过程中，能有幸分享石人嶂钨矿广大矿友的奋斗历史、光辉事迹、图文实物、工矿文化，甚至是纯洁的爱情故事、奇闻逸事等，要感谢热心矿友和社会各界有识之士积极提供了珍贵的图文、实物、视频等资料，或及时提供采访素材（线索）、积极配合访谈、做好传播支持等，故特别鸣谢（排名不分先后）。

石人嶂退管处：黄苏华　刘粤兴　江　萍　隋　静　张　玲　罗青林　袁家栋

始兴县融媒体中心（广电台）：徐友忠　廖向荣　陈　晗

始兴：黄继特　郑照炎　刘照猜　黄显昌　钟根全　黄灿清　尹恒仁　刘广林

　　　张俊豪　朱运朋　罗沛德　夏光中　尹纯平　刘任凤　曾慧玲

石人嶂矿业有限公司：何广湘　官凤英

梅子窝矿业有限公司：曾繁荣　李广南　赖华平

广州：孔唐荣　罗振杰　侯石仁　邓伟新　徐成新　廖志敏　施小俐　李江丰

　　　程定章　苏　是　袁　志　谭康发　刘素芳　吴竹琴　曾纪新　谭　钜

清远：李远培　谢义球　胡志年　李仕程　汪小平　朱振华　易广华

韶关：丁武军　吴　天　袁日安　孙懿能　李志彬　易金容　何福兴　黄立新

　　　乔桂林　乔建军　邹瑞珍　张石辉　罗美莲　袁玉萍（阿然）

中山：蒋龙海　张立舜

深圳：黄仕忠　段素芬

佛山：彭广兴　刘巧兰　邵桂津　尹纯建　傅传动　刘广兰　徐凤莲

南雄：刘烈华　黄云菁

仁化：黄秋琼

乐昌：吕　琳

惠州：李慰峰　邓国汉　董莲英

益阳：陈小璋

长沙：周国金　郑静宇

韶关大岭冶炼厂（仁化）：彭海玲

韶关凡口铅锌矿（仁化）：周广莲

茂名：吴南城

东莞：范盛金　蒋龙海　尹　林　林炳炎　王建章

后　记

　　看花开花落，望云卷云舒。"两句三年得，一吟双泪流。"当这本图文并茂、浸染着辛勤劳动和无数心血的《钨金岁月：广东省石人嶂钨矿纪实》终于交付印刷时，作为编写人员，我们深感欣慰。

　　石人嶂位于广东省始兴县城南 18 公里的莲花山，1917 年，当地就发现了钨矿。1953 年 2 月建立国营石人嶂钨矿，是当时广东省第一个采用机械化采选作业的有色金属矿山，在全国享有一定知名度而且属省内最大型钨矿山国有独资企业。数十年来，石人嶂钨矿为国家开采和上交了大量的钨、铜等有色金属资源，为新中国的建设与发展做出了独特而卓越的贡献。

　　励精图治谋发展，全民奋进新时代。为深入贯彻落实党的十九大精神和习近平总书记"四个走在全国前列、当好两个重要窗口"的重要讲话精神，全面加强始兴县精神文明建设，大力宣传弘扬始兴"工矿故事"，全面梳理新中国成立后始兴工矿企业的发展脉络，呈现当年始兴工矿企业波澜壮阔的发展历程，激励人们在新时代"不忘初心，牢记使命，继往开来，再铸辉煌"，中共始兴县委宣传部、始兴县社科联决定编写一本描述石人嶂钨矿发展历史的书籍——《钨金岁月：广东省石人嶂钨矿纪实》（含配套纪录片《致奋斗的青春》）。

　　《钨金岁月：广东省石人嶂钨矿纪实》（含配套纪录片）的采编工作，得到了韶关市委宣传部、韶关市社科联的大力支持；中共始兴县委常委、宣传部部长赖小红多次提出要求，明确方向；石人嶂钨矿退管处党委书记、主任黄苏华，党工委副书记刘粤兴以及原矿长孔唐荣、原党委办主任黄继特等领导给予了大力支持和多方协调，使我们的采编工作得以顺利进行。

　　为了做好采编工作，我们成立了由中共始兴县委宣传部副部长、始兴县社科联主席徐志文，韶关市社科联、始兴县委宣传部、县社科联、县政协办、县史志办、县中等职业学校、县广电台有关人员组成的课题组，制订方案，合理分工，开始了各项采编工作。我们建立了微信群，加强沟通联系，在《韶关日报》、县政府公众信息网、县电视台以及相关微信公众号发布了征集启事，多次深入石人嶂、梅子窝、师姑山等坑口，多次到始兴县城石人嶂棚改区和生活区、韶关市区以及南雄、仁化，并远赴广州、清远、中山、深圳、佛山、东莞、长沙等地采访当事人，收集第一手资料；而后，认真梳理资料，深入挖掘实情，积极编辑创作。"千淘万漉虽辛苦，吹尽狂沙始到金。"通过三年多的不懈努力，这本内容丰富、图文并茂、视野开阔的书籍——《钨金岁月：

广东省石人嶂钨矿纪实》终于呈现在世人眼前。

借此书付梓之际，我们谨向参与石人嶂钨矿建设与发展的各位领导和干部职工致以崇高的敬意，正是有了您的贡献，才让我们有了极好的采编素材；向支持《钨金岁月：广东省石人嶂钨矿纪实》采编工作的市、县各级领导和广大石人嶂钨矿职工子弟致以真诚的感谢，正是有了您的支持，才让我们有了采编的动力，并确保了各项采编任务按时圆满完成。

"历史是什么：是过去传到将来的回声，是将来对过去的反映。"铭记一段历史，我们用尽绵薄之力；致敬峥嵘岁月，我们满怀深情厚谊；弘扬工矿精神，我们永远都在路上！

由于石人嶂钨矿从建矿至今的时间跨度长、人员流动多，一些资料丢失或缺漏，编写人员水平精力有限以及部分资料手写的繁体字难以识别、部分口述者年纪大表述效果欠佳、有些内容难以考证等因素，书中失误和错漏在所难免，敬请广大读者朋友批评指正！

书稿中没有标注摄影者或提供者姓名的图片，均由石人嶂钨矿矿友提供，在此一并致谢！

《钨金岁月》课题组

2021 年 3 月